“十二五”高职高专财经管理类规划教材
小微企业经营管理能力提升系列教材

人力资源管理

黄美灵　张　勇　吴　强　主编

上海财经大学出版社

图书在版编目(CIP)数据

人力资源管理/黄美灵,张勇,吴强主编. —上海:上海财经大学出版社,2015.3
"十二五"高职高专财经管理类规划教材
小微企业经营管理能力提升系列教材
ISBN 978-7-5642-2081-5/F·2081

Ⅰ.①人… Ⅱ.①黄…②张…③吴… Ⅲ.①中小企业-人力资源开发-教材 ②中小企业-人力资源管理-教材 Ⅳ.①F276.3

中国版本图书馆 CIP 数据核字(2014)第 309376 号

□ 责任编辑 袁春玉
□ 封面设计 钱宇辰
□ 责任校对 赵 伟

RENLI ZIYUAN GUANLI
人力资源管理

黄美灵 张 勇 吴 强 主编

上海财经大学出版社出版发行
(上海市武东路 321 号乙 邮编 200434)
网 址:http://www.sufep.com
电子邮箱:webmaster @ sufep.com
全国新华书店经销
江苏省句容市排印厂印刷装订
2015 年 3 月第 1 版 2015 年 3 月第 1 次印刷

787mm×1092mm 1/16 13.75 印张 352 千字
印数:0 001—4 000 定价:31.00 元

小微企业经营管理能力提升系列教材

编审委员会

总　序

学习成就未来

在广州市职业能力培训指导中心（以下简称“培训指导中心”）与广州番禺职业技术学院的精心筹划之下，“小微企业经营管理能力提升系列教材”成功出版，这是值得祝贺的事。

在创造就业机会、增加税收、技术创新等方面，小微企业扮演着非常重要的角色，更重大的意义在于小微企业所代表的创新、创业精神，这是区域社会经济发展的基础动力。可以说，小微企业的素质决定了区域未来的发展。因此，小微企业的经营管理能力提升不单纯是的企业的自我完善，也对社会具有深远的影响和意义。

小微企业数量多、行业千差万别、经营不稳定、人员结构复杂等的特殊性，决定了对这个群体实施教育提升服务是颇具挑战性的。广州市人力资源和社会保障局积极践行国家、广东省和广州市对帮扶小微企业健康成长的相关政策，结合区域发展特点出台了一系列促进提升小微企业发展能力的政策，搭建了由学校、创业园区、行业大企业、社会服务机构等多方参与的社会化服务平台。本套教材即是广州市人力资源和社会保障局培训指导中心联合广州番禺职业技术学院在搭建小微企业社会化学习平台方面的一个尝试。这套教材的出版仅仅是学习系统中的一个部分。此外，双方在培训项目开发、网络化教学、师资培训、创业教育等方面尚有更多的课题需要攻克。“千里之行，始于足下”，预祝彼此的合作能取得更大成绩，让更多小微企业享受更优质的教育服务。

科技在进步，时代在发展，在知识经济时代，学习是主旋律，不学习就意味着被淘汰。这不是耸人听闻的口号，而应成为当下的警语。众所周知，教材是知识传播的载体。这套教材结合小微企业发展的特点，对该领域的知识内容进行比较系统的梳理与总结，非常有价值。当下各个学习领域都在发生革命性的变化，希望各位编委及项目团队能留意这种变化，在后续工作中大胆尝试、敢于创新，在内容和形式上有更多突破，进一步提升教材的价值，为广州市小微企业学习平台的建设贡献力量！

最后，向编纂教材及提供帮助的各位老师、各位工作人员和社会各界人士表示感谢，同时感谢广州番禺职业技术学院对本项工作的大力支持。

钟丽英

2015 年 1 月 1 日

前　　言

据工商总局统计显示，近年来中小型企业的数量在不断增加，成为我国企业中数量最多、最具活力的企业群体。目前，我国中小型企业超过5 000万家，占中国企业总数的98%以上，为国家解决了大量的就业人口和近三分之二的所得税，在国民经济中的支撑作用越来越大。由于国家针对中小型企业一系列优惠政策的出台和小企业会计准则的实施，中小型企业的发展受到政府和社会越来越广泛的关注。然而，由于受资金、技术、人才等方面的影响，中小型企业现代化管理水平普遍较低，企业信息化率较低，仍面临管理不规范、融资难、效率低下、竞争能力弱等问题，严重制约了中小型企业的发展壮大。

综观市场上的人力资源管理书籍，数量众多，但是针对性较弱，书籍之间内容重复性较大，而且偏重于理论。在这样的大环境下，为了推动中小型企业在市场上的竞争力，从而促进经济增长，编者认识到编写一本适用于中小型企业人力资源管理的教材显得尤为重要。

本教材立足实际，坚持理论联系实际的原则，以中小型企业为主要服务对象，力求解决中小型企业在成长过程中可能面临的各种人力资源问题和困难，具有针对性、实践性和可行性的特点。本书的每一章包括学习目标、任务导入、课堂讨论、工作流程、实用工具、案例分析和实训项目运用等部分，各个章节包含了多个“小思考”、“小讨论”环节，努力做到理论知识深入浅出、实训项目运用符合实际。全书内容精简、语言通俗、指导性强，不仅适用于针对中小型企业开展的各种培训，也适用于高职院校、成人经济管理类专业学生及各种有创业需求的人员学习使用。

本书由广州番禺职业技术学院黄美灵、张勇、吴强担任主编。各章的具体分工为：黄美灵编写绪论、第一章、第三章；张勇编写第二章；吴强编写第四章；李引霞编写第五章；吴强和张勇共同编写第六章；齐立辉编写第七章。全书由吴强拟定大纲、统稿和最终定稿。

本书在编写过程中引用并查阅了国内外众多书籍资料，在此向所有参考资料的作者表示由衷的谢意！编者在编写过程中精益求精，但由于水平有限，书中难免有不足和疏漏之处，敬请广大读者批评、指正，以进一步提升本教材的水平。

编　者

目　录

第三节 各类人员薪酬体系设计 …… (135)

人力资源管理:赢得竞争优势

学习目标

知识目标:

- 理解和掌握成功企业的典型特征
- 了解企业人力资源部的职责,掌握人力资源部的组织结构
- 理解和掌握美国、日本、德国的人力资源管理模式
- 把握人力资源管理的发展趋势
- 掌握人力资源管理人员应具备的基本素质

技能目标:

- 能正确认识人力资源管理对企业战略的重要性
- 能为中小企业制定合适的人力资源部组织结构
- 能正确履行人力资源部的职责和配合人力资源部的工作

任务导入

小黄在一所高职院校学习,专业是人力资源管理,毕业后在一家中型企业人力资源部实习,其上司是该部门的吴经理。作为一名专业学生,企业对其十分重视,打算重点培养。为了能够让小黄进一步明确企业人力资源部门的职责及其对企业的战略意义,吴经理给小黄布置了以下几项任务:

1. 搜集10个成功企业的资料,了解其人力资源部门的结构。
2. 完成一份调查报告,说明人力资源部门对企业的战略意义。
3. 通过调查问卷的方式,了解人力资源管理人员的基本素质。

课堂讨论

1. 你觉得人力资源部门是一个什么类型的部门?对企业有什么意义?
2. 举例说明美国、日本等国家成功企业的人力资源部门的组织机构。

3. 你觉得从事人力资源管理工作应该具备的职业道德有哪些？

4. 你认为人力资源管理从业人员应该掌握哪些基本素质？

一、成功企业的共同特征

在市场竞争中脱颖而出，并且能够持续保持竞争优势，获得持续发展的能力，成为某个行业或地区的佼佼者，这些企业都可以称为成功企业。它们具有一些共同的特征，具体如下：

（一）以人为本的企业文化

成功企业的典型特征在于它能最大限度地尊重人、理解人、关心人，并用人性化的方式去经营和管理，调动员工的积极性和主动性，满足员工的各种需要，做到真正意义上的“以人为本”。一般而言，人的追求并不仅仅以薪金报酬为唯一目标，更重要的是随着企业文化的发展而实现自我价值。那些成功的企业在构建企业文化时，并不仅仅停留于口号或文娱活动，而是真正实现员工在企业中的地位和价值，真正把企业的发展融入员工的人生目标和个人发展中，把企业的发展观念与员工的价值观念进行整合和统一，时时处处体现“人”的主导作用。

（二）卓越高效的领导团队

大凡成功的企业，都有一个共同的特质，那就是拥有一支卓越高效的领导团队。研究发现，成功企业的卓越型领导团队拥有三个典型特点：一是该团队有一个要求各成员相互协作和高度依赖才能完成的共同任务；二是该团队必须具有明确与稳定的边界，即很容易判断谁是团队成员而谁不是，而且团队成员非常稳定；三是团队中的领导具有与众不同的特点，他擅长最大限度地发挥团队的优势，以对话和讨论作为自己的管理风格。卓越高效的领导团队能够迅速识别环境的改变并进行积极的战略部署和调整，带领企业在激烈的市场竞争中脱颖而出。

（三）人力资源素质较高

一个企业的核心生产力与核心竞争力都离不开一个关键的要素——人力资源。成功企业之所以能够取得成功，很大一部分因素在于拥有一支素质良好的人力资源队伍，这主要体现在两个方面：一是人力资源的整体素质比较高；二是人力资源得到了充分的利用与合理的配置。一个持续成功的企业可以通过理想的制度设计、严密的组织管理、科学的方式方法对人力资源进行开发与管理，确保人力资源整体素质的提升和有效、合理地使用，进而发挥人力资源最大的潜能。

（四）经营管理机制运行高效

高效运行的经营管理机制也是企业取得成功的一个关键要素。企业高效能的经营管理机制能够最大限度地将企业所有资源有机地融合为一体并相互配合、相互传动，实现与环境的良性互动，进而推动企业不断地持续创新与发展。实践证明，一个企业是否拥有高效运行的经营管理机制，是企业资源能否得到高效配置、人力资源能否发挥最大价值、企业战略能否适应环境要求的关键影响因素。

小资料

美国通用电气公司（GE）之所以成为成功企业的典范，得益于它高效运行的经营管理机制，如人力资源管理系统、战略规划及日常业务管理系统、业绩质询系统、质量管理系统等。对于美国通用电气公司而言，没有这些系统之间的高度配合，就没有它今天的成就。

(五)组织结构灵活

对于成功的企业而言,它们的组织结构基本上都表现出一个共同的特点,即良好的弹性。组织结构的形式必须能够适应商业环境和技术环境变化的要求,否则企业的战略计划、公司政策与具体目标就很难与市场环境保持一致。实践证明,能够取得成功的企业在组织结构的设计上都基本能紧随市场的要求,灵活而多变。今天,扁平化的组织结构和无边界的组织结构已经深入到很多优秀企业的商业实践中。

当然,除了上述5项典型特征外,创新与变革也是成功企业拥有的一个必备要素。但不管如何,这些典型特征都与"人"有关,都需要人或借助于人来完成。因此,人力资源是最重要、最具有活力的关键性资源,对人力资源进行管理也就成为企业获得竞争优势、取得成功的关键。

二、人力资源管理对战略的重要性

战略学家迈克尔·波特曾经说过:"人力资源管理是企业获得竞争优势的关键。"今天,人力资源部和企业的财务部一样已经成为企业战略制定的核心部门,担负着越来越广泛的责任。

一般而言,企业战略是指企业的战略定位,即回答"成为什么"的问题。从广义角度来看,企业战略还包括路径选择和资源配置。路径选择是指"走什么路",资源配置是指"需要什么"。企业战略就是要解决战略定位(成为什么)、路径选择(走什么路)和资源配置(需要什么)这三大问题。

人力资源管理对战略的重要性则更多体现在资源配置方面。人力资源的有效配置一方面可以使企业有效地发挥人的潜能,实现对人的最佳利用;另一方面也可以实现企业战略发展所需各类人才的及时供给。

小案例

海尔集团从引进电冰箱技术起步,通过技术开发、精细化管理、资本运营、兼并控股及国际化等竞争策略,已经发展成为能生产成套的家电产品,并实现海外经销、海外建厂的大型国际化企业。海尔的战略发展过程可以分为名牌战略、多元化发展战略和国际化发展战略三个阶段。在不同的发展阶段,海尔集团在人力资源管理方面都建立起了一套充分发挥员工个人和团队人力资源潜能、实现人员有效配置的机制。例如,在名牌战略阶段,人力资源开发与管理的子目标是"OEC"管理,总结为"日事日毕,日清日高",具体体现为质量价值券考核制度、分配制度与产品质量挂钩等绩效考核与薪资结构;在多元化发展战略阶段和国际化发展战略阶段,则分别提出了"挑战满足感、经营自我、挑战自我"和"国际化的企业,国际化的人"的人力资源战略管理理念,并相应地建立了包括"动态考核"、"多元化的工资福利激励"等在内的完善的人力资源管理体系。可见,海尔的人力资源管理对海尔各阶段战略的发展起到了很好的支撑作用。

三、人力资源部的职责与组织结构

企业的人力资源部已经成为企业战略制定的核心部门,它对企业的生存和发展起着越来越重要的作用。其相关职责与组织架构具体如下:

(一)人力资源部的相关职责

人力资源部的相关职责主要有以下几点:

(1)参与制定人力资源战略规划,为重大人事决策提供建议和信息支持。

(2)负责企业人员的招聘与录用管理工作。

(3)根据企业对绩效管理的要求,制定评价政策,组织实施绩效管理工作。

(4)负责制定薪酬政策和晋升政策,组织提薪评审和晋升评审工作。

(5)制定企业员工职业生涯规划制度。

(6)负责员工培训与开发及劳动关系管理的有关事宜。

(二)人力资源部的组织结构

人力资源部的组织结构在一定程度上反映了人力资源部在企业中的地位,体现了人力资源管理的工作方式,也决定了对人力资源管理人员的需求。

从一般意义上来看,人力资源部的组织结构往往是按照人力资源管理的职能来设置相应的部门和岗位,体现的是一种直线职能制的结构形式。当然,不同规模企业的人力资源部的组织结构会呈现不同的特点,具体如下:

对于小型企业而言,由于工作量不大,往往没有必要单独设置人力资源部,而是把这部分职能合并到其他部门中,如总经理办公室、综合管理部等,但一般会有专门的人力资源管理人员。具体情况如图1所示。

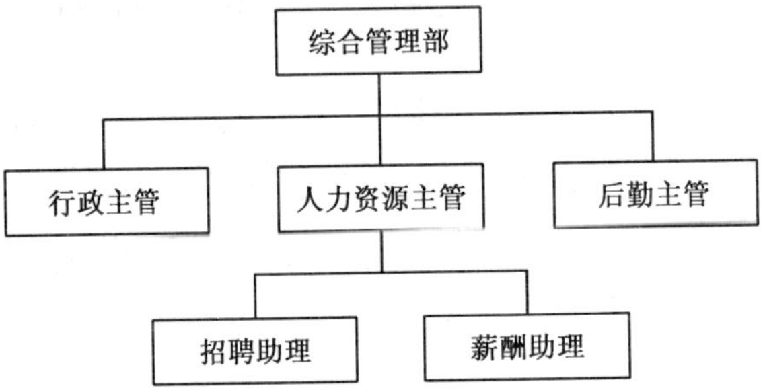

图1 小型企业人力资源部组织结构

对于大中型和特大型的企业而言,人力资源部往往是独立设置的,具体情况如图2和图3所示。

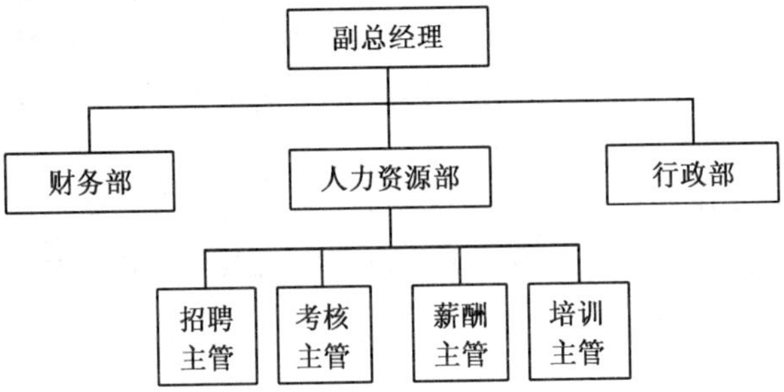

图2 大中型企业人力资源部组织结构

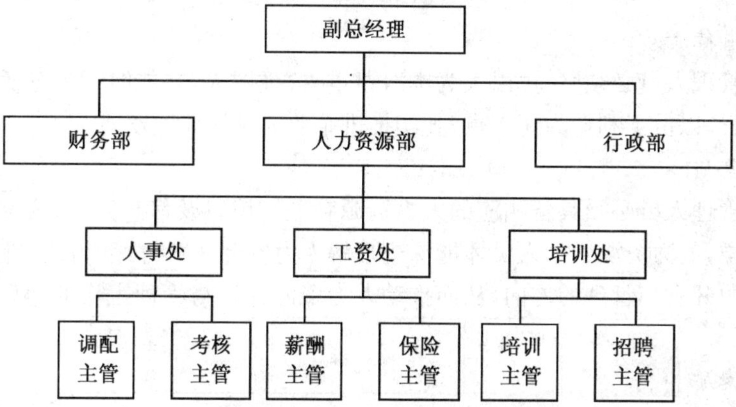

图 3　特大型企业人力资源部组织结构

上述三种类型的组织结构既有优点，也有一定的缺陷。优点是可以使人力资源管理工作的分工更加明确，有利于经验的积累；缺点是很容易使各个职能的衔接脱钩，不利于发挥人力资源管理的整体效应，同时无法真正以客户为中心，不利于发挥人力资源管理对企业经营的支持作用。近年来，随着流程再造思想的推广和普及以及计算机和网络技术的发展，人力资源部的组织架构也发生了根本性的变化，产生了一种以客户为中心、以流程为主线的新的组织结构形式，如图 4 所示。

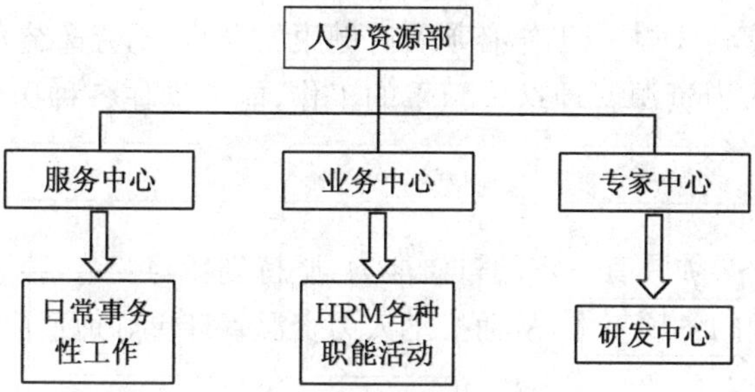

图 4　新型的人力资源部组织结构

从图 4 可以看出，人力资源部是以一种服务提供者的身份出现，内部的工作和人员划分为三个部分：服务中心主要完成一些日常事务性工作，如手续的办理、政策的解答、申诉的接受、接待等；业务中心主要完成人力资源管理的各项职能活动，如招聘、录用、薪酬、考核、培训等；专家中心主要是制定相关人力资源管理政策，为公司高层和其他部门提供信息支持或相关咨询等。

该组织结构最大的优点是：使人力资源部门的工作有了清晰的层次，业务中心和专家中心的人员可以摆脱日常事务的缠绕，集中精力进行高附加值的工作，这有助于更好地发挥人力资源管理部门的优势，提升人力资源管理部门的地位。

四、人力资源管理人员应具备的基本素质

人力资源是企业最宝贵的资源，是企业取得竞争优势的关键，要实现人力资源的有效开发与管理，就必须拥有一支高素质的人力资源管理队伍。一般而言，人力资源管理人员应具备以

下基本素质：

（一）思想道德素质

人力资源管理人员必须坚持“以人为本”，尊重人、理解人，并能时时处处关心员工的个人需要与个人成长，以员工利益为切入点，扎实推进企业的可持续性发展。

（二）知识素质

人力资源管理人员必须具备相应的人力资源管理知识以及信息知识、人文知识和实践知识等。只有这样，人力资源管理人员才能深刻理解人力资源开发与管理的精髓，从深层次的角度把握人力资源开发与管理的方向，从而推动人力资源开发与管理工作的协调发展与整体推进。

（三）心理素质

良好、健康的心理素质也是人力资源管理人员所必须具备的。在当前多变的社会环境下，竞争日益激烈，人力资源开发与管理每天都会遇到新的问题、新的情况，如果没有一定的抗压能力和坚强的意志力，如果没有容忍和原谅别人过失的能力，如果心胸狭窄、缩头缩脑、瞻前顾后、计较个人得失，则根本谈不上对人力资源进行有效的管理。

（四）能力素质

人力资源管理人员还需要具备一定的能力素质，如目标制定的能力、辨别对错的能力、管理能力、交流与合作的能力、语言表达的能力、文字组织的能力、信息处理的能力、学习能力、解决问题的能力、认错的能力等。

（五）身体素质

身体是革命的本钱，干好本职工作必须要有健康的身体，要劳逸结合，做到精力充沛、精神饱满、身体健壮，适应人力资源管理这一繁重的工作，能承受住各种压力，始终保持旺盛的精力。

（六）其他素质

人力资源管理人员必须具有一定的科研能力，坚持创新与变革，善于从新的广度和深度理解和把握人力资源管理的各项工作，从而推动人力资源管理更好地适应当前多变的社会环境，为企业的战略发展服务。

小知识

未来人力资源管理人员应具备的能力

未来战略型人力资源管理要求未来的人力资源管理经理应能扮演以下五种角色：

1. 一个精明的生意人。
2. 一个优秀的人际关系专家。
3. 一个战略计划的设计者。
4. 一个卓越的心理专家。
5. 一个见多识广的博学专家。

而要成功扮演这些角色，必须具备以下一些能力：

1. 自我发展能力。
2. 适应能力。
3. 重新配置资源的能力。

4. 建立和预测商业影响的能力。
5. 一流的解决问题的能力。
6. 推动公司变革的能力。
7. 不断用知识武装自己的能力。
8. 处理模糊或不完全信息的能力。
9. 遥控指挥的能力。
10. 提高快速反应并使之成为竞争优势的能力。
11. 成为提高劳动生产率的专家或顾问的能力。
12. 成为世界一流管理专家的能力。
13. 善于公关以及与其他公司员工合作的能力。
14. 会推销自己并使之成为雇主首选的能力。
15. 善于领导和发展人力资源管理部门的能力。
16. 善于运用科学技术以推进发展人力资源开发与管理的能力。

(资料来源:http://www.bosshr.com.)

五、美国的人力资源管理模式

美国人力资源管理模式的特点主要体现在以下几个方面:

(一)人力资源的市场化配置

作为一个典型的信奉自由主义的国家,美国的劳动力市场非常发达,企业组织具有很强的开放性,市场机制在人力资源配置中发挥着基础作用。市场化机制给予凭个人能力实现职业流动或工作转换的员工充分的尊重和肯定。美国的各类用人机构,特别是企业,只要有用人需求,就可以向劳动力市场公布所需人员的基本信息,进而以市场化的公开、公平和完全双向选择的方式进行各类员工的招聘与录用。

当然,劳动力实现就业后,如果对自己的兴趣特长或能力倾向有新的自我认识或发现劳动力市场有更好的职业机会,可以随时离开,再通过劳动力市场实现职业流动或工作转换。这种方式的优点在于,通过双向的选择流动实现全社会范围内个人与岗位的最优化配置;缺点是员工的流动性很大,员工队伍的稳定性相对较差。

小资料

据统计,在美国从事体力劳动和办公室工作的职工中,公司常出现50%的年度补缺率,在某些年度这一比例高达90%,即便是经理级人员每年26%的补缺率也并不稀奇。密歇根大学罗特·科尔教授的研究表明,美国公司人员的补缺率为日本公司的4~8倍。

(二)人力资源管理的高度专业化和制度化

美国企业管理的基础是契约、理性,重视刚性制度安排,组织结构上具有明确的指令链和等级层次,分工明确,责任清楚,讲求用规范加以控制,对常规问题处理的程序和政策都有明文规定。在人力资源管理方面表现为高度的专业化和制度化,大多数企业都有针对其内部工作岗位所制定的《工作说明书》,详细地描述了每个岗位的工作内容、职责、权力以及对人员的素质要求。企业分工精细、严密，专业化程度很高，员工在各自岗位上工作，不得随便交叉。

小资料

美国一家汽车制造厂中蓝领工人的工种有电工、机械工、清洁工、搬运工等达数百种之多，并且每一工种对工作人员的个人素质、技术技能要求、工作岗位职责等都有明文规定。谁在什么位置或干什么工种，谁就做什么，不同位置和工种的工作人员不能随便交叉使用和相互“侵权”。这种高度的专业化和制度化能使新员工迅速掌握工作内容和程序。

（三）奉行能力主义的人员使用方式以及“快车道”的人才提拔

美国企业奉行能力主义，拒绝以身世、资历、年龄作为晋升的依据。只要有能力，能创造良好的工作业绩，就能很快地得到提升和重用。员工之间公平竞争，不论资排辈。企业的中高层领导可以从内部提拔，也可以从外部选拔，但不论采取哪种方式，大家一视同仁。这种用人方式不仅拓宽了人才选择面，增加了对外部人才的吸引力，而且还强化了竞争机制，创造了能人脱颖而出的机会。当然，该方式忽略了员工服务年限和资历，容易导致员工对企业的归属感不强。

小思考

请思考麦当劳、肯德基等企业的人才选拔方式及其对你的启发。

（四）以学习型组织为依托，着重员工的继续教育与培训

美国从政府到企业都十分重视职工的教育和培训，20 世纪 80 年代，工商企业每年用于培训职工的经费达到 2 100 亿美元。政府把提高工人技能作为保持美国公司的竞争力和创造更好职业的基本点，政府相信高质量的劳动力所提高的生产率将抵消美国企业到海外寻找廉价劳动力的经济支出。美国企业对员工的教育与培训，针对性比较强，企业需要什么就培训什么，而且教育与培训的内容、形式、资金渠道多种多样。美国对员工教育与培训的重视，为经济发展提供了源源不断的高质量人力资源队伍。

小资料

据统计，美国现有 97%的企业为其员工制订了培训计划。20 世纪 80 年代，美国工商企业每年用于培训在职职工的经费达到2 100亿美元。20 世纪 90 年代中期，这一经费就已达6 000亿美元。1981～1994 年，美国 100 家最大的工业企业用于培训管理和科研人员的经费平均增长 20%。另外，美国的大公司一般都设有自己的培训机构，如世界著名的麦当劳公司和摩托罗拉公司均设有自己的大学。

（五）以物质激励为基础的工资制度

美国公司内部工资制定的基础是职务分工，不同级别的工作、不同专业的工种、不同性质的岗位、不同经历的经理有着不同的职业要求和不同的工资水准，表现出强烈的刚性。美国人力资源管理强调以“自我为中心”，尊重个人的价值，主要是以个人为激励对象，在制定工资政

策时,主要考虑工作的内涵及该工作对公司经营效率所做出的贡献,基本目标是激励员工的工作积极性。一般而言,职工工资由基本工资和浮动工资组成:基本工资主要采用以职务评价为基础的职务工资制度;浮动工资主要包括刺激性工资和福利津贴,浮动工资的主要目的在于激励员工的积极性。这种刚性的工资制度建立在员工与企业之间纯理性的基础之上,因此两者之间的关系完全是一种契约关系。

(六)具有战略眼光的人力资源引进策略

美国是世界上最早注意人才价值的国家之一,不仅注意开发本国的人力资源,也非常重视吸引国外的人力资源。他们利用经济发达的优势,采取各种手段从发展中国家招揽人才,从中获利。据专家估计,美国每年通过人才流入获得的总效益达 60 亿美元,而发展中国家因人才流失造成的损失每年高达 80 亿美元。

小资料

据统计,在 1946～1983 年间获得化学、物理、生理医学方面诺贝尔奖的 127 位美国科学家中,有 40%的人是以移民方式进入美国的。外国科学家和工程师约占全美科技人员总数的 20%左右,而在美国重要的大公司、大企业中,外国科学家和工程师占全部科技人员总数的一半以上。为吸引国外优秀的科技人才,美国多次修改移民法,加大了引进人才的政策支持。

(七)对抗性的劳资关系

美国企业中劳资双方的关系是对抗性的。一方面,管理者认为管理是自己的事,工人的劳动贡献已通过工资形式加以补偿了,工人就不需要参与管理或过问企业的情况;另一方面,工人觉得如果自己不参与管理或不了解企业情况,对自己的命运就无法控制。因此,工人对企业完全没有信任,对管理者怀着敌对的情绪,认为只有工会组织通过斗争才能保障自己的权利;只有通过罢工或用罢工作威胁,给企业造成足够的损失,才能迫使企业让步,给自己增加工资和提供就业的保障。

六、日本的人力资源管理模式

日本人力资源管理模式的特点主要体现在以下几个方面:

(一)终身雇佣制

日本人力资源管理模式最显著的特点是终身雇佣制,它是指公司从大学毕业生或其他年轻人中雇用基本的核心员工,这些员工进入公司之后,除了一些特殊的情况,如违法或严重违反企业规定,一般都能在公司工作到 55 岁。

(二)年功序列制

与终身雇佣制紧密相连的是年功序列制度,它主要表现在工资和晋升这两个方面。一般而言,新员工进入企业后,其工资待遇按照资历逐年平均上升,没有明显的差别。在以后的职业生涯中,职工的工资待遇也会随着工龄的增加而持续上升。从晋升方面来看,职工的职位提升除了与资历条件密切相关外,还与职工的业绩、能力、学历和适应性有关,它的差距会依各人能力和贡献的不同而逐渐显现。特别是白领职员到了 40 岁左右,往往围绕着获取部长、课长的职位而接受严格的选拔和激烈的竞争。

小思考

请思考终身雇佣制和年功序列制的优点及其面临的挑战。二者有什么关系？

（三）企业内工会

企业内工会，是指以企业为单位组织的工会。由于日本企业中的员工利益主要是和本企业相连，各个企业之间的情况又差别很大，因此，工会都是以企业为单位组成的，而不像美国那样跨企业或跨行业的行业工会。这种以企业为单位的工会制度同终身雇佣制、年功序列制一起被认为是日本企业人力资源管理的三大支柱。它最大的优点是使企业和员工结成紧密的共同体，一方面缓和了雇主与员工之间的矛盾，调节了劳资关系，保证了企业正常的生产经营；另一方面，它在某种程度上又可代表员工的利益，为员工争取一定的权益。

（四）着重员工的在职培训

日本企业非常重视员工的在职培训。"经营即教育"是日本经营者的信条。各大公司都有自己的培训基地，从总经理到清洁工，无一例外都要接受相应的岗位培训。培训内容主要涉及技能、道德、企业文化、企业制度、人际关系、行为准则等诸多方面。由于重视员工的在职培训，促进了员工对企业的忠诚，生产力得到了很大的提升，企业内部的凝聚力也得到了增强。

小资料

据统计，日本大、中、小型企业在员工在职培训上所花费的总费用，分别是美国相应企业的1.8倍、2.4倍和2.2倍。另外，日本政府对教育的投入也非常大。在日本，基本上没有文盲。在日本中央财政中，教育经费占10.6%以上，地方财政教育经费占26.3%以上。每年投入社会的新人力资源中，本科生、大专生占67%以上。

（五）重视通才的培养

日本企业重通才、轻专家，这与美国不同。日本经营者认为，过细的分工只能增长员工的狭隘心理、小团体意识，只能看到树木而看不到森林，因此，入职的员工往往要接受很多方面的知识、技能培训，并在企业内部进行工作轮换。重视通才的培养有利于企业培养全方位的优秀领导者，有利于发挥全体员工在企业中的创造力和凝聚作用。但在亚洲金融危机之后，许多日本银行发现这种"重通才、轻专家"的倾向直接影响了工作效率。

（六）注重精神激励

在工资的设置与发放上，日本企业非常重视公平和合理，不强调人与人之间的差异，也不把奖励个人放在首位，他们认为过分奖励高层经理会给企业员工之间的和睦相处带来麻烦。因此，他们更倾向于使用内部激励，如为员工营造一个友好、和谐和愉快的工作环境，积极地吸收员工参与决策和管理，使员工有充分的安定感、满足感和归属感，从而形成全面合作的劳资关系等。当然，为强化激励功能，最近几年日本也开始导入年薪制，逐渐引入了"能力主义"的原则。

七、德国的人力资源管理模式

德国人力资源管理模式的特点主要体现在以下几个方面：

（一）实施“双轨制”职业培训

在德国，企业已经把职业培训放在战略高度来认识，认为“职业培训是企业发展的关键和一个民族是否存在的基础”。在这种观念的指导下，德国的职业培训相当普及。

目前，德国的职业培训已形成了一个多阶段、多层次、多功能、形式多样、涉及面广、结构复杂的体系。其中，“双轨制”的职业教育是德国职业培训的一个典型方式，它是指在企业里学习实际操作和在职业学校里学习理论知识平行进行，把教育体制和就业体制衔接起来。在整个培训过程中，职业学校与训练企业密切配合，在伙伴式的分工合作中共同实现教育和训练任务。

“双轨制”极大地降低了德国青年人的失业率，安定了社会秩序，另外，训练有素的新生力量源源不断地被吸收进入企业，促进了企业的发展，因此备受企业界的欢迎和推崇。

小资料

在德国的学徒工培训中，学校、企业各自负有明确的责任。学徒工培训统一实行双轨制。即在企业里学习实际操作，在学校里学习理论知识。在3年学徒期间，每周3～4天在企业学习，1天半在学校学习，双方共同负责培训，学徒工的生活费由企业支付。企业对学徒工培训十分重视，一般会投入大量的时间、人力和财力。大型企业均建有自己的培训中心，选聘具有资格证书或被认可的工程技术人员担任学徒工培训的指导教师，用最现代化的设备、教学设施和手段对学徒工(包括企业职工)进行专业技能培训。

这种“双轨制”的职业教育使德国2/3的15～18岁的年轻人同时接受了学校教育和在职培训。他们每周用1～2天时间在教室里上课，其余几天到工厂、商店和办公室去实习。“双轨制”方案由雇主提供资金，并得到联邦政府的批准。学徒工经过训练后，可获得440个工种的合格证。学徒工毕业后，既可留在本企业，也可到其他企业工作，企业把培训学徒工看作是对社会承担的义务之一。

（二）实行继续教育和再培训

德国企业十分重视对在职人员(包括各级管理人员)进行继续教育和再培训。这些继续教育和再培训包括:为适应工作岗位、提高业务水平而进行的进修教育，为提高职务而进行的晋升教育，为调整岗位而进行的改行教育，为适应特殊工作而进行的特殊教育，等等。另外，对在职员工进行继续教育和再培训的方式也多种多样，有企业办大学，也有跨企业的职业培训中心和市场模拟训练公司等。

（三）严格选拔和使用员工

德国企业对人员选拔非常严格，无论是管理人员还是普通工人都必须完全符合岗位要求的各种条件并经严格的考核，合格后才能被企业聘用，绝不会迁就和降低标准。员工进入企业后，建立人事档案，并接受企业严格的工作绩效考评。对于考核不合格者，企业会对其进行再培训或劝其辞职，甚至解聘。德国企业内部组织结构严密，技术人员与管理人员界线分明，职工素质比较高，责任明确，岗位和工作量饱满，不存在“隐形失业”的问题。

（四）“自由择业”

类似于美国，德国一直实行“自由择业”的就业政策。在公司和员工的“双向选择”过程中，企业主或经理有权根据企业实际需要，自行招聘或解雇员工，员工本人也有选择工作的自由。

“自由择业”的就业政策实现了全社会范围内人与岗的最优化配置,但员工的稳定性较差。

(五)高效的员工激励机制和完善的保险福利体系

德国企业的激励机制包括工资激励、度假津贴、提供舒适整洁的工作环境、为员工提供进修培训的机会等。这些激励机制使员工忠诚地为企业工作,保持了工作的有效性和高效性,推动了企业的快速发展。另外,德国职工的保险和福利体系非常完善,社会化程度很高。其中,养老金保险占总收入的17.5%,雇主和雇员各付一半;医疗保险的实施范围也非常广泛,保险费由投保者和雇主各付一半;按德国法律规定,所有雇员和农民都必须参加事故保险。高效的员工激励机制以及完善的保险福利体系,为德国企业的长远发展提供了有力的人才支撑。

八、我国人力资源开发与管理的现状

经过30多年改革开放的洗礼,中国企业的人力资源开发与管理取得了巨大的成就,但同时也存在一些亟须解决的问题,具体包括以下几个方面:

(一)普遍缺乏战略意识

目前,我国大部分企业虽然都设立了人力资源部,但实际上仍停留在传统的人事管理阶段。由于人力资源部不直接创造经济效益,因而一般不被认为是企业的核心部门,它主要关注技术和操作层面,以考核、招聘、培训、薪酬管理为主,缺乏与企业发展战略相结合的人力资源规划,因此不能充分发挥员工的潜能和实现增加企业及社会财富的目标。

(二)投资意识欠缺

我国企业人力资源管理的状况是“重管理、轻培养,重使用、轻开发”,盲目地强调向管理要效益,却没有做好员工的培训工作。研究者通过调查发现,我国国有企业中30%以上的人力资本投资只是象征性地拨一点教育培训费,年人均在10元以下;20%左右的企业的教育培训费年人均在10～30元。大多数亏损企业对员工已基本上没有教育培训。部分有能力的企业也对员工的长期教育培训持否定态度。

小资料

我国对人力资源的投资也缺乏大手笔。1985年,我国人均教育经费为8美元,同期,韩国的人均教育经费为96美元,印度为10美元。1992年,我国人均教育经费只有美国、日本的1/150,印度的2/3。1995年,我国财政性教育经费投入为1 196.7亿元。另外,据有关部门统计,在全国每年新增的劳动者中约有30%的人根本不经过任何培训就走上工作岗位;在全国近7 000万技术工人中,中级技工占35%,高级技工仅占3.5%左右,这与发达国家接受技术和技能培训的员工比例相差甚远,如在美国、日本及德国,高级技工一般占员工总数的40%以上。

(三)人力资源浪费严重

最近几年,我国企业在选择员工时普遍倾向于高学历。一些大专生就可以胜任的岗位偏偏要求本科生或研究生,这种大材小用的现象实际上是人力资源的一种浪费。从经济学的角度来看,这种做法并没有实现企业财富最大化或整个社会的财富最大化。

(四)人力资源管理从业人员素质较低

我国企业人力资源管理人员素质普遍不高,这已是一个普遍现象。很多企业的人力资源部组成人员并没有系统学习过人力资源管理的基础知识,也缺乏相应的管理技能,不关心员工的职业发展与企业战略的结合,从而导致其业务水平整体偏低,员工的积极性普遍不高,潜能也得不到有效的发挥。

(五)管理手段较为落后

管理手段落后主要体现在三个方面:一是企业岗位管理规范化水平比较低;二是多数企业人事管理部门的权力主要体现在工资管理、考核、培训和福利等方面,缺乏参与企业战略制定的权力,在战略执行的过程中更无法通过人力资源管理政策和制度设计以及对人力资源管理实践的调整来帮助企业赢得竞争优势;三是人力资源管理缺乏有效的技术手段。调查显示,58.7%的企业有简单的人力资源信息库,只有7.8%的企业建立了智能化的人力资源管理信息系统。整体上来看,这种信息化手段的利用率还是非常低,其价值并没有得到充分的发挥。

(六)人员淘汰机制不能完全市场化

在我国,员工的进出并不能自由和平等。对于一些国有企业、事业单位而言,人员的进入可能掺杂了一定的行政行为,因此,企业很难像私有企业或外资企业那样随意辞退不合格的人员。同时,如果优秀的人员主动提出辞职,企业往往又缺乏有效的措施将其留下。这就形成了一种不对称的淘汰:员工可以自由地淘汰企业,而企业只能有限地淘汰员工。这种淘汰机制一方面造成了企业普遍存在冗员,经常5个人干3个人的活;另一方面又使企业在一些关键岗位、重要岗位上缺乏合适的人员,结构性矛盾非常突出。

(七)企业文化建设薄弱、落后

企业文化是指企业在生产经营实践中逐步形成的,为全体员工所认同并遵守的,带有本组织特点的使命、愿景、宗旨、精神、价值观和经营理念,以及这些理念在生产经营实践、管理制度、员工行为方式与企业对外形象等方面的体现的总和。企业文化是企业的灵魂,是推动企业发展的不竭动力。然而,我国大部分企业并未把企业文化建设纳入人力资源管理的范畴之内,忽略企业精神和价值观的培育,对员工的个人需求重视不够,也不关注员工的职业发展,结果导致企业的奋斗目标、经营理念难以达成全员共识,企业精神缺乏鲜明特色,企业凝聚力明显不足。

(八)企业激励机制不够完善

我国企业对员工的激励存在不足。有的企业把奖励等同于激励,轻视或忽略对员工进行必要的约束和惩罚;有的企业还没有建立客观、准确的绩效评估体系,以至于无法真正有效地激励员工,甚至使企业生产效率下降,企业管理出现混乱。此外,我国大多数企业薪酬制度设计不合理,基本工资级别和奖金系数与员工职位脱离,有的岗位劳动强度小、工作时间短,收入却高于性质相似或相同但强度更大、劳动时间更长的岗位,这必然会导致员工产生不满和抵触情绪。整体来看,我国企业的激励机制还需进一步完善。

当然,我国企业的人力资源管理也取得了一些可喜的成就,如企业普遍实行了用工制度、分配制度和干部改革制度,人浮于事、低效率和缺乏活力的现象得到一定程度的控制;普遍树立了平等竞争的观念;开始尝试年薪制;逐步培育劳动力和人才市场;逐步加强尊重人才、尊重知识的观念等。同时,人力资源管理部门对企业的重要性日益增强,企业开始重视对人力资源的教育与培训,“以人为本”的价值观正在逐渐树立,管理手段的信息化趋势也日益得到加强。

小资料

世界竞争力排行榜的启示

每年国际机构都要公布各主要国家和地区(大约46～48个)的竞争力排行榜。中国在榜上连续几年徘徊在33名左右。以1995年为例,在48个国家和地区中,中国竞争力名列第34位,2001年为第33位。

1995年,8项分指标的排名分别为:国内经济实力第12位,国际化程度第27位,政府政策导向第21位,财政金融第44位,基础设施第45位,管理水平第47位,科学技术第26位,人员素质第40位。

值得注意的是,中国的人员素质第40位,其中子项目:劳动力特征第46位,教育结构第45位,生活质量第45位,劳动力的心态第42位,这都说明了中国的人力资源开发与管理是相当落后的。

更值得关注的是,管理水平名列倒数第2位(47位),其中子项目:生产率第38位,企业效益第45位,企业家精神和管理效率均为47位,即倒数第2! 这说明中国企业管理水平低下,特别是企业经营者素质不高,企业家精神十分缺乏,这也是中国人力资源开发与管理的"瓶颈"。

(资料来源:张德主编:《人力资源开发与管理》(第二版),清华大学出版社2001年版。)

九、人力资源开发与管理的发展趋势

人力资源开发与管理在21世纪呈现出新的发展趋势,具体如下:

(一)人力资源开发与管理的战略性地位进一步得到提升

面对日益复杂的竞争环境,企业必须持续保持一定的竞争优势才能得以生存和发展,而竞争优势的获取在知识经济以及经济全球化发展的今天,越来越离不开高素质的员工队伍,因此,发达国家逐渐把人力资源开发与管理提升到战略管理的层次,将人力资源政策与组织战略紧密结合在一起,使人力资源开发与管理的参谋和咨询功能进一步扩大,并逐步确立了人力资源部在企业中的战略地位。

(二)人才主权的时代、知识型员工成人力资源管理重心

人才主权是指人才具有更多的就业选择权与工作的自主决定权,人才不是被动地适应企业或工作的要求。企业要尊重人才的选择权和工作的自主权,并站在人才内在需求的角度,为人才提供人力资源产品与服务,由此赢得人才的满意与忠诚。因此,企业的人力资源开发与管理必须以知识型员工为重心,针对知识型员工的特点采取全新的管理措施,最大限度地发挥知识型员工的价值,推动企业向前发展。

(三)人力资源管理部从"成本中心"向"利润中心"转变

"成本中心"指的是不考核收入而着重考核成本费用的一类责任中心;"利润中心"指的是既要对成本负责,又要对收入负责的一类责任中心。两者的根本区别在于:"利润中心"要更多地考虑企业的利润,而不仅仅盯住成本费用。一般而言,人力资源部为企业创造价值主要体现在以下几个方面:

(1)可以通过培训和教育,直接对人力资本进行投资。

(2)通过员工职业生涯设计与实施、准确的绩效考核、有效的激励来加强员工的团队协作,

提高员工的满意度、参与度,降低员工的流动率。

(3)将人力资源战略与组织战略结合起来,积极推进组织的调整和优化,加强关键岗位,减少冗员岗位和人员,为组织高层提供决策建议,促进组织成功实施整体战略。

(4)在对外活动,如招聘、研讨会、缴纳保险等行为中,以一个良好的组织形象出现,赢得社会声誉。

(四)国际化程度进一步加深

经济全球化与贸易自由化带动下的区域性合作组织的产生与盛行,使国与国之间的界限开始变得越来越模糊,国际化组织逐渐成为国际市场竞争中的重要力量,这些变化必然使得人力资源管理的国际化程度得到进一步加深。在这样的背景下,对许多跨国公司或大型企业而言,人力资源将会出现全球性的竞争,未来员工的差异将持续变大,既有性别、种族、民族、知识与技能的差异,也有国籍、文化背景、语言、价值观的差异,如何对这些员工进行跨文化管理、减少文化之间的冲突,就成为人力资源管理的核心任务之一。

(五)信息技术逐渐渗入

信息化和网络化的发展使人力资源开发与管理的手段日益现代化,许多组织开始借助计算机技术来加强对人员的管理,如利用信息技术建立人力资源管理信息系统,进行职务分析、人员规划、绩效考核、薪酬管理,以及制定人力资源战略、编制人力资源报告、管理职业生涯和晋升计划等。此外,信息化、网络化改变了传统的时空观念,创造了不受地域限制的工作环境和视野,企业可以充分利用信息化手段进行网络化的招聘、网络化的培训、跨地域的视频会议等,大大提高了人力资源管理的效能。从未来的趋势来看,信息技术会逐渐成为人力资源管理的主要技术手段。

(六)人本化日益得到彰显

在知识经济条件下,人力资源开发与管理的发展趋势是人本化管理,即以人为本,强调人本身发展的目的性,强调对人力资源的管理符合人的本性,符合人的发展和接受方式。在信息时代,知识经济为人本化管理的落实创造了客观条件,因此,员工更看中自己的内在需求是否得到满足以及是否能参与企业的经营管理,这就要求未来企业必须走进员工,以员工的满意度为评价标准为全体员工服务,并创造条件让员工参与管理,真正落实人本化管理的精髓。

人力资源管理随着环境的进一步变化还会呈现新的发展趋势,但不管怎样,人力资源管理已日益成为企业获得持续竞争优势的关键,是企业取得成功的有力保证。

工作流程

人力资源规划工作流程

编号：

单位名称	人力资源部	流程名称	人力资源规划工作流程
层次	2	任务概要	公司人力资源规划管理

单位	相关外部单位	总裁	行政总监	人力资源部	各职能部门
节点	E	A	B	C	D

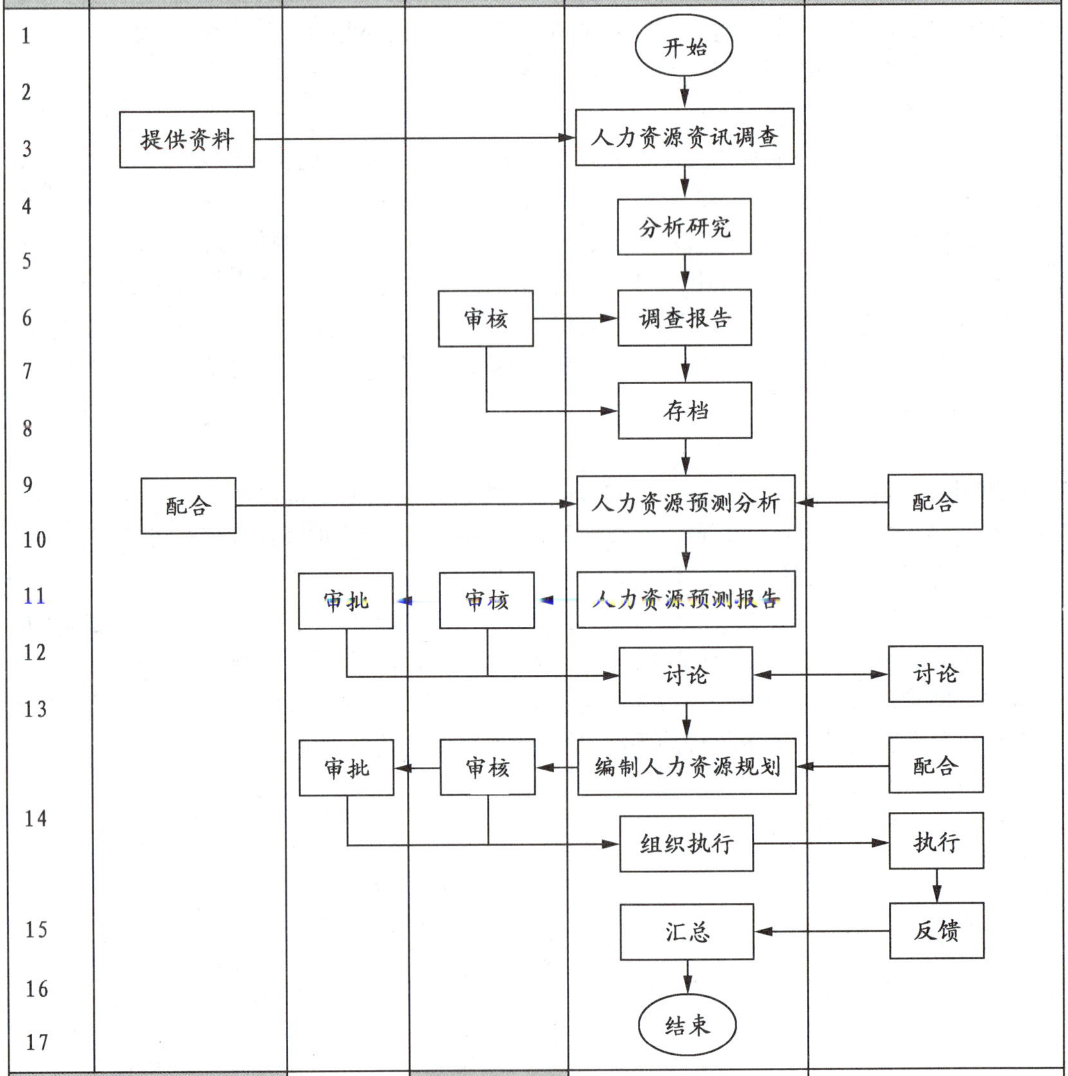

公司名称		密级		共　页　第　页
编制单位		签发人		签发日期

实用工具

岗位增补申请表

单位名称：　　　　　　　　　　　　　　　　填表日期：______年______月______日

部　门		拟增补岗位名称	
增补岗位起始日期		增补岗位所需人数	
目前存在的问题			
申请理由			
直接上级		直接下级	
增补岗位人员要求			
增补岗位的工作内容			
申请部门意见			
人力资源部门意见			
领导意见			

填表人：　　　　　　　　　　　　　　　　　　　　审核人：

人员增补申请表

单位名称：　　　　　　　　　　　　　　　　填表日期：______年______月______日

序号	人员配置状况			拟增补人数	增补人员需要条件
	工作项目	编制人数	现有人数		
1					
2					
3					
4					
5					
合计					
审批意见	总经理		人事部		

填表人：　　　　　　　　　　　　　　　　　　　　审核人：

人才储备登记表

（一）管理人才储备登记表

单位名称：　　　　　　　　所在部门：　　　　　　　　填表日期：_______年_______月

姓名		年龄		最高学历	
现任职务		服务年限		担任本职年数	
历年主要业绩					
对企业的贡献					
优势与特长					
劣势与缺点					
职业素养					
进取情况					
责任心					
创新与领导力					
可升调职位1				升调时间	
所需培训					
可升调职位2				升调时间	
所需培训					
人力资源部意见					
领导意见					

填表人：　　　　　　　　　　　　　　　　　　　　　　审核人：

（二）专业人才储备登记表

单位名称：　　　　　　　　所在部门：　　　　　　　　填表日期：_______年_______月

姓　名		年　龄		最高学历	
现　职				入职时间	
个人主要业绩					
主要专长与优点					
弱势与不足					
发展潜力（可塑性）					
进取状况					
学习能力					
工作技能掌握程度					
可升调职位				升调时间	
所需培训					
直接主管意见					
人力资源部意见					
领导意见					

填表人：　　　　　　　　　　　　　　　　　　　　　　审核人：

人员岗位变动申请表

单位名称: 填表日期:________年________月________日

姓 名		现在部门		入职日期	
学 历		职 称		转正日期	
职 位		现在工资		合同签订	□是 □否
变动后部门			变动后职位		
变动性质	□平调	□升职	□降职	□辞职	□辞退
变动原因详述					
原来部门意见		现在部门意见		行政部门意见	
主管副总经理意见				总经理意见	
工资变动					
备 注					

填表人: 审核人:

案例学习

人才战略助力顺德跨越

"顺德经济发展与制定人才发展战略、高度重视培养与使用人才不无关系。"近几年来,顺德提出了人才强区的战略,坚持人才工作为经济建设服务的宗旨,全面实施整体性人才资源开发战略,努力做好各类人才的引进、培养、使用和管理工作,着力构筑顺德21世纪人才高地,并初步建立起一支适应顺德现代化建设需要的各类人才队伍,特别是建立起一支在数量和质量上都有较大提高的专业技术人员队伍,有力地促进了顺德经济和社会各项事业的发展。

1. 人才密度比全市高5个百分点

近3年来,顺德共引进各类优秀人才13 700多人,其中海外留学人员100多人,国(境)外专家近400人,柔性引进院士近30人、博士近100人、硕士700人、本科生8 800多人。目前,顺德拥有党政人才超过5 700人,企业经营管理人才超过40 400人,专业技术人才近90 000人,农村人才达27 000多人,人才密度超过13%,比全市高近5个百分点,大大高于全省、全国的人才密度。优越的人才结构进一步促进了顺德经济、社会、文化等各方面的事业发展,并成为全国科技进步先进区、全国首批技术创新试点示范区和全国科技进步示范区。

2. 制定了吸引人才的各种有利措施

"梧桐引得凤凰栖。"为了增强对各方面人才的吸引力,顺德制定了不少的优惠政策,进一步强化人才载体建设,营造不同层次尤其是高层次人才的聚集效应。尤其是近几年来,顺德先后出台了《顺德鼓励引进高层次人才实施细则》、"建设人才强区"、"设立政府顾问团实施方案"等一系列的政策措施,吸引了各方面的优秀、优质、技能型的人才。如明确规定:不管什么类型的企业,凡设立博士后工作站的,政府一次性给予企业建站经费10万元,另对每位进站博士后连续两年每年给予10万元研究开发经费和生活津贴。同时,还想尽办法为博士后解决入户、配偶工作、子女读书等后顾之忧。

3. 重点加强高层次人才队伍建设

在配合制定国民经济发展的"十一五"规划过程中,顺德对人才发展同样也做出了规划。

顺德就建设人才强区和再造一个经济顺德进行了战略部署和要求，它以人才资源整体开发为主题，壮大人才队伍，进一步调整和优化人才结构，重点建设高层次人才队伍，同时，以机制和政策创新为动力，为顺德今后的经济发展和社会各项事业的发展建立与之相适应的高素质人才队伍。

据悉，到2010年，顺德人才总量将从去年底的16万人增加到26万人左右，形成一支规模较大、素质较高、结构合理、能适应顺德经济社会发展需要的人才队伍。同时，党政人才要达到5 900人，专业技术人才(含技能人才)要达到18.9万人，企业经营管理人才要达到6.5万人。此外，在进一步建设德才兼备的党政人才、高素质的专业技术人才和复合型的企业经营管理人才队伍的基础上，使人才的学历、职称、知识能力水平达到省内先进水平。

(资料来源：《珠江商报》，吕敬新报道。)

思考：顺德在人力资源开发与管理上有哪些具体措施？你如何看待这些措施？

【实训项目运用一】

训练项目：企业人力资源部组织结构的调研

训练目的：

1. 让学生熟悉人力资源部组织架构。
2. 让学生了解人力资源部的职责。

训练组织：

1. 对不同规模(小型、中型、大型)的企业各选取3～5家作为调研对象。
2. 对学生进行分组，并确定各自的责任与义务。
3. 让每组学生到指定的企业对其人力资源部的组织结构进行调研。
4. 每组学生对调研的结果进行整理、分析，并各自进行汇报。
5. 负责相同规模企业的各调研小组再把调研结果进行整合分析，归纳出所调研类型企业的人力资源部组织结构的特点，并进行再次展示。
6. 各组学生围绕展示结果进行讨论，教师最后进行总结。

【实训项目运用二】

训练项目：企业人力资源部职员素质的调研

训练目的：

1. 让学生了解要进入人力资源部需要具备的素质。
2. 让学生能够在调研中发现自己的不足，锻炼其职业意识。

训练组织：

1. 对不同规模(小型、中型、大型)的企业各选取3～5家作为调研对象。
2. 对学生进行分组，并确定各自的责任与义务。
3. 让每组学生到指定的企业对其人力资源部进行调研。
4. 每组学生对调研的结果进行整理、分析，并各自进行汇报。
5. 负责相同规模企业的各调研小组再把调研结果进行整合分析，归纳出所调研类型企业的人力资源部职员的素质要求，并进行再次展示。
6. 各组学生围绕展示结果进行讨论，教师最后进行总结。

第一章

人力资源管理概述

学习目标

知识目标：

- 理解和掌握人力资源的含义和特征
- 了解人力资源的数量和质量所包含的基本内容
- 掌握人力资源开发的概念、原则与内容
- 掌握人力资源管理的功能与职能
- 了解人力资源管理的发展历程

技能目标：

- 能正确区分人力资源与人力资本的不同
- 能理解现代人力资源管理与传统人事管理的区别
- 能正确认识人力资源开发与人力资源管理的关系

任务导入

小黄在吴经理的指导下，很快熟悉了人力资源管理部门的职责，掌握了基本的人力资源管理模式，小黄非常兴奋，越来越喜欢这个行业了。吴经理告诉小黄，作为一名人力资源从业者，具有相应的职业素质需要建立在真正了解什么是人力资源的基础上，虽然小黄是人力资源专业毕业的，但是缺乏企业工作经验，仍然对什么是人力资源没有具象概念。为此，吴经理为小黄布置了几项任务：

1. 查找人力资源相关专业书籍，区分人力资源与人力资本。
2. 到企业中调查怎样进行人力资源开发。
3. 找有经验的人力资源管理人员，学习如何进行人力资源管理。
4. 整合信息，撰写“人力资源管理的原理”报告。

课堂讨论

1. 什么是人力资源？人力资本又是什么？
2. 什么是人力资源开发？具体应该怎么开发？
3. 人力资源管理是一项纯实践性的工作还是一项理论与实践相结合的工作？
4. 应该怎样进行人力资源管理？有相应的原理吗？

第一节 人力资源概述

一、人力资源的含义

“人力资源”一词是由当代著名的管理学家彼得·德鲁克于1954年在其著作《管理实践》一书中提出的。在该书中，德鲁克引入了“人力资源”的概念，并把其看作一种“特殊资产”的资源，以区别于物力资源、财力资源、信息资源等其他资源。

随后，雷蒙德·迈勒斯在《哈佛商业评论》(1965年)上发表了相关论文，使得“人力资源”的概念逐渐被教育界和管理界所注意，并在管理实践中得到进一步的肯定与发展。

如今，人力资源已日益成为企业竞争优势的基础，是企业和国家发展的根本。为准确理解和把握人力资源的内涵，我们必须从广义和狭义两个角度来理解。

从广义的角度来看，人力资源是指那些智力正常的人。

从狭义的角度来看，对人力资源还没有一个统一的认识和看法，很多学者从不同角度给出了许多不同的界定，具体如下：

第一，人力资源是指一个国家或地区有劳动能力的人口的总和。

第二，人力资源是指具有智力劳动或体力劳动能力的人口的总和。

第三，人力资源是指能够推动整个经济和社会发展的劳动者的能力，即处在劳动年龄的已直接投入建设和尚未投入建设的人口的能力。

第四，人力资源是指包含在人体内的一种生产能力，它是表现在劳动者身上、以劳动者的数量和质量表示的资源。它是最活跃、最积极的主动性的生产要素，是积累和创造物质资本、开发和利用自然资源、促进和发展国民经济、推动和促进社会变革的主要力量。

第五，人力资源是指一切具有为社会创造物质文化财富、为社会提供劳务和服务的人。

以上5种说法都从人力资源的某个侧面论述了它的含义。我们认为，人力资源是指一个国家或地区在一定时期内，能够推动整个国民经济和社会发展的具有智力劳动和体力劳动能力的人的总称，它包含数量和质量两个指标。

小资料

我国的人力资源十分丰富，目前约有13亿人口，是世界上人口最多的国家。截至2006年，我国人力资源总数为7.1亿人左右，约占世界人力资源总数的30%以上。尽管我国有着巨大的人力资源的数量，但是总体素质比较低。据初步统计，截至2005年底，我国科技人力资源总量已经达到4 246万人，比美国的4 200万人略多，仅次于欧盟5 400万人的科技人力资源数量，但如果以百万人来算，我国每百万人口中的科技人员仅相当于发达国家的3%，每百万人口中在校大学生数仅是发达国家20世纪70年代平均水平的3%～4%。而我国人力资源的利用率则更低，仅为发达国家的1%～2%。

此外，人力资源还有现实的人力资源和潜在的人力资源之分。

现实的人力资源是指现在就可以使用的人力资源，它包括在法定劳动年龄内具有劳动能力的适龄劳动人口，也包括在法定劳动年龄之外但实际参加劳动的非适龄劳动人口，如退休后继续工作的劳动者；但不包括适龄劳动人口中丧失劳动能力的人。

潜在的人力资源是指现在还不能使用但未来可以使用的人力资源，它由未成年人口组成。

小资料

由于各国的社会经济条件不同，劳动年龄的规定也不尽相同。一般国家把劳动年龄的下限规定为15岁，上限规定为64岁。我国招收员工规定一般要年满16周岁，员工退休年龄规定男性为60周岁(到60岁退休，不包括60岁)，女性为55周岁(不包括55岁)，所以我国的劳动年龄区间应该为男性16～59岁，女性16～54岁，适龄人口就是指这些年满16周岁至退休年龄段的人。

二、人力资源的特征

人力资源是进行社会生产最基本、最重要的资源，与其他资源相比较，它具有以下几个特点：

(一)生物性

人力资源存在于人体之中，是有生命的"活"资源，与人的自然生理特征、基因遗传等密切相关，具有生物性。这是人力资源最基本的特征，它属于人类自身所特有，具有不可剥夺性。

(二)社会性

人力资源的社会性主要体现在两个方面：一是人力资源的形成、配置、利用和开发要依赖社会的分工来完成；二是人类劳动都是群体劳动，每一个个体都要在一定的社会和组织中工作与生活，分属于不同的组织或群体，其思想和行为都要受到社会和所在群体的政治、经济、文化和历史氛围的影响，每个人的价值观念也各不相同。所以从本质上看，人力资源是一种社会资源。

(三)能动性

能动性是人力资源区别于自然界其他资源的一个最重要特征。与其他资源相比，人力资源有思维、情感和思想，能有意识、有目的地进行活动，能对自身行为做出抉择，能够主动学习与自主选择职业。更为重要的是，人力资源能够发挥主观积极性，充分挖掘自身潜力，提升人力资源的价值，推动社会和经济向前发展。

同时，人力资源还是唯一能起到创造作用的因素，这主要体现在两个方面：一是人力资源在社会和经济发展过程中往往能创造性地提出一些全新的方法，推动社会的进步和经济的发展；二是人力资源能够适应环境的变化和要求承担起开拓进取与创新发展的任务，从而使企业更加充满活力。

(四)时效性

人力资源的形成、配置、开发和利用都具有时间方面的限制，具有时效性。作为生物有机体的个人，其生命是有周期的，每个人都要经历幼年期、少年期、青年期、中年期和老年期。而作为人力资源的人，能从事劳动的自然时间又被限定在生命周期的中间一段，在这一段中，不同类别和层次的人的劳动能力也有所不同，这就意味着，无论哪类人，都有其才能发挥的最佳期、最佳年龄段。

（五）再生性

人力资源是一种可再生性资源，它是基于人口的再生产和劳动力的再生产，通过人口总体内个体的不断更替和“劳动力耗费—劳动力生产—劳动力再次耗费—劳动力再次生产”的过程得以实现。同时，人的知识与技能陈旧、老化也可以通过培训和再学习等手段得到更新。

小思考

处于学习阶段的学生能够体现人力资源的再生性特点吗？

（六）两重性

人力资源既是投资的结果，同时又能创造财富，或者说，它既是生产者，又是消费者，具有角色的两重性。从生产和消费的角度来看，人力资源投资是一种消费行为，并且这种消费行为是必需的，是先于人力资本收益的，没有这种先前的投资，就不可能有后期的收益。人力资源作为一种经济性资源，它与物质资本一样具有投入产出规律，并具有高增值性。研究表明，对人力资源的投资，无论是给社会还是给个人所带来的收益，都要远远大于对其他资源投资所产生的收益。

小资料

美国芝加哥大学教授、诺贝尔经济学奖获得者西奥多·T. 舒尔茨在1957年用投资收益率研究了美国1929～1957年的经济增长贡献。结果表明，教育投资对经济增长率的贡献是33%。根据挪威1900～1995年的统计测算：对固定资产、普通劳动者和智力投资的额度分别增加1%，则与其相应的社会生产量分别就增加0.2%、0.76%和1.8%。同时，美国人力资本经济分析专家爱德华·丹尼森用因素分析法论证出，在1929～1957年间的美国国民经济增长中，有23%的贡献份额来自教育的发展。

三、人力资源的数量与质量

人力资源由数量和质量两个方面构成，从总量上来看，它是人力资源数量与质量的乘积，即：

人力资源总量＝人力资源数量×人力资源平均质量

（一）人力资源数量

人力资源数量是构成人力资源总量的基础性指标，反映了人力资源量的特征。它又分为绝对数量和相对数量两种。

人力资源绝对量的构成，从宏观上来看，是指一个国家或地区中具有劳动能力、从事社会劳动的人口总数，它是一个国家或地区劳动适龄人口减去其中丧失劳动能力的人口，加上老年人口中具有劳动能力的人口及尚未达到劳动年龄、已经从事社会劳动的人口，它反映了一个国家或地区人力资源绝对量的水平。

人力资源相对量即人力资源率，是指人力资源的绝对量占总人口的比例，它是一个反映经济实力的重要指标。一个国家或地区的人力资源率越高，表明该国家或地区的经济越有某种优势。这是因为，在劳动生产率和就业状况既定的条件下，人力资源率越高，表明可投入生产过程中的劳动数量就越多，从而创造的国民收入就越多。

(二)人力资源质量

人力资源质量是构成人力资源总量的另一个重要指标，它反映了人力资源质的特征，是一个国家或地区劳动者素质的综合反映。简单地说，它是人力资源所具有的体质、智力、知识和技能水平，以及劳动者的劳动态度。它体现在劳动者的体质水平、文化水平、专业技术水平和劳动的积极性上，常常用健康卫生指标、受教育状况、劳动者的技术等级状况以及劳动态度指标来衡量，一般包括身体素质、心理素质、文化技术素质和思想道德素质四种要素。

四、人力资源与人力资本

诺贝尔经济学奖获得者西奥多·W.舒尔茨在1960年出任美国经济学会会长时发表了《人力资本投资》的就职演说，该演说系统地阐述了人力资本理论。舒尔茨认为，人力资本是通过对人力资源投资而体现在劳动者身上的体力、智力和技能，是另一种形态的资本，与物质资本共同构成了国民财富，而这种资本的有形形态就是人力资源。该理论突破了传统理论中资本只是物质资本的束缚，将资本划分为人力资本和物质资本两种资本形态，从全新的视角来研究经济理论与经济实践。

人力资本理论认为，物质资本主要是指现有物质产品上的资本，包括厂房、机器、设备、原材料、土地、货币和其他有价证券等，而人力资本则是体现在人身上的资本，即对生产者进行普通教育、职业培训等支出和其接受教育的机会成本等价值在生产者身上的凝结，它表现在蕴含于人身上的具有经济价值的各种生产知识、劳动与管理技能和健康素质等质量因素的总和。

人力资源与人力资本虽然在内容和形式上有一定的相似性，但就其内涵和本质而言，两者还是具有明显的区别，舒尔茨把这种区别归为以下四个方面：

(一)两者的概念范围不同

人力资源包括自然性人力资源和资本性人力资源。自然性人力资源是指未经任何开发的遗传素质与个体；资本性人力资源是指经过普通教育、职业培训、健康与迁移等投资而形成的人力资源。人力资本是指所投入的物质资本在人身上所凝结的人力资源，是可以投入经济活动并带来新价值的资本性人力资源。人力资本存在于人力资源之中。

(二)两者所关注的焦点不同

人力资源是劳动者将自己拥有的能力投入劳动生产过程，并以此产生出一定的工作能力，创造出一定的工作成果，它关注的是价值问题；而人力资本是劳动者将自己拥有的无形资产投入企业经营活动，并以此索取一定的劳动报酬与经济利益，它关注的是收益问题。

(三)两者的性质不同

人力资源反映的是存量问题，而人力资本反映的是流量和存量问题。

(四)两者所研究的角度不同

人力资源是将人力作为财富的源泉，是从人的潜能与财富的关系来研究人的问题；而人力资本则是将人力作为投资对象，作为财富的一部分，是从投入与收益的关系来研究人的问题。

小资料

人力资本对经济增长与社会发展的作用

人力资本的积累和增加对经济增长与社会发展的贡献，远比物质资本、劳动力数量增加重要得多，如美国在1990年人均社会总财富大约为42.1万美元，其中24.8万美元为人力资本的形式，占人均社会总财富的59%。1978～1995年，我国劳动力数量增长对于经济增长的贡献略低于劳动力质量提高的贡献。到20世纪末，这种情况发生了重大转变，人力资本虽然继续保持了较高增长率，但劳动力数量增长率显著下降，由1978～1995年的2.4%急剧下降到1.0%，预计今后20年内劳动力增长率还将继续下降。相比之下，人力资本增长率虽有所下降，但是依旧保持较高的增长率，并且成为劳动力贡献于经济增长的主要方式。经济增长的这种模式转变，对人力资本积累提出了巨大需求，中国庞大的人力资源要转化为人力资本，关键在于提高人力素质，其重要途径在于形成全民学习、终身学习的学习型社会，把中国建成世界最大的学习型社会。中国如果能够在全面建设小康社会的历史机遇中全面强化人力资本投资、全面建设学习型社会、全面提高人民的素质和能力，就有可能使中国从人口大国迈向人力资源强国，使得中国教育与人力资源总量更加充足、结构更加合理、质量更加提高、体系更加完善，使人民的学习能力和就业能力更加发展。

（资料来源：http://www.fundfund.cn/news_2008615_28390.htm。）

第二节　人力资源开发与管理

人力资源的开发与管理是人力资源管理理论和人力资源管理实践发展的产物。因此，人力资源开发与管理也被称为人力资源管理，它包含两个相互联系的部分：一是人力资源开发；二是人力资源管理。从专业学习的角度出发，我们有必要清楚了解两者之间的区别与联系。

一、人力资源开发

（一）人力资源开发的概念

现代人力资源管理将人力视为组织的第一要素，更着重对其进行开发。一般而言，人力资源开发是指组织通过各种方式使全体员工具备完成现在或将来工作所需要的知识、技能、智力、体力、行为、情感以及创造力等，使他们的潜能得到充分发挥，从而最大限度地提高或改善员工在现有或将来职位上的工作绩效，最终实现企业效益提升的一种计划性和连续性的活动。

对人力资源开发概念的理解，可以从以下几个方面来把握：

（1）人力资源开发的对象是全体员工，而不是企业或组织的部分员工。当然，这并不意味着每次的开发对象都必须是全体员工，而是应当把全体员工纳入人力资源开发的体系中来，不能排斥部分员工。

（2）人力资源开发的内容应当全面，与工作有关的各种内容都应当包含进来，如工作岗位所需的知识、技能、智力、行为态度、心理、体力、创造力、团队精神等，同时还包括员工的职业理想、职业责任、职业纪律等职业道德的开发。

（3）人力资源开发的目标是开发人的潜在能力，提升企业的组织绩效。这是人力资源开发的初衷和根本目的，也是衡量开发工作成败的基本标准。

（4）人力资源开发的主体是企业或组织。有些活动虽然也能达到开发的目的，但由于实施主体并不是企业或组织，就不属于人力资源开发研究的范畴。

(5)人力资源开发是一种计划性和连续性的活动，具有长期的行为特征，并不是无规划和暂时性的。

小思考

思考一下培训和开发的区别，你也可以通过与同学进行讨论或查阅相关资料来了解。

(二)人力资源开发的内容

人力资源开发的内容主要包括数量开发和质量开发两个方面。数量开发是指组织以招聘、引进、调动、辞退等方式满足其在人力资源数量上的需求。质量开发是指通过各种教育、培训方式提高员工与组织的适用程度，以满足组织对人力资源质量的要求。我们关注的开发主要指的是质量开发。

一般而言，人力资源开发的内容主要包括以下几个方面：

1. 健康开发

健康开发主要包括心理开发和生理开发。一个身心健康的员工对组织发展来说是非常重要的。组织应当营造良好的工作、生活和文化环境，满足员工的需求，知人善任，正确引导员工的心理，充分调动员工的积极性和主动性，同时还要保护员工在劳动过程中的人身安全和身心健康，改善劳动环境、劳动条件和康乐设施，以提高人力资源开发的效能。

2. 知识开发

员工的知识结构和知识领域随着环境的变化有可能变得不合时宜，这就需要对其进行知识开发，不断更新其完成工作所需的各种基础知识和专业知识，提升其完成工作的能力。当然，知识开发必须考虑组织的长远发展以及个人发展的需要，并结合工作实际，采取有效措施，有目的、有计划地进行。

3. 技能开发

除了知识开发之外，技能开发也非常重要。技能开发包括让员工掌握可用于实际操作的新技术、新工艺、新方法、新设备，也包括掌握和运用生产技术、监控技术、工程技术等各类技术，当然，还包括各项管理技能的开发，如沟通技巧、处理人际关系、解决问题的能力、创新能力的培养等。技能开发是人力资源开发的主要内容。

4. 伦理开发

伦理开发主要是唤起员工的道德精神，其研究的内容主要是人类劳动过程中的道德理想、道德信念、道德规范、道德观念、道德情感、道德行为、道德品质以及道德控制等一系列劳动伦理的问题。伦理开发的目的是使员工具有责任感、道德感、义务感，培养和树立员工的事业心和同情心，让员工自觉地热爱本职工作，尽职尽责，并遵守职业纪律，能将个人的工作目标与企业目标结合起来，使自己的工作行为符合组织行为准则的要求，不断提高业务水平，最终提高个人和组织的绩效。

小思考

当今社会出现了很多职业道德不规范的案例，比如“公务员贩毒事件”、“歌手假唱”等，请思考应该通过何种方式来唤起我们整个社会的伦理道德。

(三)人力资源开发的功能

人力资源开发的目标就是开发人的潜在能力,使之转化为贡献组织和社会的显能。一般而言,对人力资源进行开发可以实现六个方面的功能:一是可以增强组织的竞争力;二是有助于改善个人的绩效进而提升组织的绩效;三是可以发挥员工的主观能动性,激发其潜力;四是有利于组织培养全面发展的人;五是有利于培育良好的组织文化,使组织中具有不同价值观、信念、工作作风的员工和谐地统一到组织共同的价值观念上来,为共同的目标各尽所能;六是有助于建立学习型组织,营造一种不断学习的环境,加强内部员工之间的交流与合作。

(四)人力资源开发的方式

人力资源开发方式选择的恰当与否,对于开发的实施和开发的效果具有非常重要的影响。组织在进行人力资源开发时,应当根据开发的内容、开发的对象、开发的目的、开发的费用等因素来选择合适的方式。一般来说,人力资源开发的方式包括在职开发和脱产开发两种类型。在职开发主要包括现场学习、师傅带徒弟、工作轮换、职业生涯规划、员工有效使用等,而脱产开发则主要包括院校进修学习、国内外培训、拓展训练等。值得注意的是,对员工的有效使用是一种投资最少、见效最快的人力资源开发方法。通过对员工的有效使用,可以发挥员工的主观能动性,使人尽其才、事得其人、人事相宜真正得到落实,有助于组织目标的顺利实现。

(五)人力资源开发的原则

人力资源开发与其他工作一样,必须遵循一定的原则和规律,才能取得好的效果。一般而言,人力资源开发必须坚持如下几个原则:

1. 绩效原则

人力资源开发必须遵循绩效原则,强调组织整体绩效的提升。一方面,在开发之前要为被开发者设置明确的绩效目标,使开发者在接受开发的过程中具有明确的学习目标,形成一定的学习压力;另一方面,开发应当讲究实效,在着重开发形式的同时,更要着重开发的内容,使开发的内容符合组织和个体的实际,真正有助于改善和提高个人的绩效,最终实现组织绩效的提升。

2. 发展原则

人力资源开发作为人力资源系统的一个组成部分,必须要服从和服务于组织的发展战略。开发工作的实施,应当从组织未来发展的高度出发,不仅要着重当前的问题,更要立足于组织的长远发展,只有这样才能保证开发工作的积极和主动。当然,开发也应当考虑到人员的未来发展,把员工的职业规划与之结合起来。

3. 持续原则

员工的知识、技能、体力以及积极性、创造性等被开发出来后,并不能永远符合工作岗位的要求,环境的改变以及人自身机理的变化使得员工的各项技能、知识和其他潜能随时都可能被社会所淘汰,只有持续关注于员工的动向,对其进行不断的开发,才能保证员工与组织的融合性越来越高,最终实现组织和个人的共同发展。

4. 价值原则

组织从事任何活动都应当讲究效益,都要以最小的投入获得最大的产出。人力资源开发同样要坚持效益原则,追求价值的最大化。也就是说,对人力资源的开发,必须保证以最小的投入获得最大的收益或者在一定的开发效果下使投入达到最少。

5. 全面原则

一个人的成功不仅依赖于智力因素,即他所掌握的知识、技能、创造力等,还依赖于非智力因素，如心理的健康度、价值观、职业道德、自控力以及感知他人的能力等。人力资源要想发挥最佳的使用效果，必须兼顾对其智力因素和非智力因素的全面开发，有针对性地对员工的知识、技能、心理、行为、职业道德以及人与人之间的关系等进行全面、科学的开发，切实提高人力资源开发工作的有效性。

6. 差异原则

个体与个体之间、职位与职位之间具有一定的差异性，这就要求人力资源开发必须考虑到这种差异，采用不同的开发方式和开发内容，使开发具有较强的针对性，否则，开发很难达到预期的效果。需要注意的是，虽然开发针对的是全体员工，但这绝不意味着在开发过程中要平均投入。在开发过程中，应当对关键职位或关键人员有所倾斜，特别是中高层管理人员和技术人员。

案例学习

比亚迪的人力资源开发原则

比亚迪在人力资源开发过程中坚持创造一种公平、公正、公开的氛围，实行人性化管理，建立了一套充分开发个人潜能的机制，在实现企业总体目标的同时，为每个员工提供充分实现自我价值的发展空间。

(1)比亚迪在招聘和录用中，注重人的素质、潜能、品格、学历和经验，遵循公正选拔与公开竞争的原则，诚心招揽各方面的优秀人才。比亚迪每年都从全国各地多所大学选拔一批优秀的应届毕业生作为人才储备，经过培训和实习后，派驻到公司的重要岗位上。

(2)比亚迪的人力资源配置内部优先于外部。比亚迪尊重员工的自主性，坚持个人意愿与公司整体需要相结合的原则，为员工开辟了内部岗位调换的空间。

(3)比亚迪的薪酬充分体现了员工的职务重要性、责任大小、能力、贡献、经验等各方面的综合水平。薪酬与工作是对应的、公平的、公正的。

(4)比亚迪致力于走上共同富裕的道路，公司的目标就是努力使员工的收入和居住环境与公司同步增长。公司努力创造平等、富裕、民主的环境。

(5)比亚迪努力研究如何去发挥员工的潜能，努力开发激励措施，努力引导员工发挥积极、主动、创新的主观能动性。对于每一个岗位，比亚迪都有一个发展规划，员工可以体会到自身的进步、成长以及成功的喜悦。

(6)公司推行从上到下的目标管理，员工按照公司的整体目标来规划个人的工作目标，对公司做出承诺；同时公司给予培训机会，满足员工在设备、人员、合作等方面的合理要求，从而组成一个有机的整体。

(7)比亚迪提拔管理干部的原则是注重品德和贡献。比亚迪相信公司所有的员工都是优秀的、有能力的，只是有些表现出来了，有些暂时没有表现出来。只要为公司做出了贡献，就有被提升的机会。

(8)通过绩效考核，根据贡献的大小，必然有小部分员工在竞争中处于劣势。企业要保持创新的活力，要保持血液的流动，必须有进有出、有上有下，这是优胜劣汰的必然结果。

(9)比亚迪建立了完善的培训体系，员工只有不断地接受新知识、新技能、新方法、新思想，不断地思考、消化并为己所用，才能保证智慧源泉的不枯竭，才能在人生的道路上迈向成功。

（资料来源：http://www.manager365.com/Article/rlzygl/ZC/200701/20070126000839.html。）

思考：比亚迪的人力资源开发原则体现了上述的哪些原则？

二、人力资源管理

（一）人力资源管理的概念

人力资源管理是指组织管理者运用现代化的科学方法，通过对人力资源的取得、开发、保持和利用等方面进行计划、组织、领导、协调、控制、激励等一系列活动，以充分发挥人的主观能动性，调动人的积极性，提高工作效率，最终实现组织目标和个人发展的管理过程。

对人力资源管理概念的理解，可以从以下几个方面来把握：

（1）人力资源管理的目标是为了获取、开发、保持和有效利用在组织正常运行过程中必不可少的人力资源，以充分发挥他们的主观能动性，挖掘本身潜力，为本组织服务。

（2）人力资源管理的内容不仅包括数量上的管理，也包括质量上的管理。数量上的管理是指根据人力和物力及其变化，对人力进行恰当的培训、组织和协调，以使二者经常保持最佳比例和有机的结合，使人和物都充分发挥出最佳的效应。质量上的管理是指采用现代化的科学方法，对人的思想、心理和行为进行有效的管理（包括对个体和群体的思想、心理、行为的协调、控制与管理），充分发挥人的主观能动性，以达到组织的目标。

（3）人力资源管理是采用现代化的科学方法，灵活运用各种管理的决策、制度、法令、措施、艺术等对组织的员工实行有效管理。

（4）人力资源管理的职能是为了对人进行有效的管理，以充分发挥人的主观能动性，实现组织的目标和个人发展。一般包括人力资源规划、工作分析、人员招聘与选择、绩效管理、薪酬福利、培训开发以及劳动关系等一系列相辅相成、互相影响的管理活动。

小案例

海尔的"赛马不相马"制度

海尔认为，企业不缺人才，人人都是人才，关键是企业能否将每一个人所具备的最优秀的品质和潜能充分发挥出来。为了最大限度地挖掘人的品质和潜能，海尔实行了"变相马为赛马"的人力资源管理制度，并得到了全体员工的高度认同，发挥了巨大的价值。

"赛马不相马"具体表现为在竞争中选人才、用人才，把人才推到属于他的岗位上去赛，去发挥其最大的潜力，从而最大限度地选出优秀人才。这是一个有利于每个人充分发挥自己特长的机制，使每个人都能在企业里找到适合自己价值的位置。这里的赛马，遵循优胜劣汰的铁的规律。任何人都不能满足于已有的成绩，只有不断地进步，努力向前，才能在残酷的竞争中取得成功。

（二）人力资源管理的功能

人力资源管理的功能是指人力资源管理自身所具备或应该具备的作用，这种作用具有一定的独立性，反映了人力资源管理自身的属性。需要注意的是，人力资源管理的功能和职能虽然在形式上有所相似，但两者之间有本质的区别。人力资源管理的职能主要指它所承担或履行的一系列活动，如规划、招聘、任用、考核、薪酬等。通过这些具体的职能活动实现人与事之间的优化配合，以达到事得其人、人适其事、人尽其才、事尽其功的目的。

一般而言，人力资源管理的功能主要体现在四个方面：吸纳、激励、开发和维持，如图1－1所示。

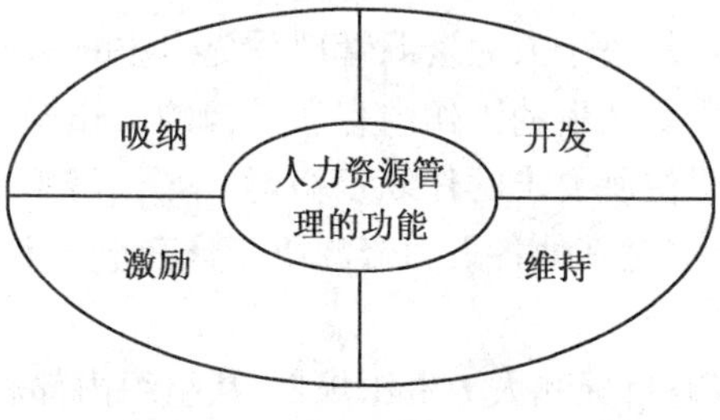

图1－1　人力资源管理的功能

吸纳功能：主要是指吸引并让优秀的人才加入本组织，也就是为本组织挑选合适的人力资源。吸纳功能是基础，为其他功能的实现提供了条件。

激励功能：是指最大限度地使用已有的人力资源，让员工在现有的工作岗位上创造出优良的绩效，为组织的价值创造做出贡献。激励功能是核心，是其他功能发挥作用的最终目的，如果不能激励员工创造出优良的绩效，其他功能的实现就失去了意义。

开发功能：是指不断地培育员工，使其工作能力不断提高，让员工掌握能够满足当前及未来工作需要的知识和技能。开发功能是手段，只有让员工掌握了相应的工作技能，激励功能的实现才会具备客观条件。

维持功能：是指采用各种办法将已经加入的优秀的人力资源保留在组织中。维持功能是保障，只有将吸纳的优秀人员保留在企业中，开发和激励功能才会有稳定的对象，其作用才可能持久。

在企业的人力资源管理实践中，这四项功能通常被概括为“选人、用人、育人、留人”八个字。这里的“选人”相当于吸纳功能，“育人”相当于开发功能，“用人”相当于激励功能，“留人”相当于维持功能。

小资料

松下电器公司的用人观正如松下幸之助所说，“事业的成败取决于人”，“没有人就没有企业”。松下公司既是“制造电器用品”的公司，又是“造就人才”的公司。具体而言，松下的用人观包括：不拘一格的人才观；把人才的培养放在首位；注重员工的人格培养；用人善于组合搭配；任用人必须信任人；任用强过自己的人；适时地提升员工；物质与精神双管齐下激励员工；集思广益、全员管理等。正是这些用人之道，使松下迅速发展为世界上最大的家用电器公司。无怪乎世人这样评价：“别的公司输给松下电器公司，是输在人才运用上。”

（三）人力资源管理的职能

人力资源管理的功能是通过各项人力资源管理的职能活动来实现的。人力资源管理的职能活动主要有以下几个方面：

1. 人力资源战略规划

人力资源战略规划是指企业从战略规划和发展目标出发，根据其内外部环境的变化，预测企业未来发展对人力资源的需求，以及为满足这种需要所提供的人力资源的活动过程。它是人力资源管理四大功能的起点，是人力资源管理其他各职能的依据。

2. 工作分析

工作分析又称职务分析，是整个人力资源管理系统构建的基础和根本，工作分析包括两个部分：一是对企业内各职务所要从事的工作内容和承担的工作职责进行清晰、明确的界定，即进行职位描述；二是确定各职位所要求的任职资格，如学历、经验、年龄、知识与技能等。通过工作分析所形成的职务说明书对其他各人力资源职能具有十分重要的支撑作用。

3. 招聘选拔

招聘选拔是组织根据战略目标和人力资源规划，从组织内部和外部选拔优秀人才，并进行组织内部人力资源配置的过程。该职能是人力资源管理“选人”和“用人”功能的体现。

4. 培训与开发

培训与开发是指组织通过各种方式使员工具备完成现在或将来工作所需要的知识、技能，并改变他们的工作态度和价值观，以改善员工在现在或将来职位上的工作绩效，并最终实现员工与组织同步成长的一种计划性和连续性的活动。它是“育人”功能的重要体现。

5. 绩效管理

绩效管理是指对于企业绩效相关问题的系统思考，其根本目的是为了持续改善组织绩效和个人绩效，最终实现企业的战略目标。它包括绩效计划、绩效沟通、绩效考核、绩效反馈以及绩效结果应用五个环节。

6. 薪酬管理

薪酬管理是企业吸引和留住人才的关键，其主要职能体现为通过具有内部一致性、外部竞争性和激励性的薪酬体系设计，为企业的“留人”提供重要的支撑。

7. 劳动关系管理

劳动关系管理是指对企业经营者与员工在劳动过程中发生的关系进行管理。其中，劳动关系管理的重要依据是《劳动法》。劳动关系管理对维护劳动者和经营者的合法利益起到了重要的保障作用。

当然，除了上述七项职能之外，人力资源管理的职能还包括安全与环境管理、员工职业规划等。其中，工作分析和人力资源规划是人力资源管理系统的基础和根本，招聘选拔、培训开发、绩效管理、薪酬管理则是人力资源管理的四大核心职能。

（四）现代人力资源管理与传统人事管理的区别

现代人力资源管理与传统人事管理有本质的区别。现代人力资源管理更具有战略性、整体性和未来性，它从单纯的行政事务性管理活动中脱离出来，根据组织的战略目标对人力资源进行规划和全方位的管理，它以人为中心，重视对人的能力、智慧和创造力的开发，更适合当今组织的管理模式与发展趋势。

现代人力资源管理与传统人事管理的区别如表1—1所示。

表 1—1 现代人力资源管理与传统人事管理的区别

项 目	人力资源管理	人事管理
观念	视员工为有价值的重要资源	视员工为成本负担
目的	满足员工自我发展的需要,保障组织长远利益的实现	保障组织短期目标的实现
模式	以人为中心	以事为中心
视野	广阔、远程性	狭窄、短期性
性质	战略、策略性	战术、业务性
深度	主动、着重开发	被动、着重管好
功能	系统、整合	单一、分散
内容	丰富	简单
地位	决策层	执行层
工作方式	参与、透明	控制
与其他部门的关系	和谐、合作	对立、抵触
本部门与员工的关系	帮助、服务	管理、控制
对待员工的态度	尊重、民主	命令、独裁
角色	挑战、变化	例行、记载
部门属性	生产、效益部门	非生产、非效益部门

三、人力资源开发与人力资源管理的关系

人力资源开发与人力资源管理在实践上互相联系、互为影响,是“开发式管理、管理式开发”的综合性系统工作。两者之间的区别与联系如下:

(一)人力资源开发与人力资源管理的区别

1. 学科特点不同

从宏观上来讲,人力资源开发属于综合性的边缘学科,而人力资源管理则是管理学科的一个分支。从微观上来看,人力资源开发归属于人力资源管理,应划归管理学科范畴。本书是在人力资源经济活动的总体评价过程中将两者有机地融为一体。

2. 研究对象的不同

人力资源开发的对象从广义的角度来看是全体人民,从狭义的角度来看主要是指企业或组织的全体人员;而人力资源管理的对象则面对的是狭义的人力资源,即工作中的人。本书把两者的研究对象都定于狭义上的人力资源。

3. 研究层次不同

总体而言,人力资源开发主要涉及具有宏观性、长远性、未来性、战略性的内容和问题。人力资源管理尽管也涉及一些宏观性的内容和问题,但更多属于微观性、现实性、具体性的操作性问题。

4. 内容侧重点不同

人力资源开发主要是指国家或企事业单位对其涉及范围内的所有人员进行正规教育、智力开发、职业培训和全社会性的启智服务,包括教育、调配、培训、使用、核算、周转等全过程,为社会和企业提供源源不断的各类人才。其侧重点在于组织一切力量和资源,采用一切可以采用的措施,有效地开发全社会人员的智力,提高全社会人员的整体素质和技能水平。对于企业而言,主要是开发全体员工的智力,提高其整体素质与技能水平。

人力资源管理的对象主要是正在从事体力劳动和脑力劳动的人们，它侧重于如何组织、管理已进入劳动过程的人力资源，有效地发挥其功能，推动经济和社会的发展，它强调人力资源从招工开始到退休的全过程管理。

(二)人力资源开发与人力资源管理的联系

人力资源开发与人力资源管理虽然有所区别，但在实践中，两者紧密联系、相辅相成。一方面，人力资源管理是实现人力资源开发的重要环节，人力资源开发的许多目标要通过人力资源管理来落实、监控和优化；另一方面，人力资源开发是人力资源管理的重要组成部分。人力资源管理需要通过不断改善人力资源开发工作来提高组织员工的知识、态度、技能和体质，改进人力资源质量，为组织人力资源的有效管理和有效使用创造条件。

同时，从宏观上来讲，人力资源开发包含了人力资源管理，人力资源管理是为宏观的人力资源开发目标服务的。所以，在宏观层面，人们常用“人力资源开发”来代替它们。在微观层面，人力资源管理又包含了微观人力资源开发，微观人力资源开发是为组织人力资源管理目标服务的。因此在微观层面上，人们常以“人力资源管理”来泛指人力资源开发与人力资源管理，有时也称为“人力资源开发与管理”。本书主要涉及的是微观上的人力资源开发与管理。

第三节 人力资源开发与管理的基本原理

一、人力资源开发与管理的发展历程

(一)经验管理阶段

经验管理是工业革命时期最盛行的一种管理方法，它主要依靠个人的经验与判断或大企业的经验来对组织进行雇佣劳动管理，它具有鲜明的个体特征，管理者凭借个人的经验、直觉、预感来做出决定，对组织进行人事管理。

经验管理的效能在很大程度上依赖于工业资本家的个人经验与个性，而这种经验与个性更多的是一种主观感受，没有科学、合理的标准。它的传播往往是管理者通过个人的亲身体验、观察、领悟来获得管理知识与管理技能，并以言传身教、经验交流等方式传给其他人员或其他组织。

(二)科学管理阶段

19 世纪末至 20 世纪初，伴随着资本主义从自由竞争到垄断的发展，科学管理思想逐渐取代了经验管理思想而占据了主导地位。其中最著名的代表人物是泰勒，他在 1911 年出版了《科学管理原理》一书，全面阐述了科学管理理论。

泰勒运用精确的调查研究和科学实验，创造、发明了一系列提高劳动生产率的技术和方法，改善了经验管理的不足，很快被世界范围内的管理者所接受，因此，泰勒也被尊称为“科学管理之父”。

科学管理理论与方法对人力资源管理体系的形成有如下几个方面的贡献：①时间和动作的研究为精确计算劳动定额提供了一种有效方法；②生产工具、操作工艺、作业环境、原材料的标准化为生产效率的提高开辟了广阔的前景；③工作挑选工人的原则和系统的培训为各个生产岗位提供了一流的工人；④计划与执行相分离的原则大大加强了企业的管理职能，使依法治厂成为可能。

(三)行为科学研究阶段

行为科学研究阶段的代表人物及其相关学说主要有亚伯拉罕·H.马斯洛的需求层次论、霍桑的霍桑实验、赫兹伯格的双因素理论、弗鲁姆的期望理论、斯金纳的强化理论以及麦格雷戈的X理论和Y理论等。

行为科学研究从忽略人的作用转变成重视人的作用,提出了如何满足人的社会、心理、精神等方面的需求来调动人的工作积极性,使得管理由原来的以"事"为中心发展到以"人"为中心,由原来对"纪律"的研究发展到对人的"行为"研究,由原来的"监督"管理发展到"激励"管理等。

需要注意的是,行为科学的研究始于20世纪20年代的"霍桑实验",成熟于五六十年代,并风行于西方各国,致使管理实践在改善组织气氛、尊重人的个性、培养和满足人的精神需要、调动人的积极性等方面进行了大量探索并取得了突破性的管理效果。20世纪70年代开始提出的"职业生涯设计"以及80年代倡导强调"以人为本"的企业文化,都极大丰富了人力资源开发与管理的内容,并为其注入了全新的理念基础。

(四)人力资源开发与管理阶段

人力资源开发与管理是在经验管理、科学管理、行为科学管理的基础上逐渐形成和发展起来的,无论是从学科发展的角度看,还是从管理思想的变革看,都表现出了许多新的特质,是对人的管理理论与实践的一次飞跃。

人力资源开发与管理以企业"人力资源"为中心,强调人力资源的能动作用,重视"以人为本"以及人的价值与财富的创造能力,把人看成一种"人力资本",着重对人进行投资与开发。另外,人力资源开发与管理所面临的管理职能更具有全局性和战略性。目前,企业更强调从战略的角度对人力资源进行开发与管理,企业的人力资源部同财务部一样,已经成为企业的战略性支持部门,其重要性日益得到彰显和增强。

二、人力资源开发与管理的基本原理

(一)公平竞争原理

公平竞争是指对竞争各方遵循同样的规则,公正地进行考核、录用、晋升、奖惩的竞争方式。

我国经济改革的目标模式是社会主义市场经济。市场经济的本质是一种竞争机制,自由竞争、公平竞争。在人才市场上,各类人员通过竞争选择职业和单位。在组织内部,可以通过竞争上岗或晋升。公平竞争原理在人力资源开发与管理中可以较好地解决奖勤罚懒、用人所长、优化组合等问题。

(二)同素异构原理

同素异构原理一般是指事物的成分因在空间组合关系和方式上的不同,即在结构形式和排列次序上的不同,而产生不同的结果,甚至引起质的变化。例如,在群体成员的组合上,同样数量和素质的一群人,由于排列组合不同而产生不同的效应;在生产过程中,同样人数和素质的劳动力因组合方式不同,其劳动效率的高低也不同。

同素异构原理在人力资源开发与管理上的运用主要指同样数量和质量的人,用不同的组织网络联结起来,形成不同的权责结构和协作关系,可以取得完全不同的效果。根据这一原理,企业必须建立有效的组织人事调控机制,根据企业生产经营的需要不断对组织与人员结构方式进行调整,以保证系统持续地高效运转。

(三)互补合力原理

所谓互补,是指人各有所长也各有所短,以己之长补他人之短,从而使每个人的长处得到充分发挥，避免短处对工作的影响。互补原理要求企业在进行人力资源开发与管理时，应该重视团队内部人与人之间关系的建立以及优势的互补，以实现人员之间合理的配置与优化。当然，互补产生的合力要比单纯个人能力的简单相加而形成的合力大得多。

互补的形式是多层次、多样化的，如个性互补、气质互补、体力互补、年龄互补、知识互补、技能互补、组织才干互补、主客观环境和条件互补等。

小思考

现在企业都注重团队精神和团队作战，这能否体现了人力资源开发与管理的原理？如果可以，请说明。请列举出生活中"互补合力"的例子。

(四)能级层序原理

能级层序原理是指根据岗位的要求和员工的能力，将员工安排到相应的工作岗位上，保证岗位的要求与员工的实际能力相一致、相对应。如果一个人的能力并不适合其岗位的规范要求，则就无法发挥该员工最大的工作效能。能级层序原理要求能位之间的合理匹配，即位得其人、人适其位、适才适所。根据这一原理，企业必须认真做好工作分析与评价，运用各种测评技术工具来甄选人才，从根本上保证人与岗之间的合理匹配，使企业人力资源得到充分的开发和利用。

(五)动态适应原理

在人力资源开发与管理中，人与岗的不适应是绝对的，适应是相对的，从不适应到适应是在运动中实现的，这就是动态适应原理。一般而言，动态适应遵循"不适应—适应—再不适应—再适应"的循环往复过程。从动态适应原理出发，企业应该把人员调整作为一种经常性任务来抓，权变地对待人力资源的开发与管理，使组织员工能上能下、能升能降、能出能进、合理流动，从而充分发挥每个员工的潜力、优势和长处，保持人与岗的匹配，使企业和员工个人都能得到最大的效益。

(六)个体差异原理

个体差异包括两个方面：一是能力性质、特点的差异，即能力的特殊性不同；二是能力水平的差异。承认人与人之间能力水平上的差异，目的是为了在人力资源的利用上坚持能级层序原则，大才大用、小才小用，各尽所能、人尽其才。在人力资源开发与管理中，差异原理指的是：具有不同能力层次的人，应安排在要求相应能级层次的职位上，并赋予该职位应有的权力和责任，使个人能力水平与岗位要求相适应。

(七)投资增值原理

投资增值原理是指对人力资源的投资可以使人力资源增值，而人力资源增值是指人力资源素质的提升和人力资源存量的增大。一般而言，对人力资源进行投资的途径主要包括保健投资和教育培训投资两种方式。企业在进行人力资源开发与管理时，可以通过对员工进行教育培训和保健投资，以提升其人力资源的竞争力。

(八)激励强化原理

激励强化原理是指将提高效率放在首要位置，通过有效的激励，使员工明辨是非，认清工作的目标和方向，保持持续不断的内在动力。根据激励强化原理，企业在进行人力资源开发与管理时，除了应注重量(技术、能力、知识、专长)上的调配，更应注重对人的动机的激发，即对人的激励。图1—2是激励过程的示意图。

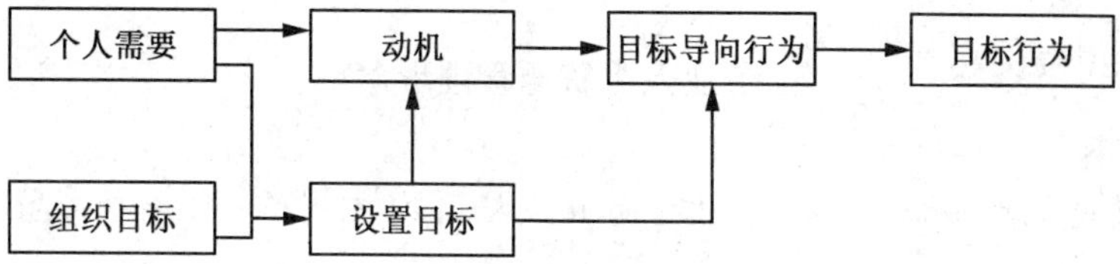

图 1—2　激励过程

如图 1—2 所示，激励的关键一环是设置目标，该目标必须符合组织的发展要求，又应包含个人的需求，为多数职工所看重，只有这样，才能真正激发员工的动机，使目标导向行为大量出现。

当然，人力资源开发与管理的基本原理还有很多，本书仅列举了 8 个，除此之外，还有要素有用原理、信息催化原理、主观能动原理、文化凝聚原理、系统优化原理、系统动力原理、反馈控制原理等，在此不一一赘述。

工作流程

人力资源部工作流程

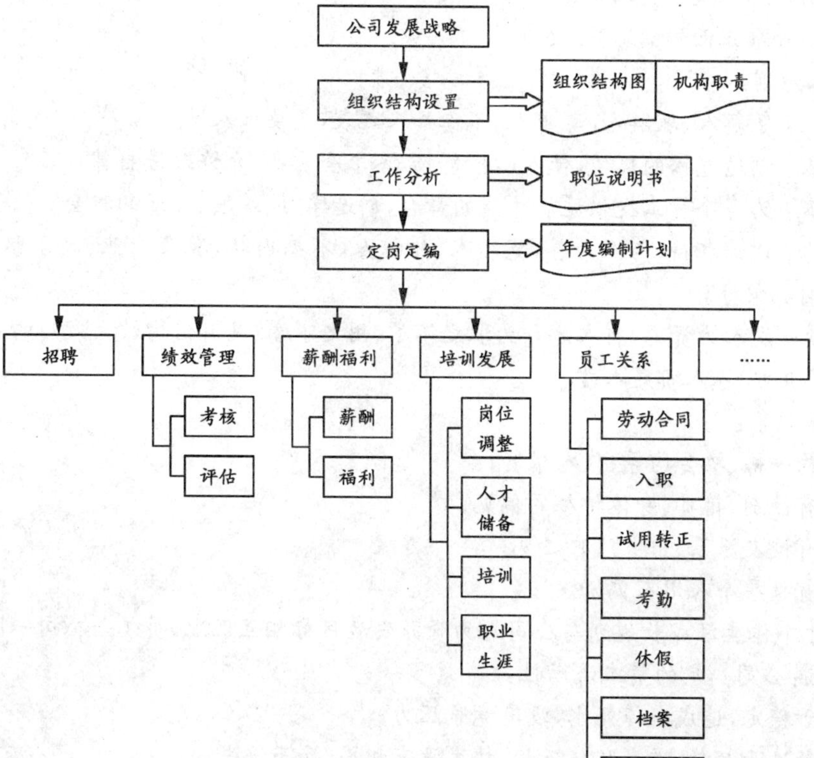

（资料来源：http://wenku.baidu.com/view/50fa490102020740be1e9bdd.html。）

实用工具

企业人力资源管理理念

1. 以人为本：

(1)不仅要造就有成就的人才个体，而且应培育人才团队，发挥人力资源团队规模效应；

(2)不仅要发挥人力资源体力劳动密集型功能，而且更应发挥人才之智力密集型功能；

(3)不仅要发挥人才自身的功能，而且要充分利用与其连带的社会关系网络功能；

(4)不仅要利用内脑，而且要利用外脑。

2. 公司通过吸纳成熟型人才、成长型人才，有效拓宽利用社会人才的渠道。

3. 公司开辟三个人才渠道：

(1)立足区域，充分发挥本地人才的主渠道作用；

(2)面向全国，吸纳高层次人才；

(3)注重与国际接轨，寻找留学生或外籍管理者、专家的支持。

4. 在三个层面上开发人力资源：

(1)公司高层形成职业经理人精英团队；

(2)公司内部实施全员培训；

(3)公司外部正面影响客户、公众。

5. 用人原则：

(1)知人：了解人、理解人、尊重人，不但知人之表，更要知人潜力；

(2)容人：创造宽松的环境，使人心情舒畅，不求全责备，允许改进自律；

(3)用人：为每个员工提供施展才能的舞台，创造学习、发展、升迁的机会；

(4)做人：以诚相待，与人为善，宽容人、体谅人，不搞内耗，敬业乐业、忠于职守，以公司为家，与公司共荣辱。

6. 持续开发人力资源，将人才作为取之不尽、用之不竭、具有倍增放大效应的资本。

7. 人尽其才，人人都是人才。

8. 公平竞争：

(1)不拘一格、机会均等、任人唯贤；

(2)没有性别、籍贯、身体特征的偏见；

(3)没有校友派系、出身门户之见；

(4)没有领导个人用人偏好。

9. 人才个体生涯成长规划与公司人力资源发展目标相互匹配，员工与公司一同成长。

10. 保持公司一定的员工流动性：

(1)过于稳定，造成一潭死水，没有竞争压力；

(2)流动过于频繁，造成队伍不稳、技术没有积累，反而流失。

11. 实施工作多样性和工作丰富性。

打破员工岗位固定化和单一专长化模式，适时调换员工工作岗位和地点，或建立工作小组制，使职工做到一专多能或全能发展，保持员工的工作热情、新鲜感和挑战性。

12. 建立员工正常晋升机制，使普通员工具有努力敬业而被提拔的权利和机会。

13. 大力开展制度化的合理化建议活动，从中发现、挖掘人才。

14. 对突破常规机制能够脱颖而出的尖子人才，要委以重任。

（资料来源：http://hrclub.jxrcw.com/tools/tools.htm。）

案例分析

海尔的人力资源开发与管理

海尔的人力资源开发与管理有以下独特之处。

一、海尔的人力资源发展战略

1. 海尔人力资源开发的目标

在张瑞敏“走国际化的道路，创世界名牌”的思想指导下，海尔集团通过实施名牌战略、多元化战略和国际化战略，取得了持续、稳定、高速的增长。海尔清醒地认识到，要想成为国际化的名牌，每一个员工首先应成为国际化的人才。因此，海尔集团人力资源开发的目标必须适应企业实施国际化战略的大目标，为企业培养真正具备国际化素质和国际竞争力的国际化人才。

2. 海尔人力资源开发的原则

海尔在人力资源开发过程中始终坚持观念创新、制度创新；坚持创造一种“公平、公正、公开”的氛围，建立一套充分发挥个人潜能的机制，在实现企业大目标的同时，给每个人提供充分实现自我价值的发展空间：“你能翻多大的跟头，就给你搭多大的舞台”。

3. 海尔人力资源开发的市场机制

海尔认为：人是保证创新的决定性因素，人人都应成为创新的主体。为此，海尔设计了市场链的思路。海尔认为，企业内外部有两个市场：内部市场旨在满足员工的需要，提高他们的积极性；外部市场旨在满足用户的需求。“下道工序就是用户”，每个人都有自己的市场，都有一个需要对自己的市场负责的主体。每位员工最主要的不是对他的上级负责，而是对他的市场负责。

二、海尔的用人策略

1. 斜坡球体人才发展论

海尔认为，每个人恰似在斜坡上上行的球体，市场竞争越激烈，企业规模越大，这个斜坡的角度就越大。止住人才在斜坡上下滑的动力是人的素质，只有提高自己的素质，克服惰性，不断向目标前进，才能发展自己，否则只能滑落和被淘汰。“在一点一滴中养成，从严格的管理中逼出”，这是海尔人都认同的一种理念。

2. 变相马为赛马

海尔认为，企业不缺人才，人人都是人才，关键是能否将每个人所具备的最优秀的品质和潜能都充分发挥出来。海尔的“变相马为赛马”具体表现为：在竞争中选人才、用人才，把人才推到属于他的岗位上去赛，去发挥最大的潜力，从而最大限度地选出优秀人才。

三、海尔的薪酬管理体系

1. 让市场“发”工资

张瑞敏在1998年就提出了市场链的思路。该思路分四个阶段得到了实施：第一阶段就是将外部市场的竞争效应内部化。具体体现为三个转化：外部指标转化为内部指标，内部指标转化为个人指标，个人指标转化为个人收入。第二阶段就是体现市场链的SST机制（索酬、索赔、跳闸），内部有了市场就要建立与用户的索赔机制。第三阶段就是要搭建操作平台以推进市场链进程。第四阶段为负债经营，就是把企业的总负债表转化成3万份每个员工的小负债表，落实到每个人，使每个人得到发展。让市场“发”工资，就是这四项工作的深化。

2. 研发部的市场化工资

2000年5月份，开发部开始实施市场工资，工资来源以市场订单为依据，订单多，则收入就高；反之，则一分钱都没有。市场工资的实施，使开发部员工的工作积极性得到了极大的提高。

3.“小三角”彰显市场化工资

所谓“小三角”，海尔的解释是：如果把企业看成一个“大三角”，那么，它是由无数个“小三角”组成的。任何单位和部门在改革时都要找到自己的“小三角”进行试点，形成样板力量，然后复制到其他“小三角”。对“小三角”实行市场工资，轰动效应超出了预期。

4. 设备事业部：市场工资的合理性

设备事业部把所有设备管理人员停机时的考核指标定为零(同维修工一样)，并设定了不降低就否决的市场增值否决线，使市场工资得到了进一步完善。通过试点，效果明显，实现了整合以来的最低点，停机率降低了15.9%，大部分设备实现了零停机。

5. 空调事业部：市场效果的真实性

自从检验处实施市场工资以后，检验处将共用信息平台完善起来，工资不再单纯由检验员自己查出的问题说了算，而是根据信息反馈的问题和抽样室查出的问题进行判断，所以市场效果的真实性大大提高。

四、海尔的员工培训策略

1. 海尔的价值观念培训

海尔培训工作的原则是“干什么学什么，缺什么补什么，急用先学，立竿见影”。在此前提下首先是价值观的培训，“什么是对的，什么是错的，什么该干，什么不该干”，这是每个员工在工作中必须首先明确的内容。

2. 培训下级是各级管理人员的职责

对于集团内各级管理人员，培训下级是其职责范围内必须完成的项目，这就要求每位领导，即上到集团总裁、下到班组长都必须为提高部下素质而搭建培训平台、提供培训资源，并按期对部下进行培训。

3. 海尔的多种培训形式

海尔的培训方式包括岗前培训、岗位培训、个人职业生涯规划培训、转岗培训、半脱产培训、出国考察培训等多种培训形式。

4. 新员工培训是好的开端

海尔会努力让新进公司的员工把心态端平，对于新员工顾及的待遇和条件等问题，海尔会肯定地给予满足，让新人把心放下，做到心里有底。另外，海尔还鼓励新员工说出自己的想法，不管是否合理，让员工把话说出来是解决矛盾的最好办法。海尔给每位新员工发“合理化建议卡”，员工有什么想法，包括制度、管理、工作、生活等任何方面都可以提出来。对合理化的建议，海尔会立即采纳并实行，而对不适用的建议也会给予积极回应，因为这会让员工知道自己的想法已经被考虑过，他们会有被尊重的感觉，更敢于说出自己的心里话。

5. 海尔的个人生涯培训

海尔集团一直将培训工作放在首位，上至集团高层领导，下至车间一线操作工人，集团根据每个人的职业生涯设计，为每个人制订个性化的培训计划，搭建个性化发展的空间，提供充分的培训机会，并实行培训与上岗资格相结合。

6. 海尔大学

海尔大学始建于1999年,是海尔集团培养员工管理思路创新的基地。创建伊始,张瑞敏就提出了海尔大学的定位:要成为海尔员工思想锻造的熔炉和能力培训基地,要成为中国企业界的“哈佛大学”。随着时间的推移,在应对企业业务流程再造给全体员工带来的思想观念冲击下,今天的海尔大学已经成为员工观念创新的发源地、海尔集团战略创新的推广地、海尔集团培养中高级管理人才的摇篮。

五、海尔的绩效管理

海尔的绩效管理主要是“日事日毕,日清日高”。当天的目标必须当天完成。20%的管理层要对80%的业绩负责任,出了事故,当事者的责任是20%,主管是80%。在海尔,个人的业绩与资源相匹配。以业绩为例,第一年位于最后10%,公司送你去培训;第二年如果还在这10%里,你自己花钱去培训;第三年还是这样的话,你就得走人了。

海尔绩效评估的指导原则是“公平、公正、公开”。公平是赛马的原则,它不相信伯乐相马,而相信赛马,跑到前面就是成功。管理者的升职和降职是每个月都要发生的事情,你输了就要降,赢了就要升。

海尔有一套完善的绩效考核制度,实行“三工并存,动态转换”。所谓“三工转换”,是指全体员工分为优秀员工、合格员工、试用员工三种,分别享受不同的三工待遇(包括工龄补贴、工种补贴、分房加分等),并根据工作业绩和贡献大小进行动态转换,全厂分布。另外,海尔的绩效管理过程完全透明,绩效评估系统一点都不复杂,可执行性很强。

(资料来源:《牛津管理评论》,有删改。)

思考:

1. 海尔的人力资源开发与管理包含了哪些内容?
2. 海尔的人力资源开发与管理体现了哪些基本原理?
3. 如何评价海尔的人力资源开发与管理体制?

【实训项目运用一】

训练项目:企业人力资源管理现状的调研

训练目的:

1. 让学生明白企业进行人力资源管理的必要性。
2. 通过调研让学生了解人力资源管理应该从哪些方面入手。

训练组织:

1. 指导教师首先选取某一家企业作为调研对象,并与该企业人力资源部做好沟通。
2. 对学生进行分组,明确各自的责任与义务。
3. 教师和企业人力资源部相关人员辅导学生设计调研问卷和访谈大纲。
4. 组织学生展开对该企业人力资源管理现状的调研,同时人力资源部做好配合。
5. 调研分析与总结。
6. 教师与企业人力资源部对学生的调研结果进行评定,并将评定结果反馈给调研学生。

【实训项目运用二】

训练项目:企业人力资源管理发展历程的调研

训练目的：

1. 让学生明白企业人力资源部的职能转变历史。
2. 让学生知道人力资源管理与传统的人事管理的区别。

训练组织：

1. 指导教师首先选取某一家企业作为调研对象，并与该企业人力资源部做好沟通。
2. 对学生进行分组，明确各自的责任与义务。
3. 教师和企业人力资源部相关人员辅导学生设计调研问卷和访谈大纲。
4. 组织学生展开对该企业人力资源管理发展历程的调研，同时人力资源部做好配合。
5. 调研分析与总结。
6. 教师与企业人力资源部对学生的调研结果进行评定，并将评定结果反馈给调研学生。

第二章

工作分析与工作设计

学习目标

知识目标：

- 理解工作分析的内涵、目的及意义
- 理解工作说明书的编写方法
- 了解工作分析的原则和流程
- 了解工作设计的内涵及内容

技能目标：

- 能熟练运用常用的工作分析方法
- 能进行工作说明书的撰写
- 能进行工作设计

任务导入

最近，小黄发现随着公司的不断发展、规模持续扩大以及员工人数大量增加，在企业运行的过程中，组织与业务上存在着明显矛盾，部门之间、职位之间的职责和权限比较模糊，扯皮推诿现象时有发生。面对这种情况，小黄感到十分困惑并进行了积极思考，认为需要及时采取各种改善措施。小黄找到了吴经理，告诉吴经理自己的困惑和想法；吴经理对小黄的细致观察力给予了表扬，并十分肯定小黄的思考。吴经理对小黄说：要解决你提出的问题，你还需要完成以下任务：

1. 从公司中选取不少于10个不同的工作岗位，对各岗位的工作内容进行仔细观察并做记录。

2. 与各部门中至少1名员工进行交谈，对他们的能力和素质与工作内容的匹配程度进行分析。

3. 以自己的工作岗位为对象，撰写一份工作说明书。

4. 请不少于20名公司同事提出对各自工作的想法，并以此为基础，设计一份让公司和员工都满意的工作方案。

课堂讨论

1. 什么是工作分析？如何进行工作分析？
2. 常用的工作分析方法有哪些？
3. 撰写一份合格的工作说明书需要进行哪些准备？
4. 如何进行合理的工作设计？

第一节 工作分析与设计概述

“工作分析”(Job Analysis)产生于19世纪末的美国，随着生产技术的变革和企业规模的扩张，传统经验化的管理模式与先进生产力的矛盾日益尖锐，于是由弗雷德里克·泰勒等人倡导的“科学管理运动”在美国得到迅速发展，而工作研究、工作分析的技术方法也随之在美国的工商企业中得到了广泛应用。

一、工作分析概述

通俗地讲，工作分析就是搜集、整理、分析、总结和描述具体工作信息的一个系统化技术操作过程，通过工作分析得到关于工作的任务、内容、必要的工作条件、环境、能力素质要求和任职资格等系统化的信息描述，这种关于某一具体工作单元的系统化描述就是“工作说明书”。“工作说明书”一般又被称作“职位说明书”、“职务说明书”和“岗位说明书”等。接下来对工作分析的目的、工作分析的意义、工作分析的原则和工作分析的流程做简单介绍：

(一)工作分析的目的

一般来讲，工作分析最直接的目的是为了解决6个重要的和基础的问题(5W1H)：

(1)员工需要完成什么样的体力和脑力劳动？(What?)

(2)为什么要完成此项工作？(Why?)

(3)工作将在什么时候完成？(When?)

(4)员工如何完成此项工作？(How?)

(5)工作在哪里完成？(Where?)

(6)完成工作需要哪些条件？(Which?)

进一步分析可以发现，上述各问题是围绕两个主题展开的：其一是“某一工作是做什么事情的”，这一问题与工作活动内容有关，包括工作名称、职责、要求、场所、时间及条件等一系列内容；其二是“什么样的人做这些事情最合适”，这一问题与胜任此工作的人的资格有关，包括知识水平、能力、经验、心理要求等内容。

(二)工作分析的意义

1. 明确了工作边界

通过工作分析，可以明确界定职位的职责和权限，消除职位之间在职责上的相互重叠，从而尽可能地避免由于职位边界不清而导致的扯皮推诿，并且防止职位之间的职责真空，使组织的每一项工作都能够得以落实。

2. 实现了权责对等

通过工作分析，可以根据职位的职责来确定或者调整组织的授权与权力分配体系，从而在职位层面上实现权责一致。

3. 提高了流程效率

通过工作分析，可以理顺职位与其流程上、下游环节的关系，明确职位在流程中的角色与权限，消除由于职位设置或者职位界定的原因所导致的流程不畅、效率低下等现象。

4. 工作评价的基础

工作级别的确定是企业奖酬分配的基础。为了合理、公平地分配奖酬，必须对每一份工作在企业中的相对价值、贡献和地位，以金额多少来定量地表示，做出客观、公平而准确的评价与排序，为此必须以职务分析为依据。

5. 招聘工作的前提

工作分析为应聘者提供了真实、可靠的需求职位的信息，如工作职责、工作内容、工作要求和人员的资格要求等。

6. 绩效考评的依据

工作分析为绩效考评标准的建立和考评的实施提供了依据，使员工明白企业对其工作的要求，从而减少因考评而引起的员工冲突。

7. 强化了职业化管理

通过工作分析，在明确职位的职责、权限、任职资格等的基础上，形成该职位工作的基本规范，从而为员工职业生涯的发展提供牵引与约束机制。

8. 实现了战略传递

通过工作分析，可以明确工作设置的目的，从而了解该工作如何为组织整体创造价值，如何支持企业的战略目标与部门目标，从而使组织的战略能够得以落实。

（三）工作分析的原则

1. 系统原则

在对某一工作进行分析时，要注意该工作与其他工作的关系以及该工作在整个组织中所处的地位，从总体上把握该工作的特征及其对人员的要求。

2. 动态原则

工作分析的结果不是一成不变的。要根据战略意图、环境的变化、业务的调整，经常性地对工作分析的结果进行调整。

3. 目的原则

在工作分析中，要明确工作分析的目的，要根据工作分析的目的，确定工作分析的侧重点。工作分析的目的不同，其侧重点也不同。

4. 经济原则

工作分析本着经济性原则，根据工作分析的目的，采用合理方法。

5. 职位原则

工作分析的出发点应从职位出发，分析职位的内容、性质、关系、环境以及人员胜任特征，即完成这个职位工作的从业人员需具备什么样的资格与条件，而不是分析在岗人员。

6. 应用原则

应用原则是指工作分析的结果，即职位描述与工作规范要用于企业管理的相关方面。工作分析一旦形成工作说明书后，管理者就应该把它应用于企业管理的各个方面。无论是人员招聘、选拔培训，还是考核、激励，都需要严格按工作说明书的要求来做。

（四）工作分析的流程

作为对工作的一个全面分析和评价过程，工作分析过程可分为以下几个步骤：

步骤一:确定工作分析的目的和结果使用的范围。

工作分析的目的和结果使用的范围决定了需要收集信息的类别与获取信息的方法。例如,编写岗位说明书,为空缺岗位遴选员工,可采用与员工面谈的方式收集与工作有关的信息;如果对企业的各种工作进行量化排序、确定报酬,则可采用职位分析问卷法(PAQ)。

步骤二:确定参加人员。

参加工作分析的人通常有人力资源专家(包括人力资源管理者、工作分析专家或咨询人员)、工作岗位的实际承担者及直接主管等。有时,其他人也可作为工作信息的重要来源,如同部门其他岗位的员工、与本部门有工作联系的其他部门人员等。

步骤三:选择分析样本。

当需要分析的工作较多,而其中有些工作有较大相似性时,如流水线上同一工序工人所做的工作,为节约成本,不必对每个工作都进行分析,而应选择有代表性的工作进行分析。

步骤四:收集信息。

采用各种方法收集前述有关工作的信息,具体方法将在本章第二节介绍。

步骤五:编写工作说明书。

工作说明书是工作分析的工作体现,具体编写方法将在本章第三节介绍。

步骤六:实施工作说明书的反馈和改进。

在此阶段,工作分析的成果被运用于具体人力资源管理活动中,从而制作出各种具体应用的文件,如招聘录用文件、绩效考核指标体系、培训计划等。对于在使用中出现的问题,先判断是否符合工作说明书的要求,如果具体的管理行为支持工作说明书的要求,使用效果良好,就说明本次工作分析是成功的;在出现不符的情况下,就应该判断是否应当对工作说明书的相关部分进行修改。

二、工作分析相关术语

管理者在进行工作分析时,通常会用到一些常见的术语,下面逐一介绍。

(一)工作要素(Job Elements)

工作要素是指工作中不能再继续分解的最小活动单位。工作要素是形成职责的信息来源和分析基础,并不直接体现于职位说明书之中。例如,接听电话。

(二)任务(Task)

任务是指为了达成某种目的而进行的一系列工作要素,是职位分析的基本单位,并且它常常是对工作职责的进一步分解。例如,回答客户的电话咨询。

(三)职责细分(Duty)

职责细分既可以作为职位分析中完成职责的主要步骤而成为职责描述的基础,也可以以履行程序或“小职责”的身份出现在职位说明书中。例如,处理客户的电话咨询与投诉。

(四)职责(Responsibility)

职责是指为了在某个关键领域取得成果而完成的一系列任务的集合,它常常用任职者的行动加上行动的目标来加以表达。例如,维护客户关系,以保持和提升公司在客户中的形象。

(五)权限(Authority)

权限是指为了保证职责的有效履行,任职者必须具备的对某事项进行决策的范围和程度。它常常用“具有批准……的权限”来进行表达。例如,具有批准预算外5 000元以内的礼品费支出的权限。

（六）任职资格(Qualification)

任职资格是指为了保证工作目标的实现，任职者必须具备的知识、技能与能力要求。它常常用胜任职位所需要的学历、专业、工作经验、工作技能、能力（素质）等来表达。

（七）业绩标准(Performance Standard)

业绩标准是指与职位的工作职责相对应的对职责完成的质量与效果进行评价的客观标准。例如，人力资源经理的业绩标准常包括员工满意度、空岗率、培训计划的完成率等。

（八）职位(Position)

职位是指承担一系列工作职责的某一任职者所对应的组织位置，它是组织的基本构成单位，职位与任职者是一一对应的。如果存在职位空缺，那么职位数量将多于任职者人数，如销售部副经理。

（九）职务(Job)

职务是指组织中承担相同或相似职责或工作内容的若干职位的总和，如销售部副经理。

（十）职级(Class)

职级是指工作责任大小、工作复杂性与难易度，以及对任职者的能力水平要求近似的一组职位的总和，它常常与管理层级相联系。例如，部门副经理就是一个职级。

（十一）职位簇(Family)

职位簇是指根据工作内容、任职资格或者对组织的贡献的相似性而划分为同一组的职位。职位簇的划分常常建立在职位分类的基础上，如管理职位簇、研发职位簇、生产职位簇、营销职位簇。

（十二）职业(Occupation)

职业是指在不同组织中相似的工作构成的工作属性，或者说，由具有共同特点的一组职务组成。例如，教师、电气工程师、财务总监等都分别属于某一种职业。

（十三）职业生涯(Occupational Career)

职业生涯是指一个人在其工作生活中所经历的一系列职位、工作或职业。例如，一位总经理的职业生涯很可能是由工人开始，其后分别担任车间主任、采购主管、生产部经理、销售部经理，最后才担任总经理。

（十四）工作描述(Job Description)

工作描述也称工作说明，是指以书面叙述的方式来说明工作中需要从事的活动，以及工作中所使用的设备和工作条件的信息。

（十五）工作规范(Job Criterion)

工作规范是指完成某一特定工作所需的最低限度的能力、技巧、知识学历与工作经历等要求，是对某个职务应履行的责任、工作标准和任职资格所做的规定，其内容为基本职责、工作标准、任职资格。

小思考

职业、职务、职位之间有什么区别和联系？请举例说明。

三、工作分析需收集的信息

工作分析所需要收集的有关信息包括：(1)与工作有关的内容；(2)工作中使用的机器、设备工具及其他辅助设施;(3)与员工个人行为有关的内容;(4)工作背景及工作对员工的资格要求。

四、工作设计的内涵和内容

(一)工作设计内涵

工作设计是指为了有效地达到组织目标与满足个人需要而进行的工作内容、工作职能和工作关系的设计。

(二)工作设计内容

1. 工作内容设计

工作内容设计是工作设计的重点,一般包括以下五个方面:

(1)工作的广度。尽量使工作多样化,使员工在完成任务的过程中能进行不同的活动,保持工作的兴趣。

(2)工作的深度。设计的工作应具有从易到难的一定层次,对员工工作的技能提出不同程度的要求,从而增加工作的挑战性,激发员工的创造力和克服困难的能力。

(3)工作的完整性。保证工作的完整性能使员工有成就感,即使是流水作业中的一个简单程序,也要是全过程,让员工见到自己的工作成果,感受到自己工作的意义。

(4)工作的自主性。适当的自主权力能增加员工的工作责任感,使员工感到自己受到了信任和重视,认识到自己工作的重要性,使员工工作的责任心增强,工作的热情提高。

(5)工作的反馈性。工作的反馈包括两方面的信息:一是同事及上级对自己工作意见的反馈,如对自己工作能力、工作态度的评价等;二是工作本身的反馈,如工作的质量、数量、效率等。

2. 工作职责设计

(1)工作责任。工作责任设计就是员工在工作中应承担的职责及压力范围的界定,也就是对工作负荷的设定。

(2)工作权力。权力与责任是对应的,责任越大,权力范围越广,否则二者脱节,会影响员工的工作积极性。

(3)工作方法。工作方法包括领导对下级的工作方法、组织和个人的工作方法设计等。工作方法的设计具有灵活性和多样性,不能千篇一律。

(4)相互沟通。沟通是一个信息交流的过程,是整个工作流程顺利进行的信息基础,包括垂直沟通、平行沟通、斜向沟通等形式。

(5)协作。整个组织是有机联系的整体,各环节之间必须相互合作、相互制约。

3. 工作关系设计

组织中的工作关系表现为协作关系、监督关系等各个方面。工作关系设计即对岗位与岗位之间的关系进行设计。

通过以上三个方面的工作设计,为组织的人力资源管理提供依据,保证事(岗位)得其人、人尽其才、人事相宜;优化人力资源配置,为员工创造能够发挥自身能力、提高工作效率的环境。

五、工作设计考虑因素

（一）员工因素

人是组织活动中最基本的要素，员工需求的变化是工作设计不断更新的一个重要因素。工作设计的一个主要内容就是使员工在工作中得到最大的满足。随着文化教育和经济发展水平的提高，人们的需求层次提高了，除了一定的经济收益外，他们希望在自己的工作中得到锻炼和发展，对工作质量的要求也更高。

（二）组织因素

工作设计最基本的目的是提高组织效率，增加产出。工作设计离不开组织对工作的要求，在具体进行设计时，应注意：

(1)工作设计的内容应包含组织所有的生产经营活动，以保证组织生产经营总目标的顺利、有效实现。

(2)全部岗位构成的责任体系应该能够保证组织总目标的实现。

(3)工作设计应有助于发挥员工的个人能力，提高组织效率。

（三）环境因素

环境因素包括人力供给和社会期望两个方面。

(1)工作设计必须从现实情况出发，不能仅仅凭主观愿望，而是要考虑与人力资源的实际水平相一致。

(2)社会期望是指人们希望通过工作满足些什么。不同员工的需求层次是不同的，这就要求在工作设计时考虑一些人性化方面的内容。

优良的工作设计能保证员工从工作本身寻找到意义与价值，可以使员工体验到工作的重要性和自己所负的责任，从而产生高度的内在激励作用，形成高质量的工作绩效以及对工作高度的满足感，从而达到最佳激励水平。

六、工作设计的步骤和方法

（一）工作设计的步骤

1. 需求分析

工作设计的第一步就是对原有工作状况进行调查诊断，以决定是否应进行工作设计，应着重在哪些方面进行改进。一般来说，出现员工工作满意度下降和积极性较低、工作情绪消沉等情况，都是需要进行工作设计的现象。

2. 可行性分析

在确认工作设计之后，还应进行可行性分析。首先应考虑该项工作是否能够通过工作设计改善工作特征，从经济效益、社会效益上看是否值得投资；其次应考虑员工是否具备从事新工作的心理与技能准备，如有必要，可先进行相应的培训学习。

3. 评估工作特征

在可行性分析的基础上，正式成立工作设计小组负责工作设计，小组成员应包括工作设计专家、管理人员和一线员工，由工作设计小组负责调查、诊断和评估原有工作的基本特征，然后进行分析比较，提出需要改进的方面。

4. 制订工作设计方案

根据工作调查和评估的结果，由工作设计小组提出可供选择的工作设计方案。工作设计方案中包括工作特征的改进对策以及新工作体系的工作职责、工作规程与工作方式等方面内容。在方案确定后，可选择适当部门与人员进行试点，检验效果。

5. 评价与推广

根据试点情况及进行研究工作设计的效果进行评价。评价主要集中于三个方面：员工的态度和反应、员工的工作绩效、企业的投资成本和效益。如果工作设计效果良好，应及时在同类型的工作中进行推广应用，在更大范围内进行工作设计。

(二)工作设计的方法

1. 工作轮换

如果员工的工作过于例行化，那么就可以选择工作轮换(Job Rotation)方法(也称交叉培训法)。当员工觉得一种活动已不再具有挑战性时，就把员工轮换到水平相同、技术要求相近的另一个岗位上工作。

2. 工作扩大化

工作扩大化即横向扩展工作，增加员工的工作数量，丰富工作内容，使工作本身更具多样性。例如，一个邮件分拣员的工作不仅仅是分拣收到的各部门的邮件，而且可以扩展到把邮件送往各个部门，或寄送一些外发邮件。

3. 工作丰富化

工作丰富化是指对工作内容的纵向扩展。这样做可以增强员工对工作计划、执行和评估的控制程度。

小知识

不是任何组织在任何情况下都可以采用工作丰富化方法。采用这种方法有其特定的条件。第一，没有比之更好的方法。假如有其他更好的方法，应该优先考虑这些方法。工作丰富化是在其他方法都无法激励员工时才应该考虑的方法。第二，薪酬和环境必须满足。假如没有适当的薪酬和良好的工作环境，却增加员工的工作内容和层次，只能得到相反的效果。第三，必须得到员工的同意。员工不愿意做出改变，即使改变了，也不会有很好的效果。第四，在技术和经济上可行。倘若工作丰富化需要应用的技术在企业里无法实现，那么，工作丰富化也就无法做到了。

4. 压缩工作周

压缩工作周最常见的形式是每周工作 4 天，一天 10 小时。这种方案有助于员工更好地利用闲暇和购物时间，并能使他们避开上下班高峰时间。提倡这种工作时间安排方式的人认为，这种方案有助于提高员工的工作热情，鼓舞士气，增强对组织的忠诚感，提高生产率并降低成本；同时还能够减少工作过程中机器的停工时间，减少加班费开支，降低流动率、缺勤率，使组织招聘新员工的工作更加容易等。

5. 弹性工作制

弹性工作制是指在完成规定的工作任务或固定的工作时间长度的前提下，员工可以灵活、自主地选择工作的具体时间安排，以代替统一、固定的上下班时间的制度。

弹性工作制有以下几种形式：

(1)建立自主型组织结构。在这种组织结构中，员工可以自主地决定工作时间，决定生产线的速度。据有关资料介绍，德国有25％、瑞典有20％、美国有15％的工作场所实行这种弹性工作制。

(2)工作分担方案。该计划允许由两个或更多的人来分担一个完整的全日制工作。比如，企业可以决定一周有40小时的工作，由两个人来分担。其中一个人上午工作，另一个人下午工作。

(3)临时性工作分担方案。主要在企业困难时期采用，企业用临时削减员工工作时间的方法来应对临时解雇员工的现象出现。

(4)弹性工作地点方案。只要员工能够完成单位指定的工作任务，以电子通信为手段与单位沟通，单位允许员工在家里或在离家很近的其他办公室完成自己的工作。

(5)选择弹性工作时间。欧洲一些企业规定，员工可以在第一年过完6个月后，选择自己在下一年每个月愿意工作的时间，使员工有更灵活、更自由的时间去处理个人事务或进修学习。

(6)核心时间与弹性时间相结合。企业可以决定，一个工作日的工作时间由核心工作时间(通常为5个小时)和前后两头的弹性工作时间组成。核心工作时间是每天某几个小时所有员工必须上班的时间，弹性时间是员工可以自由选定上下班的时间。在核心工作时间内，所有员工都要来到工作岗位，但在核心区段前后的弹性时间内，员工可以任选其中的3小时工作。

(7)工作任务中心制。公司对员工的劳动只考核其是否完成了工作任务，不规定具体时间，只要在所要求的期限内按质量完成任务就照付薪酬。

(8)紧缩工作时间制。员工可以将1个星期内的工作紧缩在2～3天内完成，剩余时间自己安排“充电”。

第二节　工作分析方法

工作分析的方法有很多，下面详细介绍几种常用方法。

一、员工记录法

为了了解员工实际工作内容、职责范围与工作负荷，工作分析人员可通过员工以工作日记或工作笔记的形式记录其日常工作活动的情况，然后进行分析。工作日记的格式可见表3－1。工作日记不但对工作分析有用，而且也是自我诊断的一种有效工具。

小案例

纽约一家公共关系公司有几十名业务员，他们每人管理某一方面顾客的业务，在做工作分析时，起初采用访谈及问卷调查法，结果发现得到的数据与实际有很大出入，大大高估了被调查者的主要工作，后来人事部门建议搞工作日记，一开始大多数业务员拒绝执行，后经说明同意试试看，结果不但人事部门获得所需信息，业务员们也了解到所需的时间是怎样消耗的，从而指出了改进工作的方向。

表 3—1 工作日记

日期：					年 月 日			备 注
部门：			姓名：					
事务序号	事务来源			事务内容及处理	处理时间	是否完成		
	计划	上级	例外			是	否	

二、观察法

观察法是指职务分析人员通过对员工正常工作的状态进行观察，把有关工作的内容、工作间的相互关系、人与工作的关系以及工作环境、条件等信息记录下来，并通过信息的比较、分析、归纳等方式得出工作分析结果的方法。观察法适用于体力工作者和事务性工作者，如搬运工、操作员、文秘等职位。

观察法的缺点是，不适用于脑力劳动成分比较高的工作和处理紧急情况的间歇性工作。对于工作中所包含的思想与心理活动，如律师等工作，就不容易观察到。

运用观察法时，工作分析人员应事先准备好观察表格，以便随时进行记录。条件好的企业，可以使用摄像机等设备，把员工的工作内容记录下来，以便进行分析。要提醒工作分析人员的是，观察的工作行为要有代表性，在观察时，尽可能躲在一旁，不要引起被观察者的注意，更不能干扰其工作。

三、面谈法

面谈法是指工作分析者与承担该项工作的人员进行面对面的谈话，以获得工作分析有关信息资料的方法。它包括个别员工面谈法、集体员工面谈法和主管面谈法。

个别员工面谈法适用于各个员工的工作有明显差别，工作分析的时间又比较充分的情况。集体员工面谈法适用于多名员工从事同样工作的情况。主管面谈法是指同一个或多个主管面谈，主管面谈法能够减少工作分析的时间。

面谈法主要围绕以下几个方面收集信息：

(1)工作目标。企业为什么要设立这一工作？这一工作的最终目的是什么？根据什么来决定这一工作的报酬？

(2)工作内容。担任该项工作的员工必须完成什么工作？如何完成？工作量有多大？

(3)工作环境。工作在什么样的物理环境和精神环境下进行？需使用哪些机器、设备等工具？其安全及卫生条件如何？

(4)工作资格。担任该项工作的员工，需要怎样的学历背景、经验、技能条件或专业执照？

面谈法能够简单、迅速地收集工作分析所需的资料，适用面广。其缺点是，对工作分析人员和访谈人员的语言文字表达能力要求较高，否则难以获取准确的信息。另外，员工容易把工作分析看作是变相的绩效考核，而夸大其承担的责任和工作的难度，这就容易引起工作分析信息资料的失真和扭曲。

四、问卷法

问卷法是由工作分析人员根据工作内容拟订一套切实可行、完整、科学、内容丰富的调查问卷，然后由员工填写，也可由员工口头回答问题，再由工作分析人员填写的一种收集工作信息的方法。

问卷法比较适用于脑力工作者、管理工作者或工作中不确定因素很大的员工，比如软件设计人员、行政总裁等的工作。

问卷法获得信息资料的速度快，并且全面、系统、完整、高效。其缺点是：需要工作分析专家花费大量的时间设计调查表；为了避免误解，调查人员还须亲自解释和说明有关问题，尽量让被调查人员积极配合，认真填表。

五、主题专家会议法

主题专家会议法通常是指，与熟悉目标职位的组织内部人员和外部人员，包括任职者、直接上司、曾经任职者、内部客户、其他熟悉目标职位的人员以及咨询专家、外部客户、其他组织标杆职位任职者集思广益的过程。

通常来说，在职位分析中，主题专家会议法主要用于建立培训开发规划、评价工作描述、讨论任职者绩效水平、分析工作任务、职位设计等。

六、文献分析法

文献分析法是一项经济且有效的信息收集方法。它是通过对现存的与工作相关的文档资料进行系统性分析来获取工作信息。由于它是对现有资料的分析提炼、总结加工，因而无法弥补原有资料的空缺，也无法验证原有描述的真伪。因此，文献分析法一般用于收集工作的原始信息和编制任务清单初稿。

七、关键事件法

关键事件法要求保存最有利和最不利的工作行为的书面记录。当这样一种行为对部门效益产生无论是积极还是消极的重大影响时，管理者都应把它记录下来，这样的事件便称为关键事件。

由工作分析专家向一些对该工作多方面情况有所了解的人员进行调查，要他们描述在该工作半年到一年内能被观察到并能反映其绩效好坏的一系列事件，询问什么是导致该事件的主要因素、什么是各种行为的一般后果、各种行为是否处于任职者控制之中，要求他们指出哪一位任职者工作完成最好以及他是如何进行工作的。通过对每一个职务大量关键事件（可多达几百个）的收集，分析它们发生的频率、重要程度、对任职者的能力要求，即可整理形成工作说明书。

第三节　工作说明书编制

工作说明书又称职务说明书、岗位说明书，是关于工作是什么以及工作任职者具备什么资格的一种书面文件，也是工作分析的成果。它包括两部分：一是工作描述，说明有关工作的特征；二是工作规范（又称任职说明），说明对从事工作的人的具体要求。

一、工作说明书内容

工作说明书的内容并没有一个标准化模式，但大多数的工作说明书都包括：工作标识，工作概述，工作联系、职责与任务，工作权限，工作绩效标准，工作条件，工作规范。

（一）工作标识

工作标识部分包括职位名称、所属部门、工资等级和工作性质等，如表3－2所示。其中，“职位名称”一栏对工作的名称(如数据处理操作主管人员、销售经理或库存控制员等)加以明确；“工资等级”一栏表明在组织中存在工作等级分类的情况下，此工作处于哪一等级，例如，一家公司将秘书分为秘书二等、秘书三等，等等；“工资范围”一栏提供工作的特定工资水平或工资范围方面的信息。

表3－2　工作说明书的工作标识部分

1. 职位名称：办公室主任	2. 直接上级职位：经理
3. 所属部门：办公室	4. 工资等级：7
5. 工资范围：3 000～4 000元	6. 分析日期：
7. 辖员人数：4～10人	8. 定员人数：1
9. 工作性质：公务管理	10. 分析人员：
11. 批准人：	

（二）工作概述

工作概述又称为工作综述。它应当描述工作的总体性质，因此只列出其主要功能或活动即可。表3－3给出了一个企业人力资源经理的工作概述。在工作概述中应力图避免出现如“执行需要完成的其他任务”这样笼统的描述，因为这使得对工作的性质以及员工需要完成工作的叙述容易出现漏洞。

表3－3　人力资源经理的工作概述

综合管理公司人力资源、行政和总务，协调各部门的关系，对公司经营状况进行常规分析，主持各种计划与规章制度的编制并负责监督实施，同时，负有管理、指导和培训本部门员工的责任，担任公司高层的人事顾问和员工职业发展顾问。

（三）工作联系、职责与任务

工作联系说明工作承担者与组织内以及组织外的其他人之间的联系情况，这一点可以以人力资源经理为例来加以说明。

小案例

人力资源经理的工作联系

报告工作对象：行政副总裁。

监督对象：人力资源职员、考试管理员、劳资关系专员和秘书。

工作合作对象：所有的部门经理和行政管理人员。

接触的公司外部人员：就业机构、管理人员代理招聘机构、工会代表、政府就业办公室以及各种公司客户等。

有的把工作联系并入工作标识中，有的则分开，视具体情况而定。

工作说明书的另外一部分是关于工作责任和工作任务的详细罗列。在工作说明书中，每一种工作的主要职责都应当列举出来，并用一到两句话分别对每一项任务加以描述。表 3－4 是一份工作任务内容的表格。

表 3－4　人力资源总监的工作任务

编号	工作任务的内容	权限	工作规范号	消耗时间(%)
1	综合处理公司的各种文件、资料		01－101	
2	公共关系		01－102	
3	人员招聘与录用		01－201	
4	员工考核		01－203	
5	劳动合同与劳动争议管理		01－204	
6	员工保险与福利管理		01－205	
7	薪资管理		01－206	
8	公司发展规划、年度计划的拟订		01－402	
9	公司规章制度的实施修改		01－401	
10	公司经营状况的常规分析		01－403	

（四）工作权限

工作说明书中还应当界定工作承担者的权限范围，包括决策的权限、对其他人实施监督的权限以及经费预算的权限等。表 3－5 是一份经营副总经理的管理权限表格。

表 3－5　经营副总经理工作权限

受总经理的委托，行使对公司营销业务工作的指导、指挥、监督、管理的权力，并承担执行各项规程、工作指令的义务。 在财务上享有 60 000 元以下的审批权。

（五）绩效标准

有些工作说明书中还包括一部分有关绩效标准的内容。这部分内容说明企业期望员工在执行说明书中的每一项任务时所达到的标准是什么样的。

设定绩效标准并不是一件容易的事情。一般来说，工作的绩效标准列在工作任务中，但也有例外，因为任务的描述相对不确切。为了提高工作说明书的可操作性，把绩效标准单列出来是非常必要的。表 3－6、表 3－7 分别是财务会计和生产组长的工作绩效标准。

表 3－6　财务会计的工作绩效标准

任务：将应付账款准确过账
1. 对同一个工作日内收到的发货票要在当天过账。
2. 对于收到的所有收据，都必须在收到收据的第二天前送交负责的部门经理处签字认可。
3. 平均每月发生记账失误不得超过 3 次。
4. 每月的第三个工作日结束时必须平衡总账。

表 3—7　　**生产组长的工作绩效标准**

任务:完成每日生产计划
1. 生产群体每一工作日所生产的产品不低于 536 个单位。
2. 在下一工作程序被拒绝的产品平均不得超过 1%。
3. 每周延时完成工作的时间平均不得超过 2%。
4. 产品合格率必须在 98%以上。

（六）工作条件

工作说明书还要列明工作中所包含的一般工作条件，比如温度、噪音水平、光线强度等。有些工作说明书还要标明特殊的工作环境，如高山、露天场所等，如表 3—8 所示。

表 3—8　　**工作说明书的工作条件部分**

<table>
<tr><td colspan="2">工作场所</td><td>室内　%</td><td>室外　%</td><td colspan="2">特殊场所　%</td></tr>
<tr><td rowspan="3">危险性</td><td>危害程度</td><td colspan="4"></td></tr>
<tr><td>发生频率</td><td colspan="4"></td></tr>
<tr><td>其他</td><td colspan="4"></td></tr>
<tr><td rowspan="3">职业病</td><td>名称</td><td colspan="4">说　明</td></tr>
<tr><td></td><td colspan="4"></td></tr>
<tr><td></td><td colspan="4"></td></tr>
<tr><td colspan="2" rowspan="3">工作时间</td><td>白天</td><td rowspan="3">备　注</td><td colspan="2" rowspan="3"></td></tr>
<tr><td>晚上</td></tr>
<tr><td>不确定</td></tr>
<tr><td colspan="2">工作均衡性</td><td colspan="4">1　2　3　4　5
均衡　　　　不均衡</td></tr>
</table>

（七）工作规范

工作规范是指任职者从事该工作应具备的知识和能力，即任职资格。

它主要关心专业与学历（文化程度及所学专业）、年龄、相关经历（经历与经验）、品性、能力、基本技能、知识要求以及其他特殊条件等方面（如表 3—9、表 3—10 所示）。

表 3—9　　**某岗位工作说明书的工作规范部分**

<table>
<tr><td colspan="2">所需最低学历</td><td>本　科</td></tr>
<tr><td colspan="2">专业</td><td>行政管理</td></tr>
<tr><td rowspan="2">所需培训</td><td>熟练期</td><td>6 个月至 1 年</td></tr>
<tr><td>培训科目</td><td>1. 秘书学　2. 领导科学
3. 公共关系学　4. 法律及财会知识</td></tr>
<tr><td>经验</td><td colspan="2">1. 从事秘书工作 2 年　2. 从事一般法律事务工作 2 年
3. 从事劳资工作 2 年　4. 从事总务后勤工作 2 年　5. 有 3 年管理者经验</td></tr>
</table>

续表

一般能力	项目	激励能力	计划能力	人际关系	协调能力	实施能力	信息管理	公共关系	冲突管理	组织人事	指导能力	领导能力		
	需求程度	4	4	4	4	4	3	3	3	3	3	3		
个性特征	项目	责任心	情绪稳定	支配性										
	需求程度	5	4	4										
职位关系	可直接升迁的职位						副总经理							
	可相互转换的职位						总经理助理							
	可升迁至此的职位						总务管理、办公室主任助理							

表 3－10　　体能要求

工作姿势		站立 15%　　走动 25%　　坐 60%
视觉	范围	小　1　2　3　4　5　大
	集中程度	低　1　2　3　4　5　高
精力	紧张程度	不紧张　1　2　3　4　5　非常紧张
	发生频率	低　1　2　3　4　5　高
体力消耗		小　1　2　3　4　5　大

二、工作说明书编制准则

工作说明书是从“工作(事)”和“人”两方面来考虑人力资源管理工作的。因此，工作说明书的编制必须遵循以下准则：

(一)逻辑性

以符合逻辑的顺序来组织工作职责。一般来说，一个职位通常有多项工作职责，在工作说明书中罗列这些工作职责的时候并非是杂乱无章的、随机的，而是要按照一定的逻辑顺序来编排，这样才有助于理解和使用工作说明书。较常见的组织工作职责的次序是按照各项职位的重要程度和所花费任职者的时间多少进行排列，将最重要的职责、花费任职者较多时间的职责放在前面，将次要的职责、花费任职者较少时间的职责放在后面。

(二)准确性

工作说明书应当清楚地说明职位的工作情况，描述要准确，语言要精练，一岗一书，不能雷同，不应“千岗一面”、“一岗概全”。

尽量避免选用专门化的词汇来表示:如工作的种类、复杂程度、技能要求程度、可能出现的部门的标准化程度、任职者对工作的各方面所负责任的大小、责任的程度与类型等。通常情况下,组织中较低级职位的任务最为具体,而较高层次的职位则处理涉及面更广一些的问题。

(三)实用性

任务明确好上岗,职责明确易考核,资格明确好培训,层次清楚能评价。与此同时,还应该表明各项职责所出现的频率。

(四)完整性

完整性是指在编写工作说明书的程序上要保证其全面性。工作说明书的编写一般由现职人员自我描述,主管领导审定,专家撰写主要职位,人力资源部门及其他部门工作人员协助完成其他工作描述。

(五)统一性

文件格式统一,可参照典型工作说明书编写样本。

三、工作说明书编写步骤

(一)工作信息获取

1. 分析组织现有资料

浏览企业组织已有的各种管理制度文件,并与企业组织的主要管理人员进行交谈,对组织中开发、生产、维修、会计、销售、管理等职位的主要任务、主要职责及工作流程有大致了解。

2. 实施工作调查

充分、合理地运用工作分析方法,如观察法、访谈法、关键事件法、工作日志法等,开展工作分析,尽可能全面地获得该工作的详细信息。这些信息包括工作难易程度、责任轻重、所需资格等方面。

(二)综合处理工作信息

这一阶段的工作较为复杂,需要投入大量时间对材料进行分析和研究,必要时,还需要用到诸如计算机、统计分析等分析工具和手段。

(1)对根据文件查阅、现场观察、访谈及关键事件分析得到的信息进行分类整理,得到每一职位所需要的各种信息。

(2)针对某一职位,根据工作分析中收集信息的 7 点要求,逐条列出这一工作的相关内容,即为初步的工作说明书。

(3)工作分析者在遇到问题时,还需随时与公司的管理人员和某一职位的工作人员进行沟通。

(三)完成工作说明书撰写

(1)召集整个工作分析中所涉及的人员,并给每位分发一份说明书初稿,讨论根据以上步骤所制定的工作说明书是否完整、准确。讨论要求仔细、认真,甚至每个词语都要认真斟酌。工作分析专家应认真记录大家的意见。

(2)根据讨论结果,最后确定出一份详细、准确的工作说明书。

(3)最终形成的工作说明书应清晰、具体、简明扼要。

工作流程

工作说明书范例——某广告公司计划财务部经理工作说明书

<table>
<tr><td>1. 岗位名称</td><td colspan="2">计划财务部经理</td><td>2. 所属部门</td><td colspan="3">计划财务部</td></tr>
<tr><td>3. 岗位类属</td><td colspan="2">主管人员</td><td>4. 岗位值</td><td>四档 12 级</td><td>5. 编制</td><td>1</td></tr>
<tr><td>6. 岗位概述</td><td colspan="6">全面负责所委派公司的会计核算和财务管理工作</td></tr>
<tr><td>7. 主要职责</td><td colspan="6">7.1 负责管理公司的会计核算工作。
7.2 负责公司财务管理工作。
7.3 负责公司财务部门日常管理工作。
7.4 负责公司财务年度计划并组织实施。
7.5 负责落实上级主管部门及领导交办专项工作。
7.6 负责协调财务内外工作关系，实施有效沟通。
7.7 负责指导财务员工业务技能的提高和潜能的开发。
7.8 负责制订部门工作计划，组织实施和控制计划的执行。
7.9 承办领导交办的其他专项工作。</td></tr>
<tr><td>8. 主要权限</td><td colspan="6">8.1 有权参与公司年度工作计划的制订工作。
8.2 有权按国家财务会计制度和公司财务规定进行会计核算和编制会计报表。
8.3 有权分派、检查、考核所在部门财务人员的工作，并对其聘用、解聘、续聘有建议权。
8.4 有权知悉公司生产经营的各种数据资料。
8.5 有权在承办领导交办的专项工作时享有相应的权利。</td></tr>
<tr><td>9. 考核指标</td><td colspan="6">9.1 上级及其他部门的评价。
9.2 年度工作计划的执行情况。
9.3 部门员工士气。
9.4 应缴税款计算准确率达到 100%。
9.5 会计档案丢失率为 0。
9.6 年度财务收支计划（预算）准确率达到 90%以上。</td></tr>
<tr><td>10. 相关岗位</td><td colspan="6">10.1 上级岗位：总经理。
10.2 下级岗位：会计兼项目核算，出纳兼统计。
10.3 平移岗位：各部门经理。
10.4 发展岗位：财务总监。</td></tr>
<tr><td>11. 劳动强度环境设备</td><td colspan="6">11.1 劳动强度：工作压力一般，正常班制。
11.2 劳动环境：室内工作。
11.3 设备：一般办公设备。</td></tr>
</table>

续表

12.任职资格	12.1 教育程度:本科及以上学历。 12.2 专业:会计、财务管理、审计等专业。 12.3 专业技术资格:会计中级职称,如具有注册会计师资格者优先。 12.4 执证上岗:《会计证》、《注册会计师专业技术证书》。 12.5 工作经历:本科以上学历,从事本行业工作五年以上经验,其中有2年以上财务主管经验。 12.6 专业知识(应知): 12.6.1 会计; 12.6.2 财务管理; 12.6.3 企业管理; 12.6.4 税法。 12.7 业务能力:具有较强的财务会计专业知识,熟悉公司经济活动的财务核算流程和办法,能独立处理全盘账务。 12.8 书面表达能力:具有较强的文字处理能力,包括财务工作计划、总结、项目建议书、项目投资可行性研究报告、财务分析报告、财务会计制度等日常公文和经济应用文的写作能力。 12.9 解决实际问题能力:具备一定的综合素质,在处理具体事件时能根据实际情况提出合理的处理措施并较好地付诸实施。 12.10 个性特征:独立工作能力强,应变能力突出,具备团队精神;原则性强,思维敏捷、严谨,工作踏实、认真,有较强的敬业精神。 12.11 体能:身体健康,精力充沛。

实用工具

工作分析需收集的信息

一、工作活动 (一)工作任务的描述 1. 工作任务是如何完成的 2. 为什么要执行这项任务 3. 什么时候执行这项任务 (二)与其他工作和设备的关系 (三)进行工作的程序 (四)承担这项工作所需要的行为动作与工作的要求
二、工作中使用的机器、工具、设备和辅助设备 (一)使用的机器、工具、设备和辅助设备的清单 (二)应用上述各项加工处理的材料 (三)应用上述各项生产的产品 (四)应用上述各项完成的服务
三、工作条件 (一)人身工作环境 1. 在高温、灰尘和有毒环境中工作的情况 2. 工作是在室内还是在户外 (二)组织的各种有关情况 (三)社会背景 (四)工作进度安排 (五)激励(财务和非财务的)

续表

四、对员工的要求 (一)与工作有关的特征要求 (二)特定的技能 (三)特定的教育和培训背景 (四)与工作相关的工作经验 (五)身体特征 (六)态度

工作分析问卷

年　　月　　日

公司名称：	职位：	职称：
所属部门：	所属科室：	主管姓名：
总公司：	分公司或地区办事处：	
1. 说明工作的主要职责：		
2. 其他较不重要的职责：		
3. 请列举你所用的工具及使用频率：　持续使用　经常使用　偶尔用及		
4. 做此工作需要何种教育程度？(请勾列出) □ 高中以下　□ 高中 □ 大专　□ 本科 □ 硕士以上 (并请列述哪些科目、课程或训练为工作所需)		
5. 这项工作需要多少年相关的工作经验？ □ 不需要经验　□ 1～3 年 □ 3 个月以下　□ 3～5 年 □ 3 个月～1 年　□ 5～10 年		
6. 你个人认为要做好或熟悉此工作，需要多长的教育或培训？ □ 2 周或少于 2 周　□ 6 个月　□ 2 年 □ 3 个月　□ 1 年　□ 2 年以上		

续表

7. 一般而言，此项工作的监督程度如何？

□ 经常性监督。除去不重复的差异，其余一并交由主管处置。

□ 每日几次即可，包括呈报、接受意见及指派工作。按照一定的方式与程序进行。例外事项尤应注意。

□ 偶尔。由于多数职务皆重复且互相牵连，因此只以制定规划与标准指引进行管制即可。对于不寻常的问题也要注意，并经常提供建议与采取行动。

□ 有限监督。工作一经指派后全权负责，虽有若干工作方法可供采用，不过不妨有自己的一套工作方法。

□ 确定大目标即可。评估工作，可用任何方式，注重整体成效。经常发展一些可获预期成果的方法。

□ 少量或没有直接监督。工作方法之选择、发展与协调，只要在一般政策的范围内皆可任意进行。

---

8. 你所做任何独立决策的范畴与性质如何？

你认可的事项在生效前是否经常要经复核？如果要，由谁复核？

你拒绝的事项在生效前是否经常要经复核？如果要，由谁复核？

---

9. 本工作亟须哪一方面的才能、创意以及(或)进取的精神？

例如：

---

10. 在本工作中可能会产生哪些差错？

这些差错如何被发现或被检查到？

一旦差错发生而不被发现，会产生何种后果？

---

11. 关于公司业务，该如何与他人进行联系？

持续不断□ 频繁□ 偶尔为之□ 从不□

□ 其他部门的员工

□ 公司高层

□ 政府机关

□ 其他(请指出)

请举出联系的例子并说明目的：

如果你负责他人的工作，可以作答下列问题。

12. 下列哪些项目属于本项工作职责范围？

□ 指导 □ 分派人员

续表

□ 派工	□ 解决员工问题
□ 核工	□ 甄选新员
□ 规划别人的工作	□ 调异(推荐? 核准?)
□ 订立标准	□ 奖惩(建议? 核准?)
□ 协调业务	□ 革职(建议? 核准?)
	□ 加薪(提议? 核准?)
请列举在你直接监督下的工作名称及所属人员的数目: 汇总由你指挥的属员数目:	
评语:(若有必要,可另贴纸张述之):	
填写人:	
主管人员注意事项:你的签名表示你已核阅上述工作说明。如有必要修正,请以红笔于适当的地点填附,希望能就上述各项加以评述。这些项目在定案前仍会与你交换意见。 在你属下担任此项职务的人员有几位? 核阅人: 职　位:	

案例学习

如何消除员工的恐惧心理

Dean 进入某公司后有点找不到北。有事,A 部门说“归 B 部门管”,B 部门称不知道,让他找 C 部门。Dean 觉得有必要对岗位和责任进行梳理,建议 HR 部门进行工作分析。HR 经理却摇摇头告诉他,员工对此发怵,不配合,工作分析很难进行。原因何在呢?

症状 1:准备不充分

人力资源专员小 V 接到指示,公司在这个月将开展工作分析。人力资源部的每个成员自然成为工作分析小组成员,小 V 要负责销售部门各个岗位的工作分析。他决定先从普通的销售员开始,从下往上分析,把销售经理摆在最后。

事实上,普通员工的态度并没有小 V 预期的那样配合。“工作分析? 干啥用的? 你们人力资源部还真是吃饱了没事干。”资历深厚的直接质疑小 V:“哦,是不是要裁人啦? 怎么突然要分析工作了呢?”胆小者支支吾吾,疑心重重。“真抱歉,手头忙,等过一阵再谈吧。”态度冷淡不配合的更不在少数。一周下来,小 V 精疲力竭,却收获寥寥。

症状 2:事后大地震

人力资源经理 Luna 刚从某外企跳槽到一家民营企业,发现企业管理有些混乱,员工职责不清,工作流程也不科学。她希望进行工作分析,重新安排组织架构。一听是外企的管理做法,老板马上点头答应,还很配合地做了宣传和动员。

Luna 和工作分析小组的成员积极筹备一番后开始行动。不料,员工的态度和反应出乎意料地不配合。“我们部门可是最忙的部门,我一个人就要干 3 个人的活。”“我每天都要加班到 9 点以后才回去,你们可别再给我加工作量了。”

经多方了解后，Luna才知道，她的前任也做过工作分析；不但做了工作分析，还根据分析结果进行了大调整；不但删减了大量的人员和岗位，还对员工的工作量都做了调整，几乎每个人都被分配到更多活。有了前车之鉴，大家忙不迭地夸大自己的工作量，生怕工作分析把自己“分析掉了”。

症状3：问题大而无当

“请你谈谈你这份工作对公司的价值。”听到这样的问题，Carol愣住了，该怎么回答呢？当然要说价值很大啦，怎么大呢？思索了半天，她也不知道该如何回答，只能说“我的工作是公司正常运转不可缺少的一个环节”，心里暗想，这回答还真是废话。

不仅仅是Carol，还有不少员工都在面谈中遭遇这样的“宏观”问题。原本以为工作分析，人力资源部在了解情况后会对每个人的工作做个评价；谁知道，上来就让员工自己谈价值。这下可把大伙难住了，说高了，就是空话；自谦一下，不等于让人家来炒鱿鱼？只好统一口径，简单几句话把进行工作分析的人打发走了。

（案例来源：易迈管理资讯网，有删改。）

思考：

1. 为什么工作分析时员工往往会产生恐惧心理？
2. 分析案例中所谈到的“症状”的原因。
3. 谈谈如何消除员工对工作分析的恐惧心理。

【实训项目运用一】

训练项目：为自己未来的工作岗位编写一份职务说明书

训练目的：

1. 让学生掌握职务说明书的编写内容、程序和方法。
2. 让学生为自己适应未来就业岗位的工作做好准备。

训练组织：

1. 学生根据自己的职业规划，确定未来的就业岗位。
2. 每位同学运用本章所学的内容编一份未来就业岗位的职务说明书。
3. 教师组织同样岗位的学生进行职务说明书的研讨。
4. 学生代表陈述自己的职务说明书，教师进行点评。

【实训项目运用二】

训练项目：利用工作分析方法对你最熟习的工作岗位进行分析

训练目的：

1. 让学生掌握常用工作分析方法的使用。
2. 让学生对工作岗位的设置有一定认识。

训练组织：

1. 学生根据自身认知情况，确定需要分析的工作岗位。
2. 每位同学根据本章所介绍的工作分析方法中的一种或几种，对工作岗位的设置进行分析。
3. 教师组织学生进行工作岗位分析方法运用的研讨。
4. 学生代表陈述对工作分析方法的认识，教师进行点评。

第三章

人员招聘

学习目标

知识目标：

- 掌握招聘的概念、流程与原则。
- 掌握中小企业招聘的渠道。
- 掌握招聘人才的方法。
- 掌握招聘效果评估的方法。

技能目标：

- 能为中小企业制订合理的招聘计划。
- 能够运用无领导小组讨论、情景模拟等面试方法招聘企业所需人才。
- 能够正确评估企业人才招聘的效果。

任务导入

小黄在吴经理的指导下，很快熟悉了人力资源专员的基本工作职责，掌握了基本的行业职业道德及服务规范，并对招聘非常感兴趣，小黄认定了自己要在人力资源的岗位上深入工作下去，就带着这个愿望找到吴经理。吴经理告诉小黄，作为一名人力资源专员，还必须具备基本的专业知识，其中招聘合适的人才就是最基本的。为此，吴经理又为小黄布置了几项任务：

1. 制订一个企业人才需求计划表。
2. 对每个部门的人才实际需求展开调查。
3. 评估每个部门合适的招聘渠道，是内部招聘好还是外部招聘好？
4. 制定每个部门的招聘流程。
5. 评估此次招聘效果。

课堂讨论

1. 常见的招聘原则有哪些？

2. 你认为招不到合适人才的原因有哪些?

3. 你认为一个企业吸引人才的最大优势是什么?

4. 你认为作为一名人力资源专员,在从事招聘过程中最重要的素质是什么?

第一节　招聘概述

一、招聘的前提

企业在招聘工作开始之前应该首先制订企业的人力资源职位计划,只有做好这一计划,才能为招聘工作提供方向。

人力资源职位计划是指企业预测劳动力需要、内部劳动供给,比较并确定供求缺口,筹划行动填补缺口的过程或一系列活动。职工招聘、培训和开发属于行动规划之列。人力资源职位计划一般包括五个步骤。

(一)确定人力资源的未来需求

人力资源的未来需求是指一个企业按自己的发展规律,为生产一定的产品和服务而需要雇用的雇员数量和类型,即企业将来期望获得的一定数量、一定质量的劳动力。

对人力资源未来需求的推测,是依据企业的总体发展规则、组织发展计划(组织结构和层次等)做出的。如果企业希望将来发展壮大、增加市场份额、扩充组织结构并实行专业分工,那么,将来需要的具备一定素质的雇员数量就会增加;反之,就会减少。因此,经营规划和组织计划决定人力资源职位计划.

(二)确定人力资源的未来供给

这里的人力资源供给是指一个企业在未来某个时点或时期本身的人力资源可供量。换言之,是指内部劳动力市场而非外部市场劳动力市场的人力资源可供量。

企业对未来人力资源可供量的推测是从当前的雇员出发的。依据人力资源管理的经验,推断计划期内可能流失的雇员数量及其相应类型,推断组织内部劳动市场上的变化情况(如晋升、降职、转职等),推断新增雇员的数量。这样就能确定在未来某个时点或时期企业内部可以提供的人力资源数量。

(三)审视外部环境和内部环境

所谓审视外部环境,是指对宏观经济状况、外部劳动力市场、劳工组织运动和法令法规环境的审视。企业不能离开外部环境而生存,因此,企业家不仅要跟踪和了解外部环境的发展趋势,还要了解这种趋势对人力资源意味着什么。

所谓审视内部环境,是指对企业内部劳动状况以及与人力资源管理活动相关的内部环境的了解和评价。企业必须清楚其内部的劳动力状况,特别是雇员的构成和多样性。此外,企业还需要了解雇员志向和兴趣的转变,特别是工作报酬方面的要求。例如,家中有婴儿的雇员希望企业提供产假、日托一类的福利,如果企业对这些置若罔闻,则雇员会投入其他的企业。因此,对内部环境的审视可以推测雇员的损失数量或吸引新雇员的数量。

(四)确定人力资源的供需差距

有了人力资源供需估计,有了外部环境和内部环境的变动知识,就能找出未来人力资源的供需差距了。注意,供需差距既可能是短缺也可能是过剩。根据供需差距可以编制行动计划。

（五）编制行动计划

人力资源部门了解计划内人力资源的供需差距后，就应该制订行动计划，采取切实措施消除差距。行动计划中最主要的是职员配备。如预测将来的人力资源会短缺，通常就要制订在外部劳动力市场上的招聘计划，并结合现有劳动力状况和外在招聘计划制订雇员培训和开发计划，以便迎接劳动力数量和质量方面的挑战。

二、招聘的概念

（一）概念

招聘是指组织寻找或吸引求职者来填补组织空缺岗位的过程。求职者可以是组织内部或者外部的人员。当组织出现空缺岗位时，可以通过发布招聘信息寻找有资质（即具有技巧、能力或者其他特征）的求职者。一旦求职者和组织的招聘人员达成了关于如何开始下一步工作的口头或者书面协议，就意味着选拔过程的开始。

人员选拔的目的就是从求职者中选出最符合组织需要的优秀人才。人员选拔是整个招聘工作中最关键也是最具技术性的工作。在人员选拔过程中，可以通过科学的测试方法（如专业知识测试、心理测试）、结构化的面试及聘请相应的专家指导等手段降低人员进入组织的培训费用，以提高人员在组织中的稳定性。

（二）招聘的竞争优势

招聘能够给企业带来发展优势。从人力资源的角度，我们发现企业的竞争优势是由人创造的，而企业的员工是通过招聘来实现的。因此，在这个不断变化的受高科技驱使的商业环境下，发掘和留住人才将成为企业竞争的主旋律。通过吸引、发展和保留具备必要技能和经验的人才，可以为企业带来一定的竞争优势。这些竞争优势包括：

（1）提高企业的成本效率；

（2）吸引合格的人选加入公司；

（3）通过提供现实的工作预览来降低现有员工的流失率；

（4）帮助公司创建一支文化上更加多样化的员工队伍。

三、招聘计划

作为招聘工作的开始，我们需要制订详细、周密的招聘计划，以保证招聘的顺利进行。招聘计划的内容主要有以下几个方面。

（一）招聘数量

根据公司年度规划来确定公司年度招聘数量，并根据各个部门的具体情况平衡各部门的招聘人数。同时各部门计划外的职位空缺按招聘流程报人力资源部门审批，并经上级领导同意后执行。

（二）招聘标准

确定需要招聘什么样的人才。招聘标准一般包括应聘人员的性别、年龄、学历、工作经验、工作能力、个性特征等方面。

（三）招聘人员的素质

企业招聘的实践证明，企业招聘人员的表现会影响应聘人员对企业的评价。应聘人员通常会从招聘人员的素质、招聘流程的专业程度来判断企业人员的整体素质以及个人在企业的发展前景。因此，招聘团队的组成人员要求具备良好的品质与修养、扎实的专业知识与技能以及相应的招聘技术与知识。

（四）招聘工作时间表

招聘工作时间表的确定既是为了指导企业招聘活动的顺利进行，也方便求职人员及时了解自己的应聘情况。

（五）招聘渠道的选择

根据需要招聘人员的数量及职位层次选择最佳的招聘渠道，以最小的成本在最短时间内招聘到企业所需的人才。常见的招聘渠道包括员工推荐、广告招聘、中介机构介绍、网络招聘等。

（六）招聘测评方案

针对不同的应聘人员，应该采取多种考核方式，筛选出最合适的优秀人才。常见的测评方案包括笔试、心理测试、面试、情景模拟、小组讨论、体检、背景调查等。

（七）招聘预算费用

招聘成本主要由两部分组成：一部分是聘请咨询专家的费用、广告费、场地费、中介机构收费、员工推荐人才的奖金等；另一部分是企业内部招聘人员的工资、差旅费、其他相关管理费用等，此部分费用容易被企业忽略，在进行招聘费用核算时应特别注意。

（八）招聘广告

招聘广告应能如实反映企业的实际情况，详细说明企业的招聘要求，同时又能吸引更多的求职者。

小案例

广州某美容集团有限公司的招聘广告

某美容集团是一家以美容科技为核心，集美容化妆品研发制造、连锁经营、高职教育、品牌行销、市场研究和终端服务于一体，并涉及生物科技、健康保健等领域的大型综合性集团公司，创建于2002年，现因企业发展需要，诚邀精英加盟。

职位：美容顾问（数名）。

工作职责：

1. 负责为美容院客人提供专业的美容服务。
2. 讲究职业道德，做到文明服务，保持美容的高水准服务，维护公司声誉。
3. 定期建立贵宾及常客档案，了解他（她）们的爱好、要求及皮肤的特性，以便更好地提供服务。
4. 负责保管美容及按摩工具，对工具、美容用品的采购提出建议。
5. 拓展及维护顾客，做好顾客管理。
6. 完成店长安排的其他工作。

职位要求：

1. 身体健康，相貌端正，无体味及手汗。
2. 熟悉美容产品和手法，持有美容师证书者、有美容院工作经验者优先考虑。
3. 良好的语言表达能力，善于沟通，服务意识强，工作耐心细致。
4. 吃苦耐劳，爱岗敬业，良好的个人素质，较高的职业素养和道德。
5. 性格开朗乐观，热爱学习，有上进心，团队协作能力强。

备注:此岗位在广州直营店面工作,不需出差。

以人为本,唯贤是举,心有多大,舞台就有多大。绩优型企业,现代化管理,工作环境、培训、晋升、福利样样优。只要你是才,我们就给你财!来吧!加入我们的卓越团队,成就你的精彩人生!

公司地址:广州市天河区燕岭路456号建设大厦六楼全层。

公司网址:http://www.hua-h.com。联系电话:020—87633131;18680216503。联系人:管小姐。

四、招聘流程

在招聘流程图中,人力资源计划是整个招聘活动的依据,在制订人力资源计划时,还需要制定职位说明书。人力资源计划决定了招聘的人数、时间、经费等,而通过职位说明书,可以确定招聘人员的标准。在制订了具体的招聘计划之后,就可以指导下一步的招聘工作。

一般招聘流程如图3—1所示:

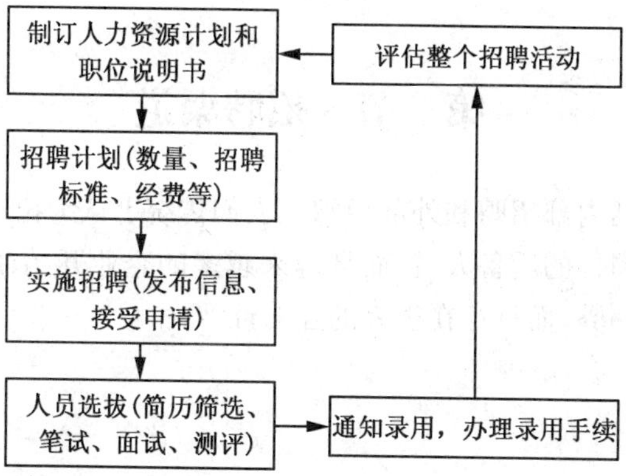

图3—1　一般招聘流程

五、招聘原则

为保证招聘的效果,需要遵循一定的原则。这些原则主要包括:

(一)公开招聘

企业的招聘信息需要公开发布,让更多的潜在应聘者知晓,以吸引更多的人才前来应聘;同时也可以使企业招聘人员的行为受到监督,以防止不正之风。

(二)公平招聘

企业招聘的岗位应该明确,招聘的程序、过程、结果应该公开透明,使应聘者能够在公平、公正的环境下与企业进行双向选择。企业应该对所有的应聘者一视同仁,避免主观印象和人为地制造不平等条件,通过严格的标准、科学的方法对应聘者进行选拔。通过营造公平、公正的竞争环境,既可以选拔出真正优秀的人才,又可以激励现有的员工积极向上。

小思考

现在公务员招考过程中会出现一些所谓的"关系户",你认为在公务员选拔过程中应该如何做才能体现公平招聘原则?

(三)诚信招聘

所有录用意向与决定都应建立在诚信的基础上。企业在发布招聘信息之后,就需要按照程序认真对待每一位应聘者;当选拔到合适的人才之后,就要及时签订录用合同,防止“只招不聘”和“虚假招聘”现象的发生。

(四)因事择人

企业应按人力资源计划进行招聘。用人部门需要及时提交用人需求,人力资源部门则需要做好整个企业的人力资源规划。只有当岗位需要人时,才进行人员招聘,以避免出现多余人员,降低企业的整体效率。

(五)人事匹配

对企业来说,最优秀的人才不一定是最适合的,最适合的人才是企业需要的。因此,企业在招聘过程中,应该考虑有关人选的专长,量才使用。遵循人事匹配原则,将有利于企业和员工个人的发展。

第二节　招聘渠道

员工招聘的渠道包括内部招聘和外部招聘。人们传统上认为招聘都是对外的,而事实上,企业内部人员也是空缺岗位的后备人员,而且越来越多的企业开始注重从内部招聘人员。内部招聘与外部招聘各有利弊,而且存在很强的互补性。

小资料

美国通用电气公司数十年来一直从内部选拔 CEO,日本许多企业的管理特殊之处就是内部晋升,而 IBM、HP 等公司的 CEO 则更多的是外部“空降”。

据对 200 家外资企业的调查显示,27%的公司的管理人员和 20%的公司的非管理人员主要来自合资方中方的原有员工;其中,9%的公司称其管理人员为长期雇用,而 5%的公司称其非管理人员为长期雇用。当管理岗位出现空缺时,67%的公司采取内部提升或转岗;2%的公司在人才市场上招聘;1%的公司由政府任命。当非管理岗位出现空缺时,55%的公司采取内部提升或转岗;45%的公司在人才市场上招聘。每年离开公司的管理人员为 4%,离开的非管理人员为 6%。

一、内部招聘

内部招聘方法是指在组织内公布空缺职位、发布招聘启事、从内部寻找应聘者并招聘员工。

(一)组织内部招聘的优点

1. 组织和员工相互之间比较了解

首先,组织可以得到现有员工的更为准确的资料,从而减少做出错误决策的概率。其次,员工也更了解组织的运作、价值观和企业文化,使员工对企业有更准确的预期与定位,能更好地适应新的工作。

2. 创造了晋升的机会

内部招聘为员工提供了晋升的机会，使组织的成长与员工的成长同步，容易鼓舞士气，形成积极进取的气氛。获得内部聘用的员工一般对组织拥有更高的忠诚度，不仅把企业当作自己事业的平台，更重要的是，把企业当作命运的共同体，为其他员工做出榜样、起到带头作用。

3. 成本低、效率高

与外部招聘相比，内部招聘在评价、测试和背景资料方面能节约一定的人力、物力和财力，而且招聘的速度快。同时，还可以省去一些不必要的培训，减少了间接损失，而且人才离职、流失的可能性较小。

(二)内部招聘的缺点

1. 易导致"近亲繁殖"

当只从内部招聘时，必须谨慎，以确保新思想和改革不被如"我们以前从没有做过"、"没有他，我们一样能做好"等观念所扼杀。

2. 易引发内部矛盾

用人方面的分歧会在企业内部引起激烈的明争暗斗，并对员工的士气和没有被晋升的员工的工作产生消极的影响，特别是当几个候选人申请同一职位时更是如此。一项研究表明，被否决晋升的雇员会比获得晋升的对手表露出更强的忿忿不平情绪和表现出更高的旷工率。内部选拔还可能导致部门之间"挖人才"现象，不利于部门之间的协作和组织的内部团结。

3. 可能出现不公正的现象

内部晋升有可能是按资历、人际关系或者领导喜好而非能力、业绩为基础。可能会出现"裙带关系"或帮派现象，从而形成不正之风，给优秀员工的职业生涯设置障碍，导致优秀人才被埋没或者外流，造成企业竞争力的下降。

4. 过多的内部招聘可能会使组织变得封闭，失去从外部选取优秀人才的机会

不断从内部提拔人才可能会鼓励员工安于现状，一个不断改进的组织通常应适当从外部招聘人员。

5. 易引发后续问题

过多的内部招聘可能导致效率降低现象的出现。例如，如果一位高级经理人员离开本组织，由一名直接下属接任，那么这位下属的职位就需要找人来承担。当这个人的晋升延伸到等级结构末端的时候，最初的那个职位就会激发许多人的注意。几乎所有的人员都需要一段时间去熟悉新工作，新职位要求被晋升者调整其思路以适应新的职责，并重新界定与同事的人际关系。在过去的同事成为下级后，面临的管理困难会不断涌现，新主管会感觉到自己信任的缺失，也会导致该工作群体的心理失衡。由于许多人就职新岗位，内部招聘困难可能会恶化这个结果。直到这些员工都具备了与前任同等的工作能力，并重新界定他们的工作关系，这种效率降低的状态才会得到改变。

(三)内部招聘的方式

内部招聘既有长处也有不足。在组织实施以稳定为主的战略、面临的外部环境威胁较小的情况下，内部招聘可能发挥更好的作用。企业如果采取内部招聘的方式，可以从以下几方面入手。

1. 内部晋升

把业绩良好、有发展潜力并符合条件的优秀员工提升到更高的职位，让其承担更多的责任，给其升职、发展的机会，这对激励员工是非常有利的。

2. 岗位轮换

岗位轮换可以为企业降低招聘成本，满足对人才的需求，也可以缓解员工长期从事单一工作的厌倦情绪，提高员工满意度，并为企业培养复合型人才。

工作轮换同内部晋升一样，都需要建立一套完善的管理程序和制度，规定晋升与岗位轮换的条件、范围、时间要求、流程等，并制定相关的评价考核指标。

3. 内部公开招聘

当公司出现岗位空缺的时候，可以通过内部通告等形式面向所有内部员工进行公开招聘，只要是符合条件的员工都可以应聘。

4. 临时人员转正

企业有时会临时雇用人员，当正式岗位出现空缺，而临时人员又符合岗位任职所需要的能力及资格要求时，可以考虑临时人员的转正。

小思考

请思考在内部招聘过程中可以采取哪些措施，以最大限度保证其公正性？

二、外部招聘

外部招聘方法包括在报纸和杂志等媒体上刊登招聘广告，并从外部寻找人员来填补职位空缺。外部招聘要在一定程度上满足企业的战略性需要，获取广泛的人才资源，形成企业的核心竞争力。当外部环境发生剧烈变化时，企业首先应考虑从外部招聘人才。

（一）外部招聘的优点

1. 人员选择范围广泛

企业外部可招聘人员比内部招聘多得多，不论是在技术方面还是在能力和数量方面都有很大的选择空间。

2. 外部招聘有利于带来新思想和新方法

外部招聘来的员工会给组织带来“新鲜的空气”，会把新的技能和想法带进组织。在大学里，教职工系统通常是采用外部招聘的方法，因为学术研究需要新的思想和方法，获得博士学位的人很少在授予他学位的学校就职。

3. 激发现有员工的斗志和潜能，产生鲶鱼效应

通过从组织外部招聘优秀的人员，在无形中给组织原有的员工施加压力，形成危机意识，激发他们的斗志与潜能，促使大家共同进步。

4. 有助于平息与缓和组织内部竞争者之间的紧张关系

内部同事之间的相互竞争容易产生矛盾冲突，不利于企业的运作和管理；而外部人员的引进，可以对此种情况产生平衡作用，避免了组织内部的不团结。

（二）外部招聘的缺点

1. 外部招聘选错人的风险比较大

外部招聘在获取应聘人员信息和评价员工方面比较困难。同时，候选人可能具备出色的技能、培训经历或经验，并且在其他组织中也干得比较成功，但是这些因素并不能保证其在新组织中获得同样的成功或有能力适应新组织的文化。

2. 成本较高

外部招聘需要相当高的招聘费用，包括招聘人员的费用、广告费、测试费、专家顾问费等。同时，来自外部的员工通常需要比较长的时间去了解组织及其产品和服务、同事以及客户，因此，需要在培训和适应阶段花费较长的时间。

3. 影响内部员工的积极性，内部员工可能感到自己被忽视

外部招聘会影响组织内部那些认为自己可以胜任空缺职位员工的士气，或者引发内部人才之间的冲突和矛盾。

(三)外部招聘的主要形式和渠道

1. 媒体广告

广告招聘的一种常见方式是在国家级、省级、市级报纸及专业杂志上刊登广告。企业可以直接与媒体联系，也可以通过广告公司做广告。广告公司能在广告内容、各市和媒体上提供咨询，这比企业独自定购广告页发布消息效果会更好。企业对广告内容要多加斟酌。例如，可以强调招聘职位所需的资历和经历、责任和职能、有关组织信息、工资(除非工资可商议)、应聘方式、截止日期。任何特殊要求，如工作时间不正规、经常出差等都包括在内，以便应聘者选择。可供选择的广告媒介有报纸、杂志、广播电视、网络、广告宣传单等。表3—1是几种广告媒介的优缺点比较。

表3—1　几种广告媒介的优缺点

媒体类型	优　点	缺　点	何时使用合适
报纸	广告大小可灵活选择，发行集中于某一特定的地域，各种栏目分类编排，便于积极的求职者查找	容易被未来可能的求职者所忽视；发行对象无特定性，企业不得不为大量无用的读者付费	企业想将招聘限定于某一地区，可能的求职者大量集中于某一地区，有大量的求职者在翻看报纸并且希望被雇用
杂志	专业杂志会到达特定的职业群体手中，广告的大小富有灵活性，求职者可能会将杂志保存起来再次翻看	发行的地域太广，阅读者容易被限定在某一特定人群中，广告的预约期较长	需要招聘专业化的人才，时间和地区限制不是最重要的，与正在进行的其他招聘计划有关联
广播电视	不容易被观众忽略，能让那些不是很积极的求职者了解到招聘信息，可以将求职者来源限定在某一特定的地区，能有效地渲染招聘气氛	只能传递简短的信息，缺乏持久性，求职者不能回头再了解，商业设计和制作(尤其是电视)不仅耗时而且成本很高	有大量的职位空缺和足够多的求职者，需要迅速扩大影响并且拥有充足的资源在短期内进行大量的宣传
现场宣传(招募现场的宣传资料)	在求职者可能立即采取某种行动的时候，引起他们对企业招聘的兴趣，极富灵活性	作用有限，要使此种措施见效，首先必须保证求职者能够到招聘现场	在一些特殊的场合，如就业交流会和公开招聘会上布置的海报、标语、旗帜、视听设备等

2. 网络招聘

网络招聘经过几年的发展和完善，以其方便快捷、低成本、无区域限制、资源丰富等优点，越来越受到企业和求职者的青睐，目前已成为企业人事经理们的首选招聘方式之一。

小资料

网络招聘成为两岸企业首选渠道

知名人力资源服务机构104人力银行日前在上海交通大学安泰经管学院发布了《两岸企业招聘需求大调查结果报告》,这是海峡两岸企业首次在招聘需求方面进行的同步调查,内容涉及不同规模、地区、行业的企业对五大招聘流程——人力规划、招聘人才、简历管理、甄选人才和任用辅导——的重视程度和其实际执行情况,尤其是海峡两岸企业的综合性对比数据。

调查数据显示,网络招聘是两岸企业采用比例最高的招聘方式,其中内地企业比台湾企业更普遍使用现场招聘会、校园招聘和猎头公司作为招聘渠道,但招聘流程电子化比例偏低。在招聘成本方面,受访的台湾企业单人招聘成本为3 547元人民币,大约是内地企业的2.4倍,企业方面的数字仅为1 488元人民币。总体招聘成本方面,台湾企业更是达到了内地企业的2～5倍之多。

使用网络招聘服务的企业认为,"拟订招聘计划"、"刊登招聘广告"、"运用e化招聘系统"、"准确简历配对"、"快速简历筛选"、"具备面谈技巧"和"清楚薪资行情"是较为重要的;但是在这些使用网络招聘服务的企业中,仅仅在"参加招聘活动"、"刊登招聘广告"和"选择招聘渠道"三方面,执行效果优于未使用网络招聘服务的公司。

104人力银行内地事业群市场总监张家真表示,从调查的结果可以看出,内地企业对招聘过程中"制定人力编制"、"拟订招聘策略"、"清楚职能要求"、"分析招聘成效"和"清楚薪资行情"等环节已非常重视,只是执行力度和效果还有很大的上升空间。

(资料来源:8020人才网。)

网络招聘的不足之处:

(1)信息虚假。

虚拟的网络世界给少数虚假信息提供了可乘之机,对求职者和招聘者双方来说,都存在对虚假信息的担忧。

(2)信息过剩。

由于求职者投递简历的成本过低,导致非常多的不负责任的投递,最终对人力资源招聘负责人形成了一种"简历轰炸"。如何从这成百上千的简历中找到适合自己企业职位的人选,是一件很让人头疼的事情。

3. 中介机构

(1)求职中心。求职中心是一种免费的服务机构,企业能在此得到很多帮助。它负责公布岗位招聘信息,筛选合适的候选人。当应聘人数很多时这样做更有帮助。

(2)职业介绍所。这类机构通常存有各类应聘人员的基本数据库,并向获取雇员信息的机构收取相应的岗位工资的一定比例作为中介费。它们负责公布招聘信息,筛选候选人员。企业利用这类机构进行员工招聘的好处在于能节省时间,不利之处在于企业要花费一定的费用,而且企业对招聘这一重要过程没有控制权。另一缺点是,有些人才机构不能遵循机会均等的原则。

(3)人才交流中心。通过人才交流中心人才资料库选择人员,用人单位可以很方便地在资料库中查询条件基本相符的人员资料,有针对性强、费用低廉等优点,但对于热门人才或高级人才招聘的效果却不太理想。

(4)招聘洽谈会。随着人才交流市场的日益完善,洽谈会呈现出向专业方向发展的趋势。企业招聘人员不仅可以了解当地人力资源的素质和走向,还可以了解同行业其他企业的人事政策和人力需求情况;当然,要招聘到高级人才还是很难。

(5)猎头公司。猎头公司有专业的、广泛的资源,拥有储备的人才库,搜索人才的速度快、质量高。招聘高级人才,猎头公司是非常好的选择。

4. 现有雇员的朋友或亲属引荐

这类引荐的优点在于:应聘者对于缺岗企业的工作条件能有更周全的了解。然而,一定要恪守机会均等的原则,因为如果现有员工结构中某些群体(如少数民族或妇女)的比例不高,那么在这类引荐中可能造成相应的偏见。

5. 校园招聘

校园招聘是企业储备新生力量和传播企业文化的平台。一般来说,校园招聘强调人才的综合素质和潜质。方式主要有招聘张贴、招聘讲座和就业办推荐三种。

小思考

叶女士是一家企业的招聘主管,每年到了11月份,就开始忙碌于校园招聘。由于公司规模比较大,在全国多个城市同时招聘,所以应聘的人特别多,有时一天可以收到上万封的简历。其中很多应聘者都是同一个学校同一个专业的,他们都拥有相似的社团经历和兼职经验,所以即使是经验丰富的招聘官也很难从简历上判断孰优孰劣。如果将所有的人都安排面试,时间和人力又不允许。你认为叶女士应该采取什么样的方法,才能够迅速挑选出优秀的候选人?

6. 不定期的自荐应聘信息

这些应聘者通常是在某些场合,比如工厂大门口看到有关的招聘广告,从而应聘。

7. 学校等机构

有些传统上直接从学校招聘年轻员工的组织在这方面可谓驾轻就熟。有些企业定期到大学去做招聘宣传,面试应届毕业生。有些企业则与学校建立联系,组织学生参观,并采取某些助学措施。另外一些组织则为一些毕业或结业后愿到企业的学生提供帮助。

8. 电话热线

大多数情况下,应聘者与企业之间的首次接触是应聘者收到合适信息后向企业递交正式书面申请或简历表;另一种初次接触方式是广告公布的热线电话,应聘者会打电话针对空缺位本身、企业的工作条件或其他信息进行讨论。这有助于企业及时、快速地做出反应,也有助于鼓励更多的人应聘,这在外部人才供应紧缺时尤为重要。

9. 接待日

有些企业利用接待日鼓励应聘。潜在候选人被邀请到组织访问,与经理和小组领导会面,了解企业的运作方式。这能使应聘者决定他们是否对企业或空缺职位有兴趣,这将有助于他们进入招聘的下一阶段。与电话热线相似,当外部相似空缺较多、人员供应相对紧张时,这种方式更具优势。

第三节 员工选拔与录用

一、员工选拔

选拔(selection)与录用(employment)是招聘过程的最后一步,要决定哪些候选人最终入选,应借助于多种手段公平、客观地选拔。这些手段包括面试、心理测试、模拟工作测试等。

无论选择何种手段,组织都要掌握应聘人员的年龄、婚姻状况、国籍(可表明是否需要工作许可)、教育背景、资历、培训、经历、目前工资、特殊才能、健康状况、业余爱好以及离职原因,应聘人员还可以补充他希望被了解的情况。

筛选应聘者资料就意味着企业对人才选拔的开始。企业在选择要使用的选拔方法时,必须考虑收集信息的成功率、类型和数量,同时也要考虑选拔方法的有效性和可信度。

二、选拔的方法

(一)简历的筛选

企业发布招聘信息后,会收到不同应聘人员的简历,此时需要从众多候选人中尽快筛选出合适的人选,进行下一步的沟通与交流。筛选简历主要从以下几个方面入手:

(1)人员的基本信息。比如性别、年龄、户口、婚姻状况、政治面貌、住址等。

(2)受教育情况。主要是个人的最高学历以及学位情况。除了正常的学校教育之外,是否还有其他的职业证书或者参与过其他的在职培训等。

(3)工作经历。主要包括对应聘人员过去就职的企业、担任的职位、行业工作年限、公司工作年限、职位工作年限、上级、下属、管理经验、核心工作职责、显著工作业绩、离职原因等情况有一个大致的了解和把握。

(4)薪资状况。一般而言,需要了解应聘人员的当前薪资与期望薪资是否在本企业的薪资水平范围之内。

小讨论

每个应聘者都希望自己能够获得满意的工作和报酬,尤其是应届毕业生。如果你是一位求职者,面对自己心仪的工作,你是否会为自己的履历“锦上添花”?如果你是招聘专员,如何应付这样的情况?这是一个诚信问题,还是大势所趋?

大部分企业都会要求应聘者填写一份申请表。申请表可以用来确定求职者是否符合工作所需要的最低资格要求,帮助招聘者来判断求职者是否具有某些与工作相关的属性。通过简历,应聘者可以告诉企业自己的相关信息,而申请表则是企业向应聘者了解自己想要知道的信息。

简历与申请表的优缺点如表3—2所示。

表 3－2　简历与申请表的优缺点

	申请表	个人简历
优点	结构完整，直截了当，限制了不必要的内容，标准化程度高，易于评估	开放式，允许申请人强调他认为重要的内容并做适当修饰，有利于创新
缺点	封闭式，限制了创造性	申请人可能略去一些对自己不利的内容，标准化程度低，评估较困难

（二）笔试

笔试的内容一般包括专业知识、智商、悟性、素质能力和兴趣等。笔试一般用于批量招聘的初选过程，能够以较少的时间、较高的效率对应聘人员进行客观评价。但是由于笔试不能与应聘者见面，因此不能有效判断应聘者的工作态度、口头表达能力、操作技能等，而且不能排除偶然性与作弊，需要与其他测试方法配合使用。

（三）素质测评

素质测评充分利用了心理学和管理学的研究成果，从大量的测试中总结出被测试者的共同素质特征，并利用该特征制定测试系统，对相关人员进行测试。因此，人才素质测评具有很强的针对性，测评结果也比较真实、可靠。常见的素质测评主要分为能力测试、智商水平测试、性格特征测试、情商素质测试等几个方面。

1. 能力测试

心理学家认为，能力是一种内在的心理品质，是完成某种活动、解决某个问题所必须具备的条件。能力是看不见摸不着的，它必须借助外在的活动才能表现出来。为了测试某方面的能力，可有针对性地选择实施相应的测试方案。例如，为了测试应聘人员是否具有团队精神以及能否与他人很好地合作，而进行合作能力测试；一些职业如外科医生、画家等，手指必须较一般人灵活，因此需要测试相关人员的手指能否迅速、准确、和谐地操作小物体；为了考察应聘者的记忆与动作的协调能力，而进行“数字配符号”测试；等等。

2. 智商水平测试

主要用来测试一个人的各项基本能力，如观察力、记忆力、思维能力、想象力、注意力等。测试的对象不是智商本身，而是个人智商表现出的外在行为。常用的智商测试有比纳—西蒙量表、瑞文智力测试量表等。智商水平是从事各项工作的必要条件，因此，智商测试得到了广泛的应用。

3. 性格特征测试

性格特征又称为人格。它是由体格与生理特质、气质、能力、动机、兴趣、价值观与社会态度等多种特质构成的，是人们所具有的个体独特的、稳定的对待现实的态度和习惯化了的行为方式，是一个人区分于其他人的稳定的心理特征。性格特征测试的目的是了解应聘者的人格特质，常用的方法有自陈式量表法、投射测试法等。在招聘中常用的人格测评方法包括卡特尔16 种个性因素测试、明尼苏达多项人格测试、九型人格等。

4. 情商素质测试

现代心理学家认为，对于职业成功来说，情商比智商更重要。美国人丹尼尔·戈尔曼认为，情商主要包括五大能力：认识自身情绪的能力、管理自己情绪的能力、自我激励的能力、认识他人情绪的能力、人际关系处理能力。对于工作结果在很大程度上依赖于人际合作质量的个体而言，情商水平的高低是其能否获得理想绩效的关键。

(四)电话甄选与视频面试

电话甄选是准面试,适用于那些住得比较远或者需要预约时间面试的候选人。给求职者打电话需要遵循一定的模式,做好充分的准备。通话最好选择求职者在家休息的时间,首先介绍自己以及打电话的用意,然后对职位做说明并询问求职者的意向。

视频面试是近两年来被广泛应用的面试类型。其特点是招聘人员能远距离与求职者面对面洽谈,可以节约企业招聘成本与求职者的求职成本。视频面试需要稳定的网络信号,面试环境应安静、整洁。

(五)面试

面试是供需双方通过正式的交谈,使企业能够客观地了解应聘者的语言表达能力、逻辑思维能力、工作经验等综合情况;应聘者能够了解到更多的企业信息和自己在该企业的发展前景。通过面试,企业可以判断应聘者是否适合企业,应聘者也可以通过个人期望和现实情况的比较,判断企业是否适合自己发展。

1. 面试的类型

常见的面试方法有结构化面试、非结构化面试、半结构化面试、压力面试、小组面试等。

结构化面试是指依据预先确定的内容、程序、分值结构进行的面试形式。在结构化面试中,面试的程序、内容以及评分方式等的标准化程度都比较高,面试结构严谨、层次性强,评分模式固定。

非结构化面试的形式是对话式面试,信息是通过自由交谈获得的,面试官不会按预定顺序问一组问题。

半结构化面试是指面试构成要素中有的内容作统一的要求,有的内容则不作统一的规定,也就是在预先设计好的试题(结构化面试)的基础上,主考官在面试中向应试者又提出一些随机性的试题;半结构化面试是介于非结构化面试与结构化面试之间的一种形式。

压力面试是指面试人通过提出生硬的、不礼貌的问题故意使候选人感到不舒服,针对某一事项或问题做一连串的发问,打破砂锅问到底,直至使候选人无法回答。其目的是确定求职者对压力的承受能力、在压力前的应变能力和人际关系能力。

小组面试通常由来自公司不同部门的多位面试官进行。小组成员的目标可能不同,这将影响轮流发问。

小思考

面试是一种最常见的选拔手段,但也是一个存在缺陷的选拔方法。请思考面试的缺陷有哪些?可以采取哪些措施来尽量减少这些缺陷?

2. 面试问题的设计

在面试之前,招聘人员必须对面试的问题进行科学的设计。一方面,经过科学设计的问题可以帮助招聘人员把握面试的核心内容,做到有的放矢;另一方面,结构化的问题也帮助企业在未来的员工面前建立一个好的形象。这些问题的来源主要是招聘岗位的工作说明书以及应聘者的个人资料。

面试中常见的问题包括开放式问题、封闭式问题、假设式问题、举例式问题等。

(1)开放式问题。

开放式提问可以让应聘者自由发表意见或看法以获取信息。一般在面试刚开始的时候运用，可以缓解紧张气氛，让应聘者充分发挥自己的水平。

(2)封闭式问题。

只需要回答“是”或“不是”。一般封闭式提问表示招聘人员对应聘者答复的关注，或者想让应聘者结束某一话题的谈论。

(3)假设式问题。

比如“如果你处于这种状况，你会怎样安排?”若是运用得当，可以让你了解应聘者的想法和能力。

(4)举例式问题。

举例式问题又称行为描述式，所提的问题并不集中在一个点上，而是一种连贯的工作行为。比如“你以前在工作上遇到的最大困难是什么？你是怎样分析，又是怎样解决的?”这种问法可以鉴别应聘者所谈问题的真实性，了解其实际解决问题的能力。

提问举例式问题必须遵循STAR原则：背景(situation)，事件发生的背景；任务(task)，应聘者在事件中的工作任务；行动(action)，应聘者在事件中的行为表现；结果(results)，应聘者行为所导致的结果。按STAR原则面试，面试者只需要收集应聘者过去的行为事例，而不是从心理角度分析其行为；面试者评价应聘者的依据是其行为表现，而不是面试者个人的主观感受和直觉。应聘者难以隐瞒过去的表现或提供含糊、空洞的信息，而必须提供确切和真实的信息资料。

小知识

招聘面试常见的问题

1. 你认为自己最大的弱点(优点)是什么？
2. 你的业余爱好是什么？
3. 你最喜欢的大学课程是什么？为什么？
4. 我们为什么要聘请你？
5. 你能为我们公司带来什么？
6. 你对加班有什么看法？
7. 你对我们公司有什么认识？
8. 这个职位最吸引你的是什么？
9. 为何想辞去先前的工作？
10. 你对自己的薪金有什么要求？
11. 你还有什么问题吗？

3. 面试中的影响因素

在面试中，有些因素会影响面试效果，应该注意避免。

(1)与面试者相似

应试者与面试者有相似或者不相似之处时，会影响面试者对应试者的技能和能力的评价。

(2)第一印象

第一印象也称首因效应。即面试者根据开始几分钟甚至是面试前从资料(如笔试、个人简历等)中得到的印象对应聘者做出评价。如果面试者对应试者的第一印象良好,他就会有意无意地证明这个人确实不错;反之,他将努力证明这个人确实不行。

(3)以偏概全

面试者经常因一个人的某一特长影响对其整体的感觉,这就是以偏概全引起的偏见。

(4)他人影响

求职者可能是某个人推荐来的,由于面试者对推荐人很尊敬,那么面试者会先入为主地对求职者形成某种印象;另一方面,如果面试者不喜欢推荐人,那么面试者对求职者也会形成先入为主的负面印象。

(5)招聘任务压力

当上级对招聘结果有定额要求时,面试者对求职者的评价就会偏高。有经验的企业都不会设定定额要求,宁肯少招人,也不招一个不合适的人。

(6)其他因素

比如面试者本人缺乏面试经验,面试目的不明确,或者面试者缺乏工作的相关知识,即面试者本人对空缺岗位的任用条件不了解,无法掌握正确的标准去衡量应聘者。当招聘岗位具有较高的技术性时,面试者这方面知识的缺乏更容易使其做出错误的决策。

(六)公文筐测试

公文筐测试是指在文件筐里放置诸如信件、备忘录、电话记录之类的文件,然后让应试者全权处理文件筐里的所有公文资料。通过考察应试者在测试过程中所做的工作并考虑其在个人自信心、组织领导能力、计划能力、书写表达能力、决策能力、是否敢冒风险、经营管理能力七个方面的表现来对其打分。

(七)无领导小组讨论

无领导小组讨论是指一组被试者就某一问题进行开会讨论,评价者不指定谁是领导,也不指定每个被试者应该坐在哪个位置,而是让所有被试者自行组织,评价者只是通过整个活动过程来观察每个被试者的表现,对被试者进行评价的一种测评方法。

小思考

无领导小组讨论的面试方法主要考察应聘者的哪些素质?

无领导小组讨论的程序如下:

(1)讨论前事先分好组,一般每个讨论组人数在5～9人之间,单数为宜。

(2)考场一般采用圆桌会议室,面试考官席设在考场四边(或集中于一边,以利于观察为宜);考官人数以3～5人为宜。

(3)应试者落座后,主考官向应试者讲解无领导小组讨论的要求(纪律),并宣读讨论题。

(4)给应试者5～10分钟准备时间(构思讨论发言提纲)。

(5)主考官宣布讨论开始,应试者轮流阐述观点,依次发言结束后开始自由讨论;各面试考官只观察并依据评分标准为每位应试者打分,但不准参与讨论或给予任何形式的诱导。

(6)无领导小组讨论一般以40～60分钟为宜,主考官依据讨论情况在宣布讨论结束后收回应试者的讨论发言提纲,同时收回各考官的评分成绩单,考生退场。

(7)根据各个考官的打分,计算出每位应试者的最后得分,主考官在成绩单上签字。

(八)情景模拟

情景模拟是指模拟实际工作情景,使被试者参与,处理可能出现的各种问题,以此测评其心理素质、潜在能力的一系列方法。

1. 情景模拟的优点

(1)针对性。由于模拟测试的环境是拟招岗位或近似拟招岗位的环境,测试内容又是拟招岗位的某项实际工作,因而具有较强的针对性。

(2)直接性。由于模拟测试的内容与拟招岗位业务有直接关系,因此考评人员能够直接观察应试者的工作情况,了解应试者的基本素质及能力,所以更具有直接性。

(3)可信性。由于模拟测试接近实际,考察的重点是应试者分析和解决实际工作问题的能力,而且这种方式也便于考官根据自己丰富的工作经验进行观察、了解应试者是否具备拟任岗位职务的素质,因此模拟测试比笔试和其他面试形式更具有可信性。

(4)动态性。模拟测试要求被试者在一定时间和一定情景压力下做出决策,在动态环境中充分展示自己的能力和素质。

2. 情景模拟的缺点

(1)时间较长。情景模拟的设计工作一般为1个月以上,主试培训一般为3～5天,有时达到两个星期左右。情景模拟的实施一般是1～3天。

(2)要有专家指导,费用比较高。情景模拟一般都局限于高层次的管理人员或特殊的专门人员,如果要进行大面积的情景模拟,它的信度、效度都会明显下降。

(3)由于测试情景是模拟的,而不是真实的,因此有些特定因素会影响被试者的表现。如果他们感到紧张,或是缺乏与该岗位相关的背景知识和经历,他们的应试表现就会比较糟糕。

(4)其他。例如,沉重的设备可能不容易搬到测试现场,未经训练的求职者可能会受伤或损坏贵重设备,而且编组测试的成本较高。

三、员工录用

(一)通知录用者

企业在通知录用者的时候,分为两种情况:第一种是面试当天给出结果,人力资源部门会当即通知录用者携带什么材料以及何时来上班;第二种就是非面试当天给出结果,现在企业一般是在面试过后一周之内给出录用结果,通知录用者主要采取邮件通知、电话通知、短信通知的形式。

小资料

企业录用员工通知书

__________先生/女士:

您应聘本公司__________职,经考试及面试合格,恭喜您成为本公司的一员,请您于________年________月________日________时携带以下证件及物品准时到本公司报到。

1. 身份证 □
2. 毕业证书 □
3. 学位证书 □
4. 职称资格证书 □

5. 暂住证 □
6. 审检证 □
7. 务工证 □
8. 体检表 □
9. 二寸半身照片______张 □

依国家及本公司相关规定,新进员工试用期为________个月,试用合格后转为正式员工。祝您在本公司工作愉快!

(二)签订合同

企业自用工之日起即与劳动者建立劳动关系。建立劳动关系应当订立书面劳动合同。已建立劳动关系但未同时订立书面劳动合同的,应当自用工之日起一个月内订立书面劳动合同。企业与劳动者在用工前订立劳动合同的,劳动关系自用工之日起建立。劳动合同分为固定期限劳动合同、无固定期限劳动合同和以完成一定工作任务为期限的劳动合同。

小资料

劳动合同必备条款

劳动合同应当具备以下条款:(1)用人单位的名称、住所和法定代表人或者主要负责人;(2)劳动者的姓名、住址和居民身份证或者其他有效身份证件号码;(3)劳动合同期限;(4)工作内容和工作地点;(5)工作时间和休息、休假时间;(6)劳动报酬;(7)社会保险;(8)劳动保护、劳动条件和职业危害防护;(9)法律、法规规定应当纳入劳动合同的其他事项。

第四节 招聘评估

对招聘效果的评估是招聘过程中必不可少的一环。企业在员工招聘过程中,首先要考虑招聘成本与效益即招聘的成效,这其中也包括录用员工的数量与质量;招聘人员的工作能力、技巧和工作成效。

一、招聘成本评估

招聘成本包括内部成本、外部成本和直接成本。

(一)内部成本

企业内部招聘专员的工资、福利、差旅费支出和其他管理费用。内部招聘成本是企业进行招聘成本核算时最容易忽略的部分,而实际上它占有相当大的比重。在实际工作中有时通过一次流程并不能招聘到适合的人选,需要重复两三次,则内部招聘成本更加不容忽视。

(二)外部成本

外部成本即外部专家参与招聘的劳务费、差旅费。

(三)直接成本

直接成本包括广告与招聘会支出、招聘代理与职业中介收费、员工推荐人才奖励金、大学招聘费用等。

通过成本与效益核算,能够使企业清楚地知道费用的支出情况,区分哪些是应支出项目,哪些是不应支出项目，这有利于降低以后招聘的费用。

小思考

不难发现，企业招聘的成本比较高，如果你是一名招聘专员，请谈谈你将如何减少企业招聘成本？将会采取何种措施留住企业花重金招聘进来的人才？

二、录用员工数量的评估

对于录用人员评估，我们可以从录用比、招聘完成比和应聘比三方面进行。其计算公式为：

录用比＝录用人数/应聘人数×100％

招聘完成比＝录用人数/计划招聘人数×100％

应聘比＝应聘人数/计划招聘人数×100％

小知识

录用比例越小，说明录用者的素质可能越高；当招聘完成比大于等于100％时，说明在数量上完成或超额完成了招聘任务；应聘比说明招募的效果，该比例越大，则招聘信息发布的效果越好。

通过数量评估，分析在数量上满足或不满足需求的原因，有利于找出各招聘环节中的薄弱之处，从而改进招聘工作；同时通过录用人员数量与招聘计划数量的比较，为人力资源规划的修订提供依据。

三、录用员工质量的评估

这是对员工的工作绩效、行为、实际能力、工作潜力的评估，它是对招聘的工作成果与方法进行有效检验的另一个重要方面。质量评估既有利于招聘方法的改进，又为员工培训、绩效评估提供了必要的信息。

四、撰写招聘总结

招聘评估完成之后，还需要撰写招聘总结。招聘总结主要包括招聘计划、招聘进程、招聘结果、招聘经费、招聘评定等。

工作流程

招聘工作流程

编号：

单位名称		人力资源部		流程名称	招聘工作流程
层次		2		任务概要	公司招聘管理
单位	各相关单位	总裁	行政总监	人力资源部	各职能部门
节点	E	A	B	C	D

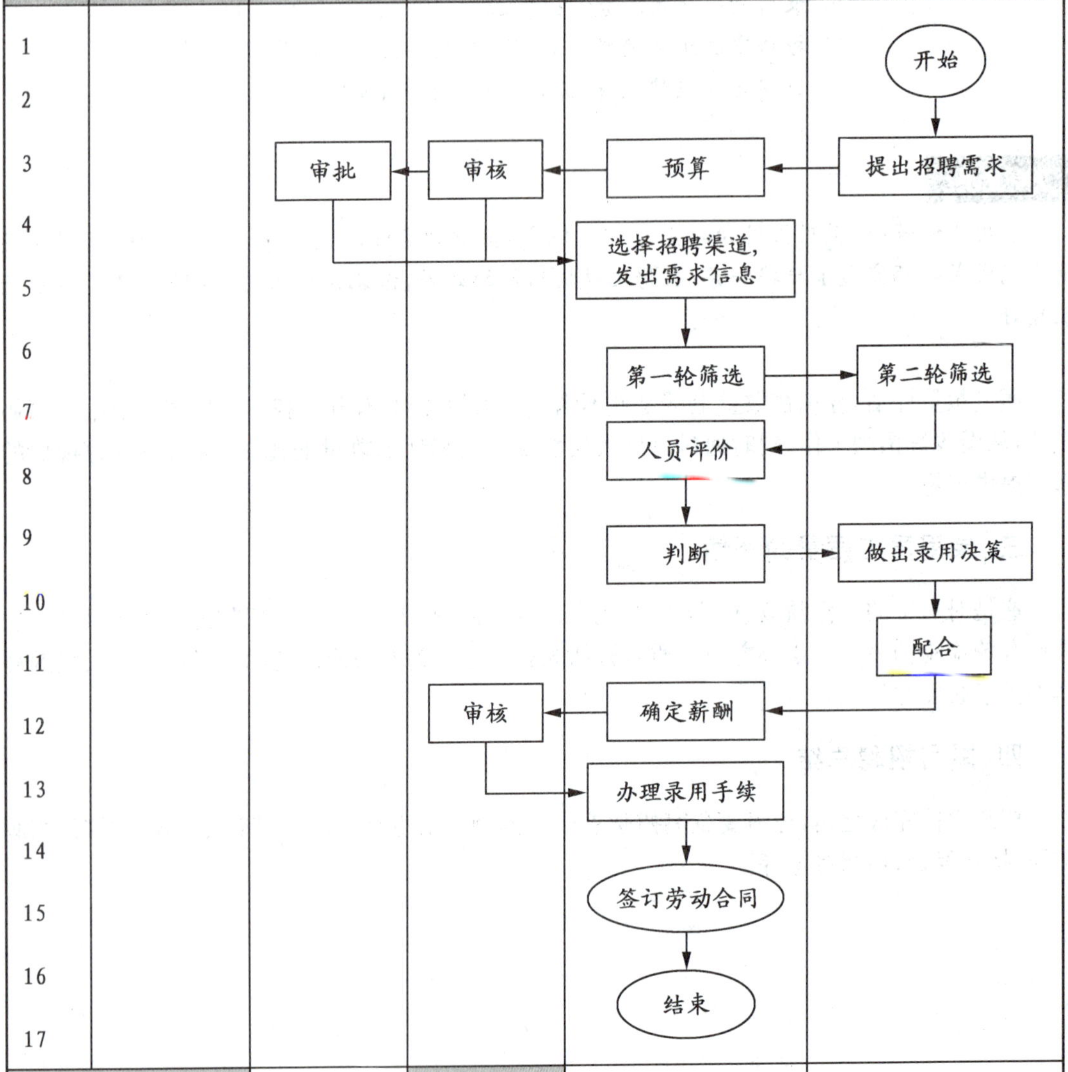

公司名称		密级		共 页 第 页
编制单位		签发人		签发日期

员工录用工作流程

编号：

单位名称	人力资源部	流程名称	员工录用工作流程
层次	3	任务概要	员工录用工作

单位	行政总监	人力资源部	用人部门	录用人员
节点	A	B	C	D

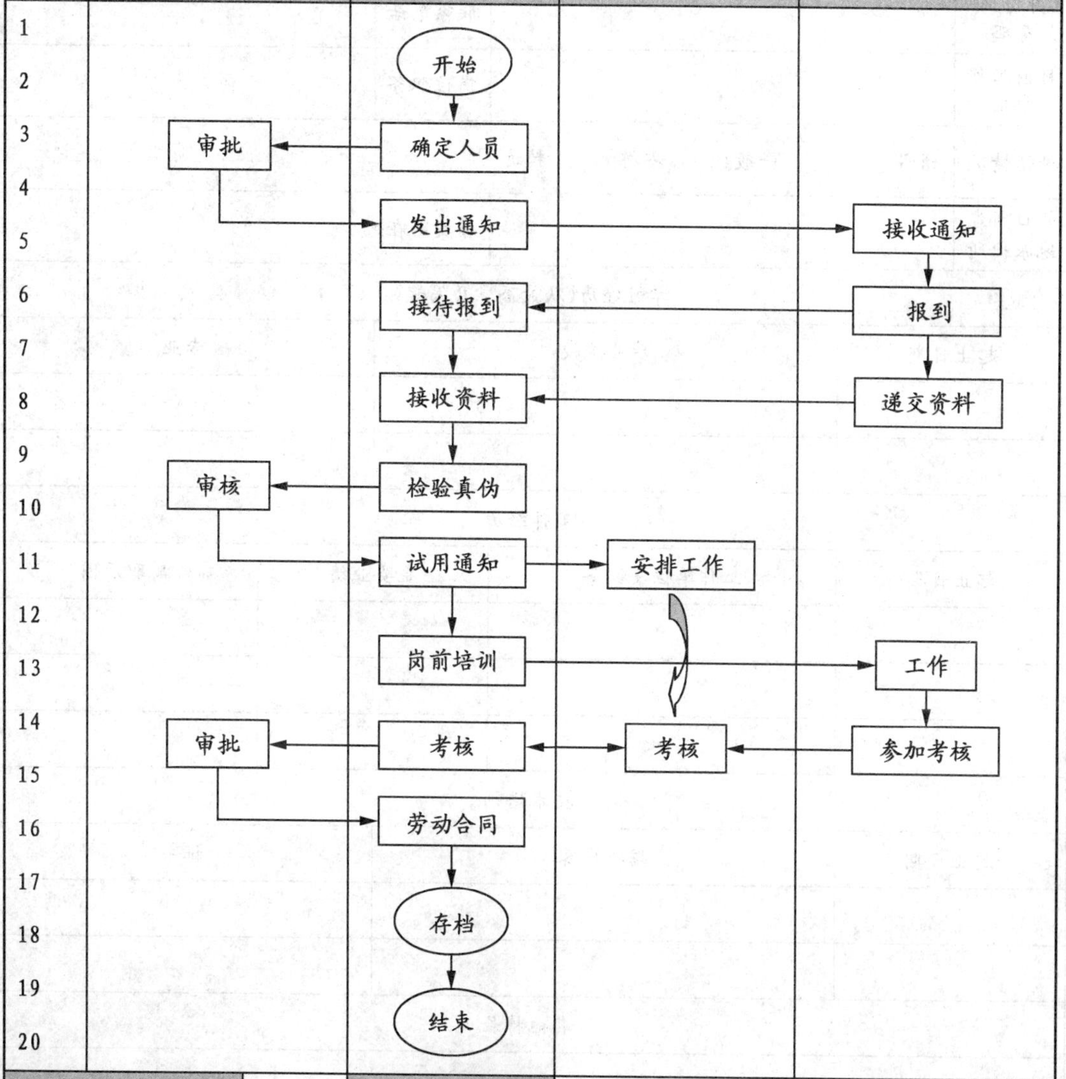

公司名称		密级		共 页 第 页
编制单位		签发人		签发日期

实用工具

应聘登记表

<table>
<tr><td>姓名</td><td colspan="2"></td><td>应聘职位</td><td colspan="2"></td><td rowspan="4">照片</td></tr>
<tr><td>性别</td><td></td><td>出生年月</td><td></td><td>文化程度</td><td></td></tr>
<tr><td>民族</td><td></td><td>政治面貌</td><td></td><td>技术职称</td><td></td></tr>
<tr><td>婚姻状况</td><td></td><td>家庭现住址</td><td colspan="3"></td></tr>
<tr><td>身份证号码</td><td colspan="3"></td><td>联系电话</td><td colspan="2"></td></tr>
<tr><td>目前工作单位</td><td colspan="3"></td><td>岗位职务</td><td colspan="2"></td></tr>
<tr><td>外语情况</td><td colspan="6">语种________ 一般□ 熟练□ 精通□</td></tr>
<tr><td>户口所在地派出所</td><td colspan="3"></td><td>档案所在地</td><td colspan="2"></td></tr>
</table>

<table>
<tr><td colspan="3">学习经历(从最高学历写起)</td></tr>
<tr><td>起止日期</td><td>毕业院校</td><td>专业</td></tr>
<tr><td></td><td></td><td></td></tr>
<tr><td></td><td></td><td></td></tr>
</table>

<table>
<tr><td colspan="4">工作经历</td></tr>
<tr><td>起止日期</td><td>工作单位及职务</td><td>主要业绩</td><td>离职原因</td></tr>
<tr><td></td><td></td><td></td><td></td></tr>
<tr><td></td><td></td><td></td><td></td></tr>
<tr><td></td><td></td><td></td><td></td></tr>
</table>

<table>
<tr><td colspan="3">技术培训</td></tr>
<tr><td>起止日期</td><td>培训内容</td><td>证书</td></tr>
<tr><td></td><td></td><td></td></tr>
<tr><td></td><td></td><td></td></tr>
</table>

<table>
<tr><td colspan="2">其他特长</td></tr>
<tr><td colspan="2"></td></tr>
<tr><td>对应聘职位自我推荐</td><td></td></tr>
<tr><td>期望薪金</td><td></td></tr>
</table>

内部岗位竞聘申请表

竞聘岗位：　　　　　　　　　　　　　　　　　　　　　　填表日期：　年　月　日

姓　名		性　别		年　龄	
学　历		专　业		毕业时间	
毕业院校				入职时间	
现所属公司/部门			现任职务		
现直接上级职务			现直接上级姓名		
个人履历(截至目前岗位)：					
入职现在公司之前的履历：					
任职时间	任职公司	职　务	主要职责		
现在公司任职期间的履历：					
任职时间	任职公司/部门	职　务	主要职责		
个人技能/专长：					
参加过何种培训：					
自我评价：					
直接上级/下属机构负责人评价意见	评价人签字：				
初试记录及意见	初试人签字：				
复试记录及意见	复试人签字：				
录用意见：　录用　不录用　终审人签字：					

面试记录表

姓名：　　　　　　　　　　　　　　　　　　　　　　面试岗位：

一、评分表

序号	项目	评分要素(每项10分)	得分
1	仪容仪表	仪态礼貌，衣着整洁，行为举止，精神面貌	
2	沟通表达	口齿清晰，语言流畅，用词得当，表达准确，条理分明	
3	分析能力	对问题的剖析，对问题的见解与对策	
4	领悟及应变能力	情绪的稳定性，对压力的反应，思维的敏捷性，考虑问题的周全性	
5	人际交往及自信	合作的主动性，有效的沟通，协调性及自信心，等等	
6	责任心与进取心	尽职尽责，对工作的追踪，抗压性，进取心，学习的习惯与欲望	
7	专业知识的掌握	对专业知识的了解及适合性	
8	岗位匹配度	掌握知识对岗位的匹配性，对岗位职责的了解程度	
9	稳定性	对工作岗位的认可度及向往，出差的适应性	
10	服务意愿	对公司的了解程度，到公司服务的意愿坚决程度	
合计：			

二、面试题

序号	面试问题	记录及重点	备　注
1	请你先做一下自我介绍。		
2	你为什么选择这个专业？或你选择的专业与你选择的职位有什么关系？		
3	描述你在学习中得到的最大成就或收获，或者在校期间最有成就的一件事。		
4	你平时的爱好是什么？或有压力情绪时你是如何减压或调节的？		
5	请描述下你的一个优点与一个缺点。		
6	你通常是如何对待别人的批评的？或者什么让你最有成就感？		
7	工作中，你与上司的意见不一致时怎么办？或工作中，你遇到困难的处理办法是什么？		
8	你工作经验欠缺，如何胜任这份工作？或入职后，你将如何开展工作？		
9	能陈述一下你的家庭吗？或陈述一下你对应聘岗位的理解。		
10	你为什么愿意到公司来工作？或者你能为公司带来什么？		

面试评估表

姓名		应聘部门		应聘职位	
初试			复试		
评估项目	评价	备注	评估项目	评价	备注
教育背景及专业			相关工作经验		
相关工作经验			以往工作的稳定性		
个人性格			业务知识及能力		
形象气质			学习能力及潜力		
外语能力			职业规划及价值观		
学习能力及潜力			人际关系		
表达能力			领导能力		
沟通能力			对此工作的认识程度		
综合评价			综合评价		
对每一项目按1～5级来评定，1是最高评定，5是最低评定	初试主管		对每一项目按1～5级来评定，1是最高评定，5是最低评定	复试主管	
	初试日期			复试日期	
部门主管	总体评价		录用意见：□录用　□保留　□不予录用		
				签名	
				日期	
分管副总	总体评价		录用意见：□录用　□保留　□不予录用		
	试用月薪		合同月薪	签名	
				日期	
总经理	录用决定	录用意见：□录用　□保留　□不予录用			
				签名	
				日期	
到岗日期			备注		

案例学习

巴陵石化公司的员工选拔与录用

近年来，石油价格一涨再涨，化工原料也跟着持续走高。在化工行业利润空间被原材料涨价和市场竞争一点点压缩的时候，巴陵石化公司的股票却逆市上扬，自2003年走出低谷以来持续“飘红”；自2005年盈利1.7亿元后，又创造历史新高，实现利润1.2亿元。一个亏损长达14年的困难企业，在短短3年内便打了一个漂亮的翻身仗，其“秘密”是什么？公司董事长、总经理张德明一语道破了玄机：企业的快速发展得益于我们采用的机智和管理的手段，铸造出员工以企业为家的主人翁精神，从而激发出他们的积极性和创造性，真正达到全公司上下人人“千方百计抓收益，一心一意谋发展”。

2003年4月，以张德明为首的新一届领导班子走马上任。当时巴陵石化公司已经连续亏损多年，干部职工对企业能否走出困境疑虑重重；化工原材料涨价一波接一波……摆在面前的困难如大山一样沉重，企业的出路究竟是什么？张德明和班子成员们通过充分的调查论证后，都不约而同把目光瞄准了生产力要素中最活跃也是起决定性作用的“人”。于是，在巴陵石化公司内部，一场以塑造和增强企业职工责任心为目标的改革攻坚战打响了。

巴陵石化公司过去行政层次多、机构多、官员多，有的部门拥有多达 6 个副职，往往形成“多个和尚没水喝”的局面。公司来了个拆庙搬菩萨，打破原有的行政级别，只设 3 个管理层，公司最高层由上级任命，其他两个层次都按一正一副的职位数设置。然后公司将原处级、科级人员全员解聘，实行竞争上岗。公司管理机构减少一半，处级干部精简 54%，科级干部精简 36%，管理人员净减 700 多人。改革后的结果，不但使公司 1 年压缩管理费用 5 000 万元，而且“末位淘汰制”和“能上能下”的选拔制度让每一位管理者都有了压力和动力。公司党委宣传部的同志告诉记者，职工现在对待工作的态度与过去相比产生了质的飞跃，而其原因则来自分配制度的改革。过去职工干多干少、干少干坏，在报酬上没有体现出差别，因此，职工对工作缺乏责任心，如今效绩考核将收入档次拉开，凭工作的贡献和效率计酬。

从让职工“有事可做”，到职工“想多做事”，再到职工“想方设法多做事，千方百计把事做好”，改革让职工的责任心一步一步增强。责任心的增强，对企业来说意味着效益。近 3 年的数据显示，该公司每年的装置生产非计划停车次数减少 10.8%，重大安全事故 3 年来为 0。

（资料来源：http://blog.sina.com.cn/s/blog_6981eeee0100t17o.html。）

思考：

该企业的招聘工作对你有何启示？

【实训项目运用一】

训练项目：模拟招聘

训练目的：

1. 让学生从中熟悉人力资源招聘的方法。
2. 让学生掌握人才招聘与录用的程序。

模拟招聘职位：

(一)省级经理(数名)

工作职责：

1. 熟练掌握公司产品的使用技术，负责对代理商、加盟馆的业务技术人员的产品知识培训、咨询、指导解答，解决公司产品在流通过程中出现的问题。
2. 负责管辖区域内品牌的销售任务完成。
3. 配合公司客户服务部做好各项产品调查问卷或资讯调查表。
4. 协助代理商进行市场管辖与日常维护工作。
5. 协助加盟馆(美容院)搞好终端推广工作。
6. 负责区域内市场问题的处理与解决。

任职要求：

1. 性格开朗，吃苦耐劳，形象好、皮肤好。
2. 掌握美容理论、芳香精油及皮肤知识，熟练掌握美容手法和操作技能。
3. 具备化妆品专业知识及具备演讲、讲解、应变能力。

4. 具备良好的沟通及销售能力，具有亲和力和团队协作精神。

(二)会务策划专员(2 名)

工作职责：

1. 协助上司进行年度及阶段性市场推广计划的实施与执行。

2. 协助上司进行招商会、演示会、发布会、相关美容知识讲座及其他终端会议的组织与开展。

3. 负责撰写会议策划方案及流程。

4. 负责各种会议的前期沟通与实施过程中的执行及配合工作。

5. 负责执行并提出创新的适合公司的市场会议营销模式。

任职要求：

1. 形象与气质好、反应敏捷、普通话流利、表达能力强。

2. 能完成各种会议、活动的整体策划及流程编制，有优秀的会场气氛调节及控制能力。

3. 具备会议策划、协调、统筹、流程设计及组织执行力。

4. 有相关会议及活动主持经验者优先考虑。

训练组织：

1. 指导教师对学生分组，并明确各自的责任与义务。

2. 指派一部分学生扮演公司招聘方，一部分学生扮演应聘者。

3. 进行模拟招聘前的各项准备。

4. 进行模拟招聘，并聘请一些企业人士现场担任评判官。

5. 模拟招聘结束，并对招聘进行总结与评估。

6. 教师和企业人士对整个模拟招聘过程进行点评。

7. 各组学生撰写招聘总结。

【实训项目运用二】

训练项目：模拟面试方法——无领导小组讨论

训练目的：

1. 让学生熟悉人力资源招聘的无领导小组讨论法。

2. 让学生从中找到自己在团队中的角色。

训练组织：

1. 指导教师对学生分组，并明确各自的责任与义务。

2. 指派 2～3 名学生扮演面试官，4～8 名学生扮演应聘者。

3. 进行模拟面试前的各项准备。

4. 进行模拟面试，并聘请一些企业人士现场担任评判官。

5. 模拟面试结束，并对面试者进行总结与评估。

6. 教师和企业人士对整个模拟面试过程进行点评。

7. 各组学生撰写招聘总结。

第四章

员工培训与开发

学习目标

知识目标：

- 掌握员工培训与开发的作用与流程。
- 掌握培训与开发的需求分析
- 全面掌握“典型工作任务”所要求的基本理论与关键技能

技能目标：

- 能够制订培训与开发的计划
- 能够实施企业员工培训与开发计划
- 能够有效评估培训与开发的效果

任务导入

小黄在吴经理的指导下，很快熟悉了人力资源专员的基本工作职责，掌握了基本的行业职业道德及服务规范，并且对人力资源管理六大模块非常感兴趣，小黄非常兴奋，越来越喜欢这个行业了。吴经理告诉小黄，作为一名人力资源专员还必须具备基本的专业知识，其中对员工进行培训与开发才是人力资源的关键，才能为企业输送合格的人才。为此，吴经理又为小黄布置了以下几项任务：

1. 进行员工培训与开发的需求分析。
2. 根据培训需求分析，拟订员工培训与开发计划。
3. 组织实施员工培训与开发计划。
4. 对员工培训与开发进行效果评估。

课堂讨论

1. 你之前了解过上述哪些“典型工作任务”？是怎么了解到的？
2. 有哪些部门、哪些人参与了这些“典型工作任务”？他们各自发挥的作用有哪些？

3."员工培训与开发"所涉及的"典型工作任务",你认为哪一项最重要?为什么?哪一项最不重要?为什么?

4.上述"典型工作任务"中有哪些你现在就能够胜任?有哪些需要深入学习才能胜任?

第一节　员工培训与开发概述

一、培训与开发的基本概念

培训与开发是指为了使员工获得或改进与工作有关的知识、技能、动机、态度和行为,以利于提高员工的绩效以及员工对企业目标的贡献,组织所做的有计划的、系统的各种努力。

培训是指组织实施的、有计划且连续的系统学习行为或过程,其目的是通过使员工的知识、技能、态度,甚至行为发生定向改进,从而确保员工能够按照预期的标准或水平完成所承担或将要承担的工作任务。

人力资源开发是指由组织设计的,旨在给其成员提供学习必要技能的机会,以满足组织当前或未来工作需要的一系列系统性和规划性的活动。

二、培训与开发的基本特点

员工培训与开发的基本特点如下:

(1)培训的本质是学习。

(2)培训的主要目的是提高员工的绩效和有利于实现企业的目标。

(3)培训的直接任务是获得或改进与工作有关的知识、技能、动机、态度和行为。

(4)培训主要包括有计划的、系统的各种努力。

三、培训与开发的作用

对员工进行培训与开发,一方面可以增强企业竞争力,改善企业绩效,实现企业战略发展目标;另一方面又可以将员工的职业发展与企业战略统一起来,满足员工的自我发展需要,提升员工技能,调动员工积极性,改善员工绩效,增强企业凝聚力。因此,充分发挥培训与开发对企业的积极作用,是企业人力资源管理的重要内容。

案例学习

鄂尔多斯集团是一家以羊绒产业、硅电产业为主业的集团公司,其羊绒制品的生产营销能力目前已占到中国的40%和世界的30%,有"中国羊绒制品大王"的称号。该公司一贯重视员工的培训工作,不仅多层次、多渠道、多规格、多形式地开展员工培训,而且还扩大员工培训的硬件设施建设,并制定出适合集团公司的员工培训发展制度及各类培训教材。2003年,集团公司为了将员工培训提升到一个更高的层次,成立了鄂尔多斯大学,致力于公司员工培训,推进学习型企业的创立。鄂尔多斯大学对员工的培训紧扣公司的发展战略,为集团公司的两个支柱产业培养、储备了大批后备型人才,满足了公司战略发展对人才的需要,同时还提升了公司和个人的绩效,培育了公司良好的企业文化。

对于培训与开发活动的实施，一定要注意以下几个原则，以保证培训与开发作用的有效发挥。

(1)培训与开发必须紧扣公司的发展战略和规划。

(2)培训与开发必须要有明确的目标。

(3)培训与开发要注意培训对象与培训内容的差异性。

(4)培训与开发必须要结合员工的职业规划，满足他们个人发展的需要。

(5)培训与开发一定要着重提高个人与企业的绩效。

四、培训与开发的任务描述

员工的培训与开发是一项复杂的系统工程，它基于两个理念：一是企业战略与经营目标对人力资源的要求；二是员工的职业生涯发展需要。从这两个理念出发，企业对员工进行培训与开发时，一般按照图4－1所示的工作流程进行。

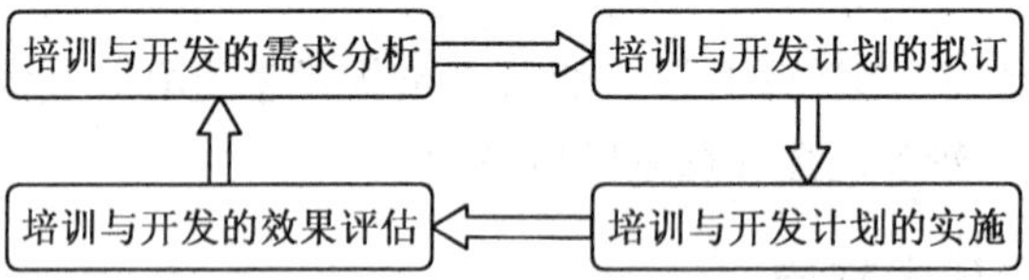

图4—1 员工培训与开发流程

(一)培训与开发需求分析的工作任务描述

(1)企业各部门根据企业的战略发展目标，结合本部门工作实际，按照《员工培训制度》提出员工培训与开发的需求动向，并报人力资源部。一般而言，每半年提出一次。

(2)人力资源部整理各部门的培训需求，提出培训需求调查，报上级审核、批准。

(3)人力资源部编制《培训需求调查表》，对培训需求进行调查。

(4)人力资源部对培训需求调查结果进行分析、确认，并形成《培训需求分析报告书》，报上级审核、批准。

(5)根据审批的《培训需求分析报告书》，制订《员工培训与开发计划》。

(二)培训与开发计划的工作任务描述

(1)人力资源部根据《培训需求分析报告》，与各部门经理进行沟通，确定培训的目标和培训的方式，并报上级审核、批准。

(2)审批通过后，人力资源部结合各部门提供的信息，拟订《员工培训与开发计划》。

(3)人力资源部把拟订好的《员工培训与开发计划》转发给各部门，各部门根据实际情况提出修改意见。

(4)人力资源部根据各部门提供的修改意见，对《员工培训与开发计划》进行完善，并报上级审核、批准。

(5)审批通过后，就可以着手实施培训与开发计划。

(三)培训与开发计划实施的工作任务描述

(1)人力资源部分解培训与开发计划并分发给各部门。

(2)人力资源部和相关部门做好培训的具体准备工作，包括落实经费、编排授课计划、选择培训师或培训机构、签订协议等，并报上级领导审核、批准。

(3)人力资源部与各业务单位正式实施培训。一般而言，培训包括新员工入职培训、员工定期培训、岗位变动培训、任职能力提升培训、外部培训等几种形式。

(4)在培训实施过程中，人力资源部要注意收集反馈意见，完善培训计划。

(5)培训结束后，对此次培训进行效果评估。

(四)培训与开发效果评估的工作任务描述

(1)人力资源部制定《员工培训与开发评估制度》，并报上级审核、批准。

(2)上级审批之后，人力资源部按照评估制度对培训效果进行评估。

(3)把评估的结果反馈给受训者、培训师、各业务部门和上级领导，听取他们的反馈意见。

(4)人力资源部编制《培训与开发评估报告书》，报上级审核、批准。

(5)做好培训的档案管理工作。

第二节　培训与开发的需求分析

企业的培训与开发活动并不是盲目进行的，只有当企业存在真实的培训需求时，培训与开发才有必要实施，否则进行培训与开发是没有意义的。一般而言，培训与开发的需求分析就是为了确定企业目前到底需不需要培训、谁需要培训、需要培训什么及如何培训等问题，它是整个培训与开发工作的起点，决定着培训活动的方向和效益。

一、需求分析的内容

企业在经营过程中，经常会遇到各种各样的问题，这些问题就是产生培训需求的“压力点”，主要来源于二个层面：一是企业层面的问题；二是个人层面的问题。在进行培训与开发需求分析时，通常可以从三个层次来进行培训需求分析，即组织分析、工作分析和人员分析。整个培训与开发的需求分析可用图 4－2 表示：

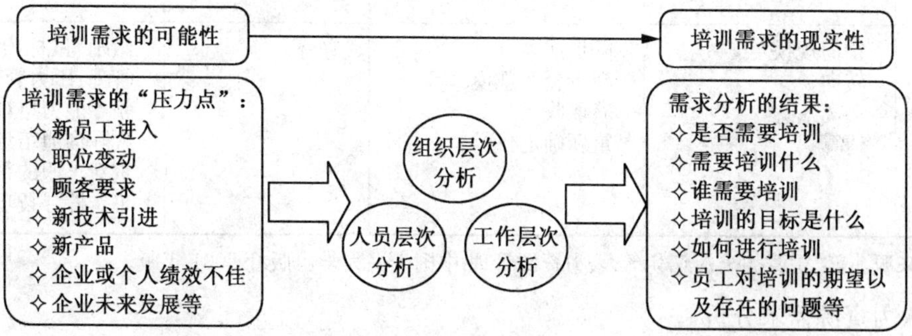

图 4－2　培训与开发的需求分析

(一)组织层次分析

组织层次分析是指组织的长期目标、经营战略、经营计划对员工提出新的知识和技能需求而员工素质相对不足时，决定组织中哪些岗位的员工素质相对不足，以及在哪些方面素质不足的一种培训需求分析。

组织层次分析可以从以下三个方面进行：

1. 企业经营战略分析

对员工进行培训不仅是为了提升员工的知识和技能，更重要的是为了提升企业的绩效，实现企业的战略发展目标。因此，员工培训必须要与企业的经营战略、发展目标、经营计划紧密结合，才不会偏离企业发展的要求。通过对企业经营战略进行分析，可以确定培训的方向和培训重点，使培训做到有的放矢。当然，对于不同的经营战略，相应的培训重点与培训方向也会有所不同。表 4—1 列出了三种不同的经营战略与企业培训需求之间的关系。

表 4—1　企业经营战略与培训需求分析的关系

经营战略		经营重点	达成途径	关键点	培训重点与培训方向
集中战略		◇ 增加市场份额 ◇ 降低运作成本 ◇ 建立和维护市场地位	◇ 改善产品质量 ◇ 提高生产率 ◇ 技术流程创新 ◇ 产品和服务客户化	◇ 技能先进性 ◇ 现有员工队伍的开发 ◇ 团队建设	◇ 团队建设培训 ◇ 跨职能培训 ◇ 专业化培训 ◇ 人际关系培训
成长战略	内部成长战略	◇ 新市场开发 ◇ 新产品开发 ◇ 创新 ◇ 合资	◇ 现有产品的营销或增加分销渠道 ◇ 全球市场扩展 ◇ 修正现有的产品 ◇ 创造新的产品或者不同的产品 ◇ 合资扩张	◇ 创造新的工作和任务 ◇ 创新	◇ 支持或者促进高质量产品价值沟通 ◇ 文化培训 ◇ 帮助建立一种鼓励创新的组织文化 ◇ 工作中的技术能力 ◇ 反馈与沟通方面的管理者培训 ◇ 冲突谈判技能
成长战略	外部成长战略	◇ 横向一体化 ◇ 纵向一体化 ◇ 集中多元化	◇ 兼并在产品链条上与公司处于相同阶段的企业 ◇ 兼并能够为公司提供原料或购买产品的企业 ◇ 兼并其他企业	◇ 一体化 ◇ 人员富余 ◇ 重组	◇ 确定被兼并企业员工的能力 ◇ 培训系统一体化 ◇ 合并后企业中的办事方法与程序 ◇ 团队培训
收缩战略		◇ 精简规模 ◇ 转向 ◇ 剥离 ◇ 清算	◇ 降低成本 ◇ 减少资产规模 ◇ 获取收入 ◇ 重新确定目标	◇ 效率	◇ 激励、目标设定、时间管理、压力管理培训 ◇ 领导能力培训 ◇ 人际沟通培训 ◇ 重新求职的帮助 ◇ 工作搜寻技巧培训

资料来源：[美]雷蒙德·A.诺伊等.人力资源管理.中国人民大学出版社 2001 年版。

2. 人力资源需求分析

企业的发展和战略目标决定了企业对人力资源种类、数量和质量的要求。人力资源需求分析就是在对企业内外部环境调研和深入分析的基础上，确定现有员工的能力、知识、行为方式或水平等是否能够满足企业运营和发展的需要，以及是否能够实现企业的战略目标，从而为员工培训找到明确的方向。

3. 企业的效率分析

任何企业对效率，如生产率、盈利率、投入产出比、次品率、缺勤率、满意度、投诉率、服务质量、日常管理等都有着具体的要求和标准。通过对这些效率进行分析，可以让管理者正确认识企业绩效存在的问题，从而确定需要培训的方向与环节。当然，这些效率的标准也是培训效果的评价指标。

（二）工作层次分析

工作层次分析是以企业现有各工作岗位和员工工作情况为分析对象，主要确定每项工作任务的完成需要员工必须掌握的技术和能力。通过工作分析，可使管理者确定各个工作岗位的员工达到理想的工作业绩所必备的知识、技能和态度，从而为员工培训指明正确的方向。工作层次的分析主要以企业岗位职责、职务说明书和工作考核情况为依据。

在进行工作层次的分析时，一般按照以下几个步骤进行：

(1)根据企业岗位职责和职务说明书的要求，确定各工作岗位的业绩产出标准。当然，企业的岗位职责和职务说明书必须要明确合理。

(2)明确各工作岗位的员工要达到这些产出标准所必须完成的任务，以及完成这些任务所必备的知识、技能和态度。

(3)对员工的实际工作绩效进行考核，查找差距。绩效差距是培训需求的切入点，一旦发现员工存在绩效差距，就可以为培训需求分析找到依据。

(4)分析绩效差距产生的原因。并不是所有的绩效差距都可以通过培训来解决，比如环境、技术设备、难以改变的个性特征等所产生的问题，只有当员工存在知识、技能和态度等方面的不足时，培训才是有必要的，如表 4—2 所示。

表 4—2　　绩效差距产生的原因与解决方案

绩效差距产生的原因	解决方案
1. 缺少知识、技能和态度	给予在职培训或离职培训
2. 个性特征不适合工作	更换工作岗位或解聘
3. 缺少先进设备、工具和必要生产条件	改进设备、工具，排除工作干扰
4. 工作设计或标准有缺陷	重新设计工作、修改标准
5. 沟通与指导不够	改善沟通、提供反馈渠道和必要的信息
6. 绩效评估方法	建立正规测量方法、修正与改进现有测量方法
7. 激励措施	建立良好的奖励制度、提高激励水平
8. 其他	对应解决方案

(5)根据分析的原因确定员工培训的重点和方向，完成培训需求分析。

（三）人员层次分析

人员层次分析主要是从员工个人的角度出发，评估个体现有状况与应有状况之间的差距，并在此基础上确定谁需要和应该接受培训及培训的内容。它分为两个层次：一是在各岗位对知识和技能明确要求的基础上，通过对员工实际工作绩效及工作能力的分析，找到员工的差距，并对差距进行分析，提炼出现实的培训需求；二是判断出员工接受培训的意愿，如果他压根就没有接受培训的意愿，或者不愿意做好本职工作，培训对他而言是没有任何意义的。

因此，为了使培训做到有的放矢，真正对员工有所帮助，对员工进行区分是非常有必要的。根据员工的工作态度和工作技能这两项要求，可以把员工划分在四个区域内，如图 5—3 所示。

对于第一区域的员工，他们已经是（或者很快成为）企业的骨干员工。对于这些员工，企业应该积极考虑他们的职业发展问题，并为这些员工规划一条在企业中积极成长的道路。

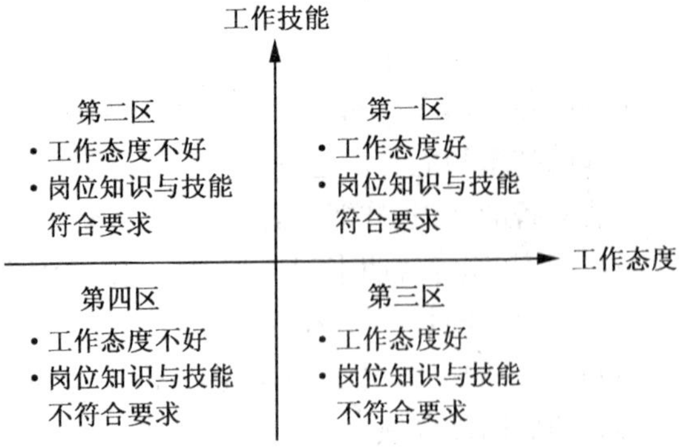

图 4—3　员工划分区

对于第二区域的员工，他们的岗位知识和技能虽然已经符合企业的要求，但工作态度方面存在不足，其主要参加企业的常规培训，以改善其工作态度。

对于第三区域的员工，他们也是企业培训的重点，与第一区域的员工不同的是，他们的岗位知识和技能不符合企业要求，对他们进行培训，其目的是为了使他们能尽快适应岗位的要求。

对于第四区域的员工，除了工作态度不好之外，知识和技能又不符合企业的要求，对他们进行培训，企业需要付出极大的努力。

企业最关心的培训对象是那些存在差距又愿意接受培训的人，通过对员工进行区域划分，可以让企业很容易找到真正需要培训的人（第一区域和第三区域的员工），从而做到有的放矢。

小思考

如果采用上述三个层次对培训与开发进行需求分析，你首先会从哪个层次进行分析？为什么？其次呢？

在人力资源管理的实践上，组织层次分析、工作层次分析、人员层次分析并不是一定要按照某种特定的顺序来展开。但是，由于组织层次的分析关注的是企业培训是否与企业的发展目标、经营战略、经营计划相匹配，解决的主要是企业层面的问题，因此在进行培训与开发的需求分析时，往往先从组织层次分析入手，然后才是任务层次的分析和人员层次的分析。当然，有时任务层次的分析与人员层次的分析也可混合进行。

二、需求分析的主要方法

在进行培训与开发的需求分析时，不能凭主观想象进行，而应该采取科学的方法。常用的方法有以下几种：

（一）访谈法

访谈法是指通过与被访谈人进行面对面的交谈来获取培训需求信息的一种方法。在进行访谈前，最好先明确到底需要何种培训信息，然后再拟订出访谈提纲。在访谈过程中，提出的问题可以是开放式的，也可以是封闭式的。当然，封闭式的访谈结果比较容易分析，但是，开放式的访谈常常更能发现问题的事实。访谈可以是结构式的，即以标准模式向所有被访谈者提出同样的问题；也可以是非结构式的，即针对不同的对象采用不同的开放式问题，多数情况下，两种方式结合在一起使用更有利于获得培训信息。

（二）问卷调查法

问卷调查法是指以标准化的问卷形式列出一组问题，通过让员工填写问卷来收集信息，从而进行培训需求分析的一种方法。该方法费用低、形式灵活、应用广泛，可以从大量人员中收集信息，便于归纳和总结，是培训需求分析的常用方法。但是，问卷的设计、分析工作难度较大，在运用此方法时，需要注意问卷内容的设计要科学、具体，语言简洁，尽可能采用客观问题的方式，对于主观问题要留有足够的空间填写等，从而提升问卷调查信息的准确性。

（三）观察法

观察法是通过到工作现场观察员工的工作表现来发现问题、获取信息数据并进行培训需求分析的一种方法。观察法成功的前提是观察者对要观察的工作岗位有一个正确、深入的了解。只有知道这个岗位正确的工作方式和方法，才能准确判断出员工在工作中需要补充的知识和技能是什么。当然，员工平时的工作表现记录对观察法的应用也是一个有益的补充。

观察法比较适合于生产作业人员和服务性的工作人员，不太适合于技术人员和销售人员。

（四）档案资料法

档案资料法是通过查询现有的有关组织发展、职位工作和工作人员的文件资料来进行综合分析的一种培训分析方法。例如，可以通过对组织发展规划文件、人力资源规划文件、人力资源信息系统数据来进行组织层面的培训需求分析；通过对工作分析文件、工作日记表、人事档案、项目报告、技术手册等来进行工作或人员层面的培训需求分析。

（五）自我分析法

自我分析法是指员工个人通过对组织有关信息及岗位所需知识、技能的掌握程度来分析和判断自己培训需求的一种分析方法。该方法可以让员工很好地分析自己的情况并查找自己的不足，从而为培训需求寻找切入点。该方法有利于发挥员工的积极性，也有利于企业发现员工的真正需求。

小思考

上述五种分析方法中你觉得哪一种更适合中小企业？为什么？

总体而言，每一种培训需求分析方法都不是尽善尽美的。在进行培训需求分析时，最好是以上几种方法混合使用，或者在可以使用两种方法的时候绝不用一种，这样就会在很大程度上增强培训需求分析的准确性和完整性。

三、需求分析报告书的撰写

培训需求调查进行完之后，人力资源部应该对培训需求进行正确分析与确认，撰写《培训与开发需求分析报告书》。培训需求分析报告书的结论要以调查分析的信息为依据，不可以有主观看法。《培训与开发需求分析报告书》经上级审核、批准之后，成为制订员工培训与开发计划的基础。

一般而言，《培训与开发需求分析报告书》通常由以下几部分组成，当然，各公司在撰写培训需求分析报告书时，也可以灵活多变。

(1)培训需求分析的背景介绍;
(2)概述需求分析实施的主要方法和过程;
(3)介绍培训需求调查的对象;
(4)阐述培训需求调查的内容及分析结果;
(5)主要建议与说明;
(6)附录、报告提要等。

第三节 培训与开发计划的制订

良好的培训与开发计划是公司取得培训成功的重要保证。在制订培训与开发计划时,人力资源部应结合需求分析的结果,联合各部门,根据公司实际和市场状况来制订切实可行的培训与开发计划。一般而言,培训与开发计划应包括以下几个方面的内容。

一、培训与开发目标

培训与开发目标是培训计划实施的导航灯,为培训计划的制订提供了明确的方向。有了目标,才能确定培训对象、培训内容、培训时间、培训方法和培训讲师等具体内容,并可在培训之后,对照此目标对培训与开发效果进行评估,因此,培训与开发目标是制订培训与开发计划的关键要素。

小知识

在确定培训与开发目标时,遵循一定的SMART原则,对目标的顺利实现是大有裨益的。所谓SMART原则,是指:

S—specific:明确的、具体的,即学习目标的制定必须具体、明确。

M—measurable:学习目标是可以评估、测量的,即能量化的要量化,不能量化的要细化。

A—achievable:可实现的,即学习目标实现起来有一定的困难,不是轻而易举能达到的,也不是不能达到的。

R—realistic:目标是切实可行的、实实在在的,可以证明和观察的。

T—time & resources constrained:受时间和资源的限制。

二、培训与开发时间

培训与开发时间的安排是有讲究的,如果培训时间的选择滞后,则培训开发就是被动的,甚至是无效的。因此,企业应该在需要培训的时候及时地进行培训安排,这种安排在时间上不仅体现在时机的选择上,也体现在培训持续时间的安排上。一般而言,培训持续时间的长短受培训与开发的内容、培训费用、学员的素质、学员的工作时间、学员的生活时间等因素的影响。

小思考

培训开发时间的选择不能在哪些因素上滞后?社会因素、企业自身因素抑或其他?试举例说明。

三、培训与开发的方式

企业培训与开发的方式主要有两种：一种是企业自己组织的培训与开发；另一种是外包给专业的培训机构来进行培训与开发。因此，在进行培训与开发时，最好的办法是取长补短、优势互补、合理划分，适合企业自己组织的就由企业来承担，适合外包的就由专业培训机构来承担。

一般而言，对于技术性、制度性、组织性、流程性等方面的培训，以企业自己承担为主；对于前瞻性、宏观性、观念性、理论性、专业性等方面的培训，外包给专业的培训机构效果会更好。

小思考

思考培训与开发的两种方式的利弊并举例说明。

四、培训与开发的对象

培训与开发的对象不能仅仅限于企业的个别人或个别人群，需要企业根据组织目标和工作岗位的需要来选择合适的培训对象，以确保急需人才的培训与开发。

一般而言，组织内有以下几种人员需要培训：

(一)新入职员工

新入职员工需要参加岗前培训来尽快熟悉企业的工作环境，掌握工作岗位所要求的基本技能，消除紧张情绪，加快融入新岗位角色的进程。

(二)需要改进目前工作的人

对于一些存在绩效差距的员工，需要对其进行相关培训，以提升他们的知识、技能与素质，弥补不足，提高工作绩效。

(三)新晋升人员或岗位轮换人员

新的岗位或职务要求新的知识和技能，对于新晋升的员工或岗位轮换的员工，为使其尽快适应新的岗位或职务，需要对其进行相关的培训，以提升他们的知识、技能与素质，满足新岗位或职务所提出的各项要求。

(四)有潜力的人员

对于有能力也有潜力的人员，企业希望他们能够掌握不同的管理知识、技能或更复杂的专业技术，以安排他们到更重要、更复杂或更高层的位置上去，为企业承担更大的责任。对于这部分人员，企业愿意花费更多的资源对其进行相关培训。

五、培训与开发的内容

培训与开发的内容应服务于培训所要达到的目标。为实现这一目的，培训与开发内容的选取必须要科学、合理，符合企业战略和员工实际工作需要，还要具有一定的前瞻性。一般而言，培训与开发内容包括三个层次，即知识培训、技能培训和素质培训。

(一)知识培训

知识培训是培训开发中的第一个层次，主要内容包括以下几个方面：

(1)具备完成本职工作所必需的基本知识。

(2)熟悉并掌握公司的发展战略、目标、经营状况、组织结构、各项规章制度、市场环境等。

(3)了解公司各部门的工作内容与沟通关系。

(4)明确岗位职责,了解与工作岗位相关的市场状况。

(5)掌握节约和控制成本的措施。

(6)培养和掌握一定的管理知识,如计划、组织、领导和控制等。

(7)学习必备的一些社会学理论知识,如社会政治文化、伦理道德等方面的相关知识。

(8)其他有关的知识。

(二)技能培训

技能培训是培训开发中的第二个层次。通过技能培训,可以使员工掌握完成本职工作所必备的技能,提高工作业绩,提升发展潜力。技能培训是公司组织培训的重点。

技能培训的主要内容包括以下几个方面:

(1)熟练掌握本工作岗位所需要的基本技能,包括工艺操作技能等。

(2)掌握和运用经营管理技术、生产技术、监控技术、工程技术、工艺技术、信息技术等为企业经营效益服务的各类技术。

(3)学会人际沟通、执行控制、时间管理、项目管理、领导力、判断能力、规划能力、调查能力、计划制订、战略管理、安全与健康管理、创新管理等各类管理技能。

(4)其他相关的各类技能。

(三)素质培训

素质培训是培训与开发的最高层次。通过对员工进行素质培训,可以使员工形成正确的价值观、积极的工作态度、良好的思维习惯、较强的团队合作意识以及相互信任和相互支持的工作氛围。素质培训是组织培训的难点。

素质培训的主要内容包括以下几个方面:

(1)个人与他人、个人与组织等关系认知的培训。

(2)员工自信心的培养。

(3)团队精神、团队合作意识等方面的培训。

(4)职业发展规划等方面的培训。

(5)树立正确的人生观、价值观和工作责任心等方面的培训。

(6)其他相关的素质培训。

六、培训与开发的方法

培训与开发的方法多种多样,但最佳的未必是最合适的,在培训时可根据培训与开发的目标和内容,把各种方法配合起来灵活使用。不同的培训方法有不同的特点,但也各有优劣。下面介绍一些常见的培训与开发方法。

(一)课堂讲授法

课堂讲授法是一种传统的教育培训方法,也是培训与开发中应用最普遍的一种方法。它是指培训教师通过语言表达系统地向受训者传递知识,期望受训者能掌握课程中的特定知识和重要观念的一种方法。该方法的优缺点如表 4—3 所示。

表 4—3　课堂讲授法的优缺点

课堂讲授法的优点	课堂讲授法的缺点
有利于受训者系统地学习知识	学习效果易受教师水平的影响
传授内容多,有利于培养各类人才	内容多,学员难以完全吸收、消化
容易掌握和控制学习进度	单项传授不利于教学双方互动
培训费用较低	学过的知识不易被巩固
可以同时对多人进行培训	不能满足学员的个性需求
对培训环境的要求不高	传授方法较为单一
有利于加深理解难度大的问题	理论与实践相脱节
其他	其他

课堂讲授法可以借助于一些讨论、问答、案例研究等附加形式来提升学生的参与性,增强培训效果。

(二)研讨法

研讨法是一种以学员活动为主的培训方法,它以工作中的某个课题或问题为研讨主题,学员组成团队进行讨论、争辩和提问,并最终得出共同结论。研讨法的目的是为了提高能力、培养意识、交流信息、产生新知,它与课堂讲授法一起并称为职业培训的两大培训法。研讨法的优缺点如表 4—4 所示。

表 4—4　研讨法的优缺点

研讨法的优点	研讨法的缺点
受训人员能够主动提出问题,表达个人感受,有助于激发学习兴趣	讨论课题选择的好坏直接影响到培训效果
受训人员能够积极思考,有利于其能力开发	不利于受训人员系统地掌握各种知识和技能
受训人员可以取长补短,互相学习,有利于知识和经验的相互交流和启发	受训人员自身的水平也会影响培训效果
有利于受训人员发现自己的不足,开阔思路,加深对知识的理解,促进能力的提高	对培训讲师的要求过高

研讨法以集思广益为基础,汇集众人的智慧并相互激发,最终达到创造性的培训效果。根据讨论的组织方式,研讨法可分为演讲、小组讨论、沙龙、集体讨论、委员会式讨论、系列研讨六种形式。

(三)工作指导法或教练法

工作指导法或教练法是部门专业技能训练的通用方法,一般由一名有经验的技术能手或直接主管人员在工作岗位上对受训者进行现场培训。该方法通过培训师的现场操作演示,把学员要学的技术、程序、技巧或规则呈现给学员,让学员在理解的基础上进行反复的模拟练习,使操作逐渐熟练直到符合规范的程序和要求,达到运用自如的程度。当然这需要培训讲师在现场指导,随时纠正学员在操作中的错误表现。工作指导法或教练法的优缺点如表 4—5 所示。

表 4—5 **工作指导法或教练法的优缺点**

工作指导法或教练法的优点	工作指导法或教练法的缺点
有助于培养培训者与受训者之间的良好关系，有利于工作开展	培训教练或师傅不容易挑选，有些师傅担心“教会徒弟饿死师傅”而不愿倾尽全力。因此，应挑选那些具有较强的沟通能力、监督和指导能力以及胸怀宽广的教练
培训者一旦出现调动、提升、退休或辞职时，可以让训练有素的受调者顶上	

工作指导法或教练法是一种既有在职培训又有课堂培训的方法，大多用于技能培训，学员重在模仿，创新性不足，不太适合差异化的战略企业。

（四）岗位轮换法

岗位轮换法是指企业有意识地让受训者在预定时期内更换不同的岗位或职务，以获取不同岗位或职务的知识、技能和经验，为企业培养复合型人才的一种在职培训方法。岗位轮换时要考虑到培训对象的个人能力以及需要、兴趣、态度和职业偏爱，从而选择与其相匹配的工作岗位或职务。岗位轮换法的优缺点如表 4—6 所示。

表 4—6 **岗位轮换法的优缺点**

岗位轮换法的优点	岗位轮换法的缺点
能识别培训对象的长处和短处，了解培训对象的专长和兴趣爱好；更好地开发员工，能增进培训对象对各部门管理工作的了解，为完成跨部门、合作性的任务打下基础	如果轮换的时间太短，不利于学员学到更深入的知识、技能和管理经验
能丰富培训对象的工作经历和经验	该方法鼓励“通才化”，不适用于专业人员培训

岗位轮换法适用于规模大小不等的公司，这种方法主要面向企业重点培养和准备提拔的人员，通过岗位轮换，有助于全能型人才的培养。

（五）案例分析法

案例分析法又称个案分析法，是目前培训领域应用最多的培训方法之一，它是指围绕一定的培训目的，把实际工作中的真实情景加以典型化处理，形成供学员思考分析和学习的案例，再通过学员对案例的独立分析和相互讨论，提高学员分析及解决实际问题的能力。案例分析法为美国哈佛大学管理学院所推出，目前广泛应用于企业管理人员，特别是中层管理人员的培训，目的是训练他们具有良好的决策能力，帮助他们学习如何在紧急状况下处理各类事件。案例分析法的优缺点如表 4—7 所示。

表 4—7 **案例分析法的优缺点**

案例分析法的优点	案例分析法的缺点
提供了系统的思考方式	案例过于概念化并带有明显的倾向性
在个案研究的学习过程中，受训者可得到另一些有关管理方面的知识与原则	
有利于使受训者参与企业实际问题的解决	案例的来源往往不能满足培训的需要
正规案例分析使受训者获得经验和锻炼机会	

续表

案例分析法的优点	案例分析法的缺点
容易养成积极参与和向他人学习的习惯	需时较长，对受训者和培训的要求较高
教学方式生动具体、直观易学	

案例分析法的主要功能不在于让学员了解某项独特的案例经验，而在于让学员在探讨案例的过程中学会如何独立解决问题和分析问题，进而提升自己的管理技能。该方法强调亲验性和双向交流，是一种非常有特色的培训方式，已受到人们的普遍喜爱。

（六）角色扮演法

角色扮演法是指模拟一个最接近现实状况的工作环境，指定参加者扮演某种角色，借助于角色的演练来理解角色的内容，模拟性地处理工作事务，从而提高主动面对现实和解决各种问题的能力。角色扮演法适用于新员工、岗位轮换和职位晋升的员工，主要目的是为了使其尽快适应新的岗位和新的环境。角色扮演法的优缺点如表4－8所示。

表4－8 角色扮演法的优缺点

角色扮演法的优点	角色扮演法的缺点
有助于训练基本动作和技能	扮演中的问题分析仅限于个人，不具有普遍性
能提高人的观察能力和解决问题的能力	
活动集中，有利于培训专门技能	容易影响学员的态度，但不易影响其行为
容易养成积极参与并向他人学习的习惯	人为性较强
特定的模拟环境和主题有利于增强培训效果	易受学员的心理因素影响
能学会换位思考、理解问题等	

角色扮演法要想发挥理想的效果，关键在于参加者要放松心情，摆脱心理负担，正确认识角色扮演的重要意义。此方法相当于一种非正式表演，参加者可以在角色扮演中熟悉自己的工作环境，了解自己的工作任务，掌握必需的工作技能，以帮助自己尽快适应实际工作的要求。

（七）视听技术法

视听技术法是指利用现代视听技术（如投影仪、录像、电视、电影、电脑、光盘、幻灯片等工具）对员工进行培训的一种方法。该方法生动、形象且给听讲者以亲近感，比较容易引起听讲者的关心和兴趣，相对于单纯的课堂讲授或研讨，它更能给人以深刻的印象。目前，该方法作为其他培训方法的辅助工具，越来越受到人们的欢迎。

（八）网络培训及其他

网络培训就是利用计算机和网络技术（互联网、局域网、CD-ROM、卫星、PDA、手机等）来提供以及传递信息、数据和知识的一种培训方法。该方法以信息技术为基础，是目前比较新式的一种培训方法，可满足多种行业网络培训的需要。

除了上述培训方法之外，还有很多其他的方法被企业所选择，如头脑风暴法、户外拓展训练法、模拟训练法、虚拟培训法等。企业可以根据自己的实际情况，灵活选择各种培训方法，以提高培训效果。

七、培训师

培训师是培训成败的关键因素之一，其素质高低、教学能力以及职业态度关系到培训效果的好坏与质量的高低，因此，选择合适的培训师对企业组织培训而言非常关键与重要。

一般而言，优秀的培训师应具备以下条件：

(1)关心学员，帮助学员，聆听学员的心声，与学员建立融洽的关系。

(2)能结合培训环境、培训对象、培训内容对教学方式进行不断创新。

(3)具有从事培训工作所需要的相关知识和教学经验。

(4)具备良好的沟通和表达能力。

(5)心态积极，热爱培训工作。

(6)应该宽容、有耐心，对学员无偏见。

(7)具有一定的组织管理能力，能够控制培训过程。

(8)具有激励他人的能力，能学会变通，对信息进行转化处理。

(9)其他。

培训师的选择除了要考虑培训师的素质之外，还要考虑培训师的来源。担任企业培训活动的讲师一般来自两种渠道：一种是来自企业内部，另一种是来自企业外部。内部培训师一般是企业领导以及具有特殊知识和技能的优秀员工；外部培训师则包括大学教师、企业经理人员和专职培训讲师。

小资料

决定培训师水平的高低有三个维度：知识和经验、培训技能与态度以及个人魅力。根据这三个维度，可以把培训师分为八种类型：卓越型、专业型、技巧型、演讲型、肤浅型、讲师型、敏感型和无能型。这八种类型的讲师在上述三个维度的表征如下表所示：

八种类型培训师的表征

类型	知识和经验	培训技能与态度	个人魅力
卓越型	√	√	√
专业型	√	√	×
技巧型	×	√	√
演讲型	√	×	√
肤浅型	×	√	×
讲师型	√	×	×
敏感型	×	×	√
无能型	×	×	×

注：“√”表示在此方面培训师表现较好；“×”表示在此方面培训师表现较差。

企业在组织培训时，最好选择卓越型的培训师；如果不能，则可退而求其次，选择专业型、技巧型和演讲型的培训师。

八、培训与开发的预算

在制订培训与开发计划时，组织者要考虑的重要问题之一就是培训与开发的预算问题。如果企业的培训与开发预算不能支持培训与开发计划，培训与开发计划制订得再完美也没有实际意义。一般而言，培训与开发活动所涉及的费用包括直接费用和间接费用两种。

直接费用包括培训与开发项目的运作费用和管理费用，由以下几部分构成：

(1)场地费；

(2)食宿费；

(3)培训器材、教材费；

(4)教育培训人员的工资以及培训师的报酬；

(5)交通差旅费；

(6)管理费及其他费用。

间接费用主要包括受训者培训期间的正常工资、顶替受训者工作所支付的报酬、相关的机会成本和生产力的浪费等。

小思考

制订员工培训与开发计划时，哪些内容必不可少？为什么？

第四节　培训与开发计划的实施

培训与开发计划的实施是整个培训过程中最重要的环节。企业要有效地实施培训，必须要按时保质保量地落实培训与开发计划，加强管理，做好各项辅助工作，以达到培训与开发的预定目标。

一般而言，在计划组织实施的过程中应关注以下几个方面的问题。

一、落实培训场所与设施

培训场所和培训设施对培训与开发的效果有着重要的影响，因此，人力资源部和其他相关部门必须在组织实施前落实培训所需的场所和设施，做好培训环境的布置工作。

培训场所主要包括教室、车间、培训中心、专门培训基地、宾馆的会议室、旅游胜地、室外空地等；培训设施主要有桌、椅、黑板、麦克风、笔记本、投影仪、教材、模型、幻灯机、笔等。

选择合适的培训场所或培训地点，对培训者和受训者而言都是非常重要的。由于目前很多培训都是在室内进行，因此，在选择室内培训场所时需要考虑以下一些事项：

(一)参加培训的人数

参加培训的人数基本上决定了培训的地点。人员庞杂的培训现场无法营造良好的培训氛围。同样，如果空间太大而人员太少，培训效果同样会大打折扣。

(二)培训场所的空间大小

培训场所的空间大小要足够容纳培训的人数，并且能够适合桌椅的各种摆放，以利于营造良好的学习氛围。

(三)灯光

培训教室的灯光一定要合适，既能让学员看清培训演示的内容，又能让学员记笔记。当然，光线强度究竟达到何种程度为宜，有待培训师的调节。

（四）环境的噪声

噪声或干扰会分散学员的注意力，因此，尽可能选择隔音较好的房间或远离噪音的场所，以避免影响课堂培训的效果。

（五）服务设施

培训组织部门应该安排好各种服务设施，如休息室、饮用水和卫生间等，做好培训的后勤保障工作。

（六）其他

其他一些因素也是非常重要的，如音响设备的效果、通风状况、空调的调制、交通、摆放资料的储藏间等。

舒适美观的培训场所有着积极的心理暗示作用，它对培训氛围的营造和学员学习兴趣的提升都起到了非常重要的作用。因此，人力资源部一定要慎重选择培训场所并做好环境的合理布置。

当然，培训设施的选择也非常重要，借助它可以使培训形式更加灵活多样、培训效果更易达到。但究竟选择何种培训设施，这主要取决于培训的内容和培训的人数。一般而言，像展示架、投影仪、电脑、白板、麦克风等设施还是比较常用的。

二、备齐各种培训资料

培训与开发需要的资料包括培训教材、培训授课计划表、培训须知、培训考核办法、培训师简介、学员名册等，这些资料必须在正式实施培训前印发给学员和培训师，以保证学员和培训师对此次培训有一个正确的认识并做好各项准备。

在培训与开发所涉及的各项资料中，培训教材的准备非常重要，它必须要和培训内容或培训课程高度一致，符合培训的目的和目标，否则，培训的最终效益肯定无法实现。当然，如果培训的地点选择在酒店或室外培训基地，人力资源部还应该备齐一些风险防范手册或相关行为规范等。

三、签订培训与开发的相关协议

培训与开发涉及公司的利益，为保证培训的效果，在正式实施前必须要和培训师或培训机构签订相应的培训与开发协议，明确双方的责任、权利和义务，寻求法律上的支持与保护。有的企业为防止培训之后出现受训者辞职跳槽的现象，也可以与受训者签订相应的培训协议，明确企业与受训者的责任、权利与义务，最大限度避免自身利益的损失。除此之外，企业可能还涉及与提供租赁场地的酒店或机构、租借设备的酒店或机构签订相关的租赁协议。

四、制定相应的培训与开发制度

培训与开发的实施需要相应的制度来保证。一般而言，培训与开发的制度主要包括奖惩制度、培训员工管理制度、培训师管理制度、培训质量跟踪监控制度、培训档案管理制度、预算审批制度、培训效果评估制度等。

五、做好培训介绍

很多企业在正式实施培训时，都有一个开班仪式或开幕式，在开班仪式或开幕式上，培训负责人或培训组织者会对本次培训与开发项目进行介绍，以便让培训学员对培训有一个大致的了解，推动培训与开发活动的顺利开展。

培训介绍是正式实施培训活动的重要步骤，一般包括对培训目的与目标的介绍、课程或培训内容的介绍、培训师的介绍或培训机构的介绍、相关的管理规则介绍以及学员需要注意的其他事项等。为活跃培训气氛，可能还包括学员彼此之间的介绍等。

小思考

组织实施培训与开发计划时，你觉得还需要注意哪些问题？这些问题重要吗？

当然，人力资源部和其他相关部门还需要做好经费的支取以保证及时付清相关费用，还需要做好培训后的评估准备工作等。除此之外，人力资源部和其他相关部门还应做好培训活动过程中的管理、监督与控制，以保证培训与开发的顺利实施。

第五节　培训与开发的效果评估

培训与开发的效果评估是整个培训流程的最后环节，它既是对整个培训与开发活动实施成效的评价与总结，同时又是今后培训活动开展的重要信息来源。通过评估，企业可以了解培训师和培训内容的选择是否合适、培训方法是否得当、员工是否掌握了知识和技能以及培训的投入与产出，并为今后的培训改进提供方向。

一、确定培训评估的目的

在实施培训评估时，企业首先应该明确评估的目的。评估的目的是对培训与开发项目的前景做出决定，对培训系统的某些部分进行修订，或是对培训项目进行整体修改，使其更加符合企业的需要。其次，企业还应建立培训与开发的评估标准，以此衡量员工培训前后的变化。

二、明确培训评估的层次

培训评估最著名的模型由美国学者唐·柯克帕特里克于1959年提出，至今被国内外广泛运用。柯克帕特里克从评估的深度和难度出发，将培训效果分为四个递进的层次，即反应层次、学习层次、行为层次和结果层次。在进行培训评估时，人力资源部要确定最终的培训评估层次，因为这将决定培训评估要收集的数据种类。

(一)反应层次

反应层次的评估主要是指受训人员对培训项目的看法，包括对培训项目是否有兴趣，对培训科目、培训方法、培训讲师、培训设施、培训材料和培训收获是否满意等。

反应层次评估的主要方法是问卷调查。问卷调查提供的信息不一定能反映出培训与开发对企业实际绩效所产生的作用，但就像评估顾客满意度一样，它反映了培训对象对培训项目的满意程度，是培训对象对培训的一种主观评价。

(二)学习层次

学习层次的评估主要测量的是受训人员对培训的知识、原理、技能、事实和技术的掌握程度，它是培训与开发效果评估中最常用的一种评估方式。学习层次评估的方法主要有笔试、技能操作、工作模拟以及心得体会等，通过这些方法使培训组织者可以了解受训人员在培训前后在知识、技能、技术方面发生改变的程度，进而衡量培训的价值。

（三）行为层次

行为层次的评估往往发生在培训与开发结束后的一段时间，由上级、同事、下级或客户观察受训人员的行为在培训前后是否发生改变，以及他们在工作中是否运用了培训中所学的知识与技能。该层次可以通过绩效考核、下属和同事以及直接上级对其培训前后行为变化的对比来获取评估信息。如果评估得出的结果是员工的行为并没有发生太大的改变，这就说明过去的培训是无效的，是浪费资源的。

（四）结果层次

结果层次的评估已经上升到组织的高度，它主要是指培训与开发活动的积极性是否影响到组织的效益，是否导致事故率、员工流动率的降低以及生产率、质量、员工士气的提高，受训者在经过培训之后是否对组织或他们的工作产生更加积极的态度，等等。总之，结果层次的评估主要考核的是培训与开发活动是否真正提高了企业或组织的绩效。

三、选择合适的培训评估方法

在进行培训评估时，培训主管部门应根据不同的培训目的和培训内容选择合适的评估方法。一般而言，培训评估方法主要有两大类：一是定性评估法；二是定量评估法。

（一）定性评估法

定性评估法比较偏向于主观的评价，很多企业都会经常用到。它主要包括：

1. 笔试法

对培训对象参加培训前和培训结业时的学识、技能状况进行测试，如果培训后测试的成绩高于培训前，或测试的成绩达到一定的标准，则表明培训是有效的。

2. 意见反馈法

受训人员在培训中和培训后必然会对培训活动形成自己的一些评价或意见，这些评价或意见涉及培训与开发活动的各个方面，如培训目标是否合理、培训内容是否实用、培训讲师是否有水平、培训方法是否合适等。通过受训者的评价或意见反馈，可以让培训主管部门了解到受训者对培训的看法，进而重新设计培训或继续培训。

当然，意见反馈不仅仅指受训者的意见反馈，还包括受训者的上级、下级、同事或顾客的反馈，通过这些相关人群的意见反馈，更能让培训主管部门了解到培训所取得的效果。

意见反馈常采用调查或面谈的形式进行。

3. 跟踪观察法

培训主管部门可以采取跟踪观察的方法来了解培训对象培训后的变化，如工作量有无增减、工作质量有无提高、处理工作是否比以前更加熟练等。如果受训后的员工的确在工作技能、工作态度和工作业绩上有所提高，则说明培训是有效果的。

（二）定量评估法

定量评估法在培训效果评估中运用得比较少，这主要是因为很难把培训效果数字化，但由于定量评估着重以数据说话，所以也是一种比较重要的评估方法。

定量评估法包括成本效益分析法、边际分析法、目标成本法、假设检验法等，其中比较常用的是成本效益分析法。成本效益分析法有两种评估途径：一是计算培训效益；二是计算培训投资回报率。

培训效益是指培训获得的总效益减去总成本之后所得到的净收益，培训效益越高，说明培训效果越好。培训的总效益可以通过受训人员与未受训人员的比较进行判断，培训的总成本包括直接成本和间接成本。培训效益的公式如下所示：

$$TE=(E_2-E_1)\times TS\times(T-C)$$

其中：TE 为培训效益；E_1 为培训前每个受训人员一年内产生的效益；E_2 为培训后每个受训人员一年内产生的效益；TS 为参加培训的人数；T 为培训效果可持续的年限；C 为培训成本。

培训的投资回报率是指培训效益与培训成本之比，可用以下公式表示：

培训投资回报率＝培训效益/培训成本×100％

小作业

某公司进行了一次销售员的技能培训，培训时间为 3 天，培训人员为 15 人，培训费用为 10 万元。受训前每名销售员一年的销售净利为 10 万元，受训后每位销售员一年的销售净利为 13 万元，培训效果可持续 3 年。试计算培训效益和培训投资回报率。

四、做好评估结果的反馈

评估结束后，应当将评估结果及时反馈给相关人员和相关部门，以便进一步改进培训工作。一般而言，评估的结果应当反馈给受训者、培训讲师、受训者上级、公司高层以及培训主管部门等。通过评估结果的反馈，可以让受训者个人明白自己在培训中存在的不足，找到进一步努力的方向；可以使培训师不断改进培训课程，提高培训技能；可以使受训者的上级了解受训者知识与技能的变化，从而为受训者创造更加适宜的环境；可以使公司高层了解培训取得的效果，进一步做好未来的发展规划；等等。

五、撰写评估报告书

评估后的结果要形成正式的书面报告，这是对整个评估过程的综合反映。一份完整的评估报告应包括以下内容：

1. 导言

包括培训与开发项目的概况、评估的目的、评估的类型及以前是否有过类似的评估等。

2. 概述评估实施的过程

包括评估采用的工具、调查内容及范围、调查测试的方法等。

3. 阐明评估结果

4. 解释、评论评估结果和提供参考意见

5. 结论

6. 附录及其他

工作流程

培训与开发需求分析工作流程

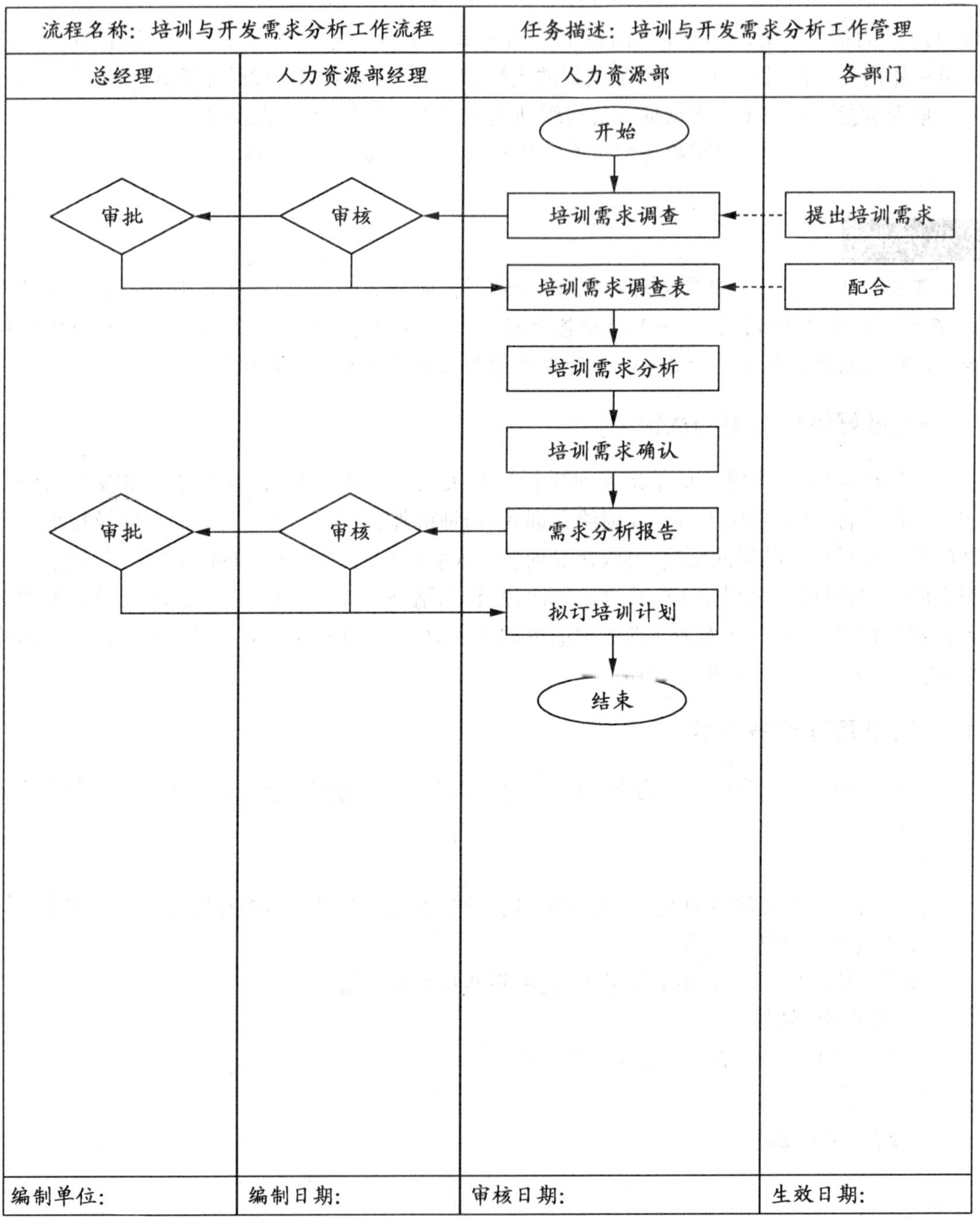

培训与开发计划制订工作流程

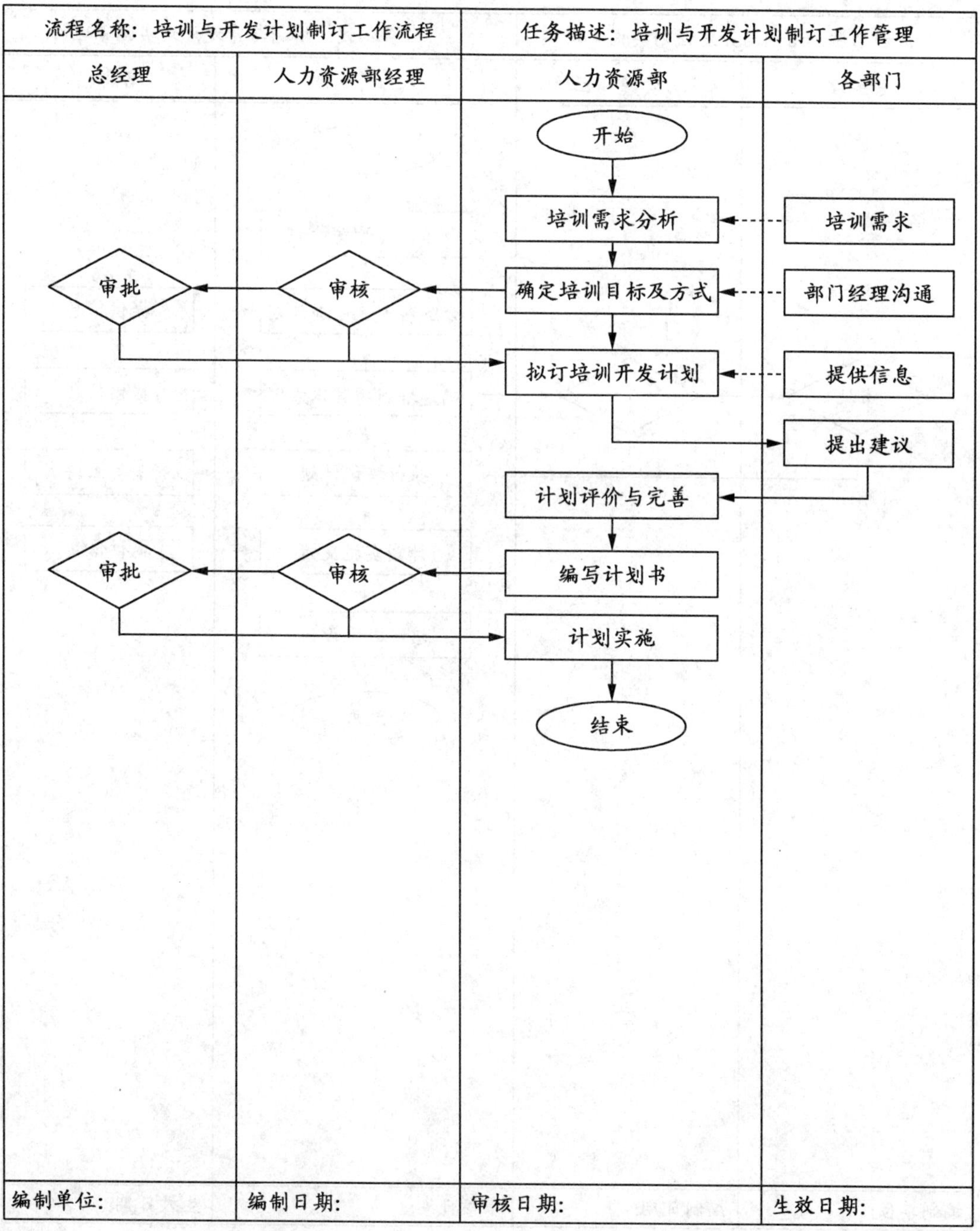

培训与开发计划实施流程

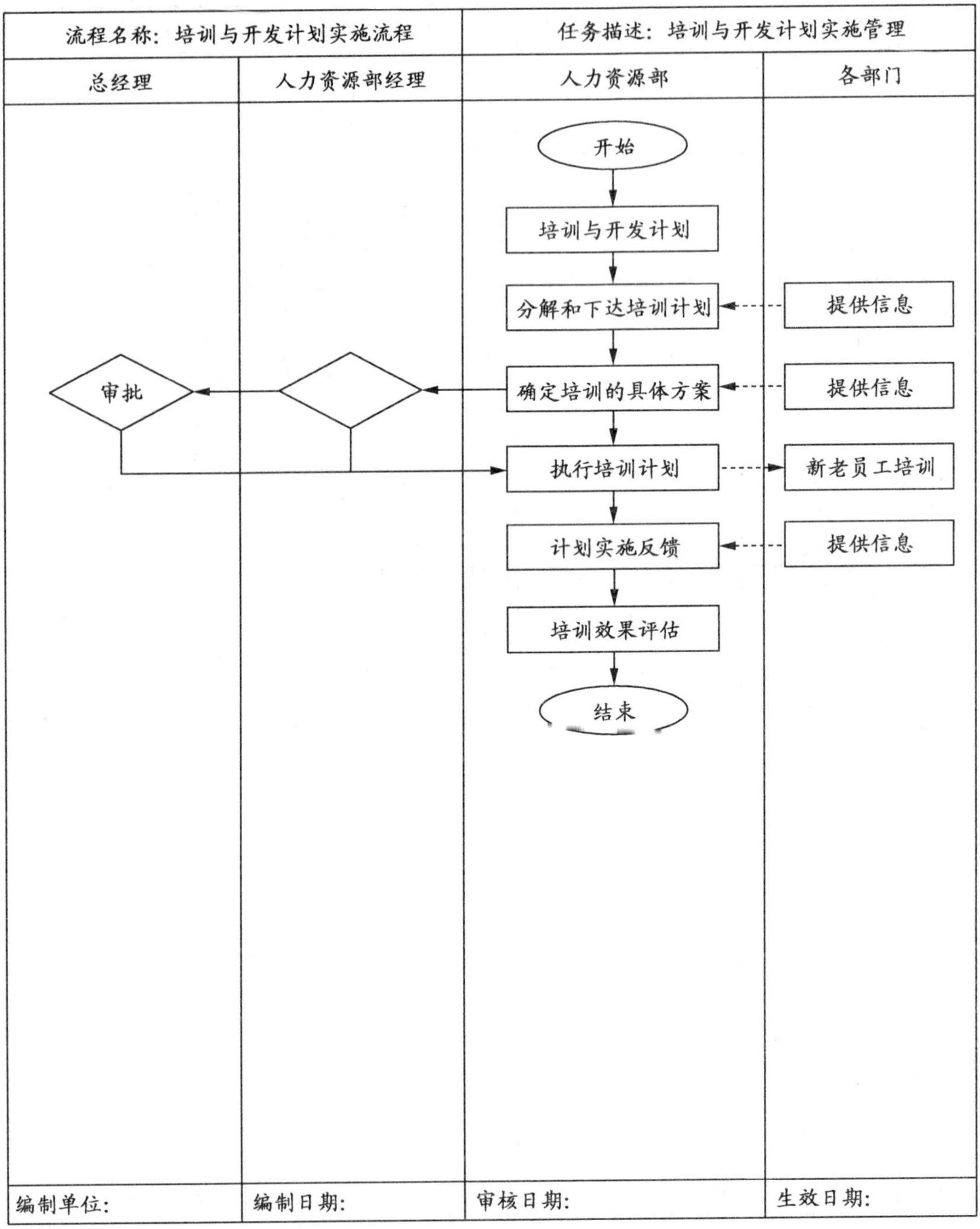

培训评估工作流程

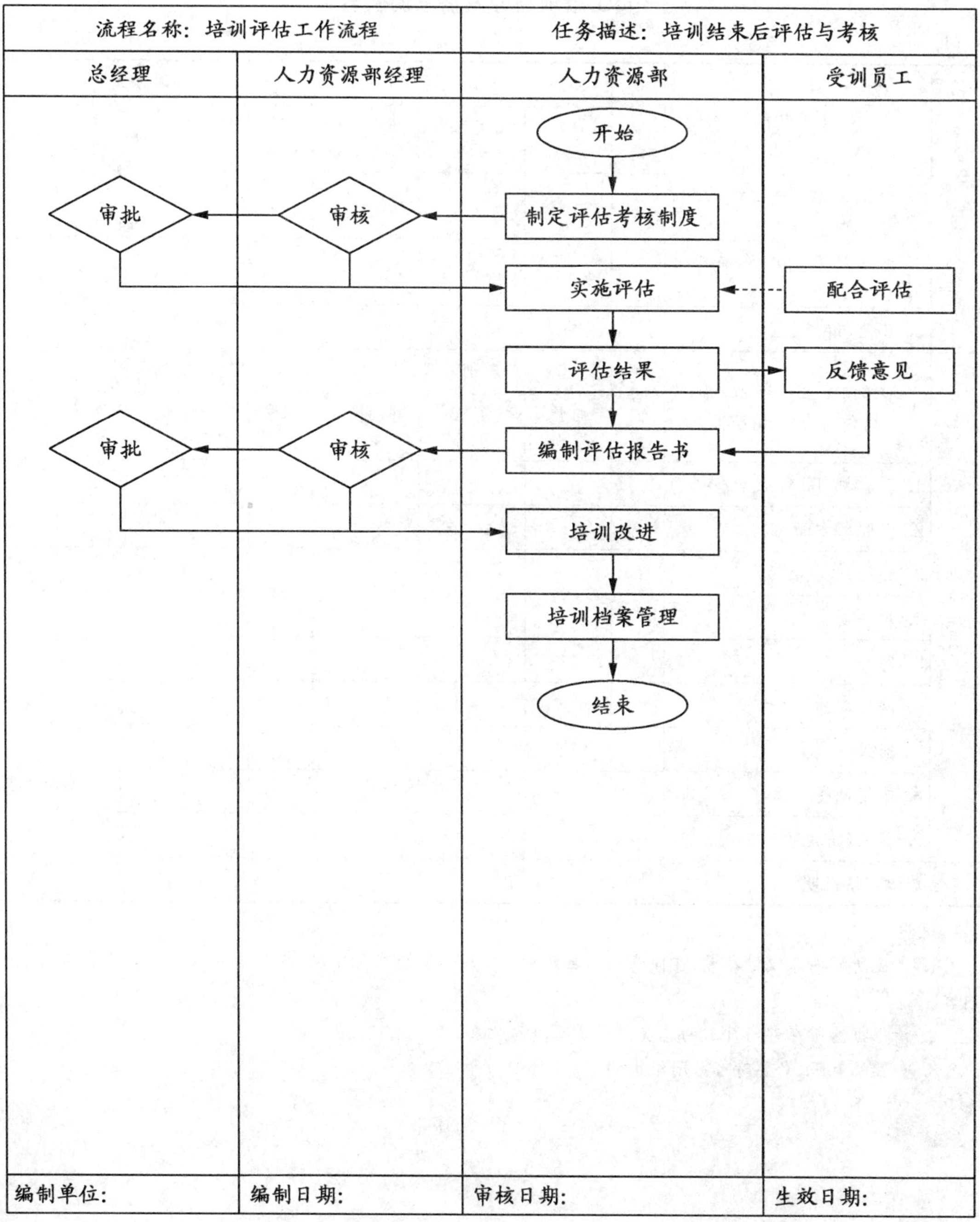
流程名称：培训评估工作流程
任务描述：培训结束后评估与考核
总经理
人力资源部经理
人力资源部
受训员工
开始
制定评估考核制度
审核
审批
实施评估
配合评估
评估结果
反馈意见
编制评估报告书
审核
审批
培训改进
培训档案管理
结束
编制单位：
编制日期：
审核日期：
生效日期：

实用工具

员工培训与开发需求调查表

部门：　　　　　　　　　　　　　　　　　　　　　　　　　　填表日期：　年　月　日

培训类别	培训内容	是否同意	参训人员			培训方式				
			自愿参加	指定人员参加	部门全体员工参加	课堂授课	实践演示	标杆	座谈提问	其他
公共教育	1. 企业发展史、组织结构、主要业务									
	2. 企业规章制度及福利待遇									
	3. 其他(请说明)									
业务知识	各部门员工根据各自的岗位特点提出需求	是否同意	参训人员			培训方式				
			自愿参加	指定人员参加	部门全体员工参加	课堂授课	实践演示	标杆	座谈提问	其他
	1. 计算机/IT 行业动态									
	2. 互联网方面									
	3. 交际、谈判									
	4. 广告创意									
	5. 写作									
	6. 网页制作									
	7. 通信									
	8. 市场调查									
	9. 其他(请说明)									
其他知识：(请说明)										

说明：

1. 上述所列内容仅供参考，在同意的项目栏中打“√”。根据实际情况，各企业可以列出自己需要的培训内容。

2. 请根据您所在部门员工的真实需求认真填写此表。

3. 如篇幅有限，必要时可另附纸说明。

员工培训与开发计划表

培训编号：　　　　　　　　　　　　　　　制表人：　　　　　　　　　　制表时间：年　　月　　日

培训名称				培训开发对象/人数			
培训与开发内容				培训与开发时间			
课程	培训时间	培训地点	培训机构	培训师	培训方法	预期效果	费用预算
参加人员名单		姓　名		职　位		部　门	
备注：							
人力资源部经理				总经理			

说明：

1. 培训机构可以是内部部门，也可以是外部培训企业。
2. 培训方法包括课堂讲授、研讨、案例分析、角色扮演、工作指导、拓展训练、视听法等。
3. 员工培训与开发计划表须报人力资源部经理和总经理审批。

培训与开发活动课前准备检查表

培训课程或培训内容：　　　　　　　　　　　　　　　　　　　　填表日期：　年　　月　　日

类别	检查项目	完成情况	类别	检查项目	完成情况
A	培训通知		C	指挥棒	
	参训者名单			麦克风	
	培训场所布置			电视机	
	教材准备			投影仪	
	教学日程安排			录像机	
	教具准备			幻灯片	
	培训评估表			桌椅	
	行动计划书			海报	
B	圆珠笔		D	住宿名单	
	笔记本电脑			联络酒店	
	投影笔			餐饮	
	白板笔			休闲娱乐安排	
	订书机			交通工具	
	打洞机		E	培训师接送	
	胶带			培训师费用	
	刀片		F	培训的各项制度	
	数码相机			培训服务设施	
	纸杯、茶包			相关协议签订	
	礼品、赠品			培训师简介	
	奖品			其他	

培训效果评估表

编号：　　　　　　　　　　　　　　　　　　　　　　　　　　制表时间：　年　月　日

<table>
<tr><td>评估对象</td><td colspan="2">评估指标</td><td>评估结果</td><td>总体评价</td></tr>
<tr><td rowspan="2">时间安排</td><td colspan="2">时间总体安排情况</td><td></td><td rowspan="2"></td></tr>
<tr><td colspan="2">课程时间长短</td><td></td></tr>
<tr><td rowspan="4">讲师配备</td><td colspan="2">讲师的专业知识</td><td></td><td rowspan="4"></td></tr>
<tr><td colspan="2">课堂气氛和吸引力</td><td></td></tr>
<tr><td colspan="2">理论联系实际情况</td><td></td></tr>
<tr><td colspan="2">问题回答情况</td><td></td></tr>
<tr><td rowspan="3">课程设计</td><td colspan="2">课程难易程度</td><td></td><td rowspan="3"></td></tr>
<tr><td colspan="2">课程针对性</td><td></td></tr>
<tr><td colspan="2">课程实用性</td><td></td></tr>
<tr><td rowspan="2">组织管理</td><td colspan="2">组织计划工作</td><td></td><td rowspan="2"></td></tr>
<tr><td colspan="2">现场执行情况</td><td></td></tr>
<tr><td rowspan="2">训后学员认识与技能</td><td>有很大提高</td><td>有一些提高</td><td>只有很小一点提高</td><td>没有提高</td></tr>
<tr><td>人，占　　%</td><td>人，占　　%</td><td>人，占　　%</td><td>人，占　　%</td></tr>
<tr><td colspan="2" rowspan="2">训后学员的绩效改变状况</td><td colspan="3">培训后3个月：</td></tr>
<tr><td colspan="3">培训后6个月：</td></tr>
<tr><td colspan="5">改进的地方：</td></tr>
<tr><td colspan="5">要哪些培训：</td></tr>
<tr><td colspan="5">综合评价：</td></tr>
<tr><td colspan="5">备注：</td></tr>
</table>

说明：

1. 本表根据培训效果调查表及其他调查结果汇总制成。
2. 本表制成后报人力资源部经理和总经理审核。

案例学习

某公司中层管理人员培训需求分析报告书

一、培训需求分析的背景

由于2007年初公司执行新的战略发展计划，使公司的市场份额得到了迅速提升，新开发生产的产品普遍得到了消费者的信赖与支持，公司的美誉度逐渐增加，特别是在整个华南地区。为进一步开拓新的市场，拓宽分销渠道，降低生产和营运成本，公司决定对中层管理干部进行培训需求分析，以期借助培训使公司中层管理干部提升技能，改变目前管理上的不足，推动公司战略目标的顺利实现。

二、培训需求分析的时间安排

本次培训需求分析的实施按照以下时间安排进行：

1. 2008年8月1日～8月10日，准备工作。

2. 2008年8月11日～8月26日，调查问卷设计与完善。

3. 2008年8月27日～9月10日，问卷发放与回收。

4. 2008年9月11日～9月30日，调查问卷的分析、撰写培训需求分析报告。

三、培训需求的调查对象

1. 调查部门：公司人力资源部。

2. 调查对象：公司各职能部门主要负责人、主管级以上的中层管理职务人员(36人)。

四、培训需求的调查方法

本次培训需求调查采取访谈和问卷调查相结合的方式进行。

1. 访谈

由人力资源部经理作为此次培训需求分析的主负责人，同中层管理人员分别组织座谈，了解相关信息，并与公司部分高层人员分别就这些中层管理人员的工作表现进行沟通。

2. 问卷调查

人力资源部共发出培训需求调查问卷36份，回收有效问卷36份，所有中层管理人员都根据实际情况认真填写了问卷。问卷采取客观题与主观题相结合的方式进行。

五、调查内容分析(本部分省略了部分饼状图、直方图等，并进行了节选)

1. 调查对象的岗位任职时间

调查对象的岗位任职时间表

任职时间	1年以内	1～2年	2年及以上
中层管理人员人数	18	7	11
所占比例(总人数36人)	50%	19.44%	30.56%

从岗位任职时间表上可以看出，69.44%的中层管理人员到现任职位的任职时间不足2年，更有50%的中层管理人员到现任职位的任职时间不足1年，足以说明其管理经验尚待提高。

2. 管理幅度

管理幅度调查表

管理幅度	无	1～3人	4～6人	6～10人	10人及以上
中层管理人员人数	4	3	17	6	6
所占比例(总人数36人)	11.11%	8.33%	47.22%	16.67%	16.67%

从管理幅度调查表中可以看出，88.89%的中层管理人员有直接下属，其中16.67%的中层管理人员的直接下属为10人及以上，63.89%的中层管理人员的直接下属有4～10人，仅有4个中层管理人员没有直接下属，但公司高层说这是暂时的。因此，管理者角色认知是其必备的管理知识之一。

3. 工作计划制订

通过调查得知，97.22%的中层管理人员制订月度工作计划，仅有1人没有制订，80.56%

的中层管理人员制订季度工作计划，30.56%的中层管理人员制订长期工作计划。由访谈得知，在具体制订计划的过程中，对于如何围绕总目标制订具体的可行性计划、如何确保计划的实现等问题，中层管理人员存在诸多不足之处。

4. 授权与激励

授权与激励调查表

授权与激励	愿意授权	不同意授权	愿意接受授权培训
中层管理人员人数	31	5	30
所占比例(总人数36人)	86.11%	13.89%	83.33%

授权与激励是管理者的重要管理技能之一，根据授权与激励调查表可以看出，86.11%的中层管理人员表示愿意授予下属一定的权力，13.89%的中层管理人员明确表示不愿意授权，原因是不太相信下属的能力。另外，83.33%的中层管理人员表示愿意接受在工作中进行授权与激励的相关培训。

5. 团队建设

团队作用发挥得好，就能产生“1+1>2”的效果，同时又能调动员工的积极性。但团队建设是一项复杂的工作，经过调查，77.78%的中层管理人员明确表示尚缺乏团队建设与领导方面的技能。

6. 员工培训

员工培训调查表

员工培训	有计划并能有效执行	有培训计划但没落实	员工培训可有可无	没有时间进行培训
中层管理人员人数	6	12	12	6
所占比例(总人数36人)	16.67%	33.33%	33.33%	16.67%

所有作为此次培训对象的中层管理人员都表示会对员工进行培训。只有16.67%的中层管理人员制订了员工培训计划并能有效执行；33.33%的中层管理人员制订了员工培训计划但没有落实；33.33%的中层管理人员对员工培训的看法为可有可无，随意性较大；有16.67%的中层管理人员认为没有时间对员工进行培训。可见，中层管理人员对培训技巧的掌握还需要进一步学习。

7. 其他

略。

六、培训需求分析的建议

通过培训需求的调查分析，了解到公司中层管理人员大部分任职时间较短，在管理能力方面存在大量不足，这些不足已经影响到公司战略目标的顺利实现，因此，特提出以下培训建议，以指导中层管理人员培训计划的安排与制订。

1. 培训对象：中层管理人员

为更好地发挥培训作用，建议把培训对象划分为两个层次：层次一为任职不足2年的中层管理人员；层次二为任职满2年以上的中层管理人员。

2. 培训时间、地点安排

培训的时间定在2008年11月1日进行,为期7天。

培训地点选择在公司报告厅、公司会议室。

3. 培训内容

培训内容分为三个层次:业务技能培训、管理技能培训、自我开发技能培训。建议先进行业务技能培训,包括角色认知、信息处理、授权、时间管理、创新、财务运营、谈判、经营战略、计划制订等具体内容的培训;然后进行管理技能培训,包括激励艺术、冲突管理、心理学、团队建设、沟通技巧、企业伦理等;最后进行自我开发技能培训,包括系统思考、生涯管理、压力管理、自我超越等。

培训内容的安排一定要考虑培训对象的不同层次,对于不同层次的培训对象,培训内容应有所不同,同时培训的学时也应有所不同。

4. 培训机构

建议选择比较好的管理咨询公司协助培训。培训师最好是咨询公司专家和本公司的高层领导。

5. 其他

略。

七、附录

略。

【实训项目应用一】

实训项目:×××企业员工培训需求分析

实训目的:

1. 能正确认识培训需求分析的目的与意义。
2. 能掌握培训需求分析的内容与方法 。
3. 能熟练运用培训需求分析的调查工具。
4. 能撰写培训需求分析报告。

实训组织:

1. 指导教师联系好学生实训的企业,并做好沟通和各项准备工作。
2. 对学生进行分组,明确各自的责任与义务。
3. 与企业人力资源部一起做好调研准备,包括调查问卷的设计、访谈大纲的拟订、调查对象的确定等,并指导学生对企业员工进行调研或访谈。
4. 学生对调研或访谈搜集的信息进行分析总结,并撰写培训需求分析报告。
5. 指导教师与人力资源部对学生的需求分析报告进行评价,并把结果反馈给学生。
6. 学生对本次实训进行交流和总结,指导教师和企业人力资源部可以进行现场指导。

实训说明:

1. 本次实训需要企业的大力支持和帮助,因此,取得实训企业的协助非常重要。
2. 学生在进行培训需求调查时应按照企业安排的时间进行。
3. 必要时,可以让学生全程参与企业的培训与开发。

【实训项目应用二】

实训项目:×××企业员工培训方法调研

实训目的：

1. 能正确认识培训方法的重要性。

2. 能掌握相关的培训方法。

实训组织：

1. 指导教师联系好学生实训的企业，并做好沟通和各项准备工作。

2. 对学生进行分组，明确各自的责任与义务。

3. 与企业人力资源部一起做好调研准备，包括调查问卷的设计、访谈大纲的拟订、调查对象的确定等，并指导学生对企业员工进行调研或访谈。

第五章

薪酬管理

学习目标

知识目标：

- 了解薪酬的概念及构成
- 理解薪酬管理的基本原则和内容
- 掌握薪酬体系的设计策略和常见的薪酬模式
- 掌握企业福利的基本内容

技能目标：

- 能熟练进行薪酬体系设计
- 能独立开展薪酬调查工作
- 能为企业设计福利体系

任务导入

小黄最近闷闷不乐，工作激情没有往日那么高涨，精神状态也比较消沉。吴经理看到后，专门找小黄询问了解情况。经过吴经理不断询问，小黄终于说出了原因，原来公司发的年终奖金和小黄自身的期许相差较远，小黄对此十分苦闷。小黄告诉吴经理，他自从进入公司以来，工作上认认真真、兢兢业业，为公司奉献了很多，虽然和老员工相比还有一定距离，但也为公司付出了不少辛勤劳动，怎么年终奖金和其他员工相差如此之多？小黄感觉自身价值没有得到充分肯定，吴经理听完后及时给予了安慰，他告诉小黄，新员工刚进入公司不久，各方面能力还需要慢慢提高，工资、奖金也会随着能力提高而上升。看到小黄的情绪有所缓解，为了让小黄进一步明白企业的薪酬管理，吴经理给小黄布置了如下任务：

1. 仔细观察公司的薪酬由哪几个部分组成以及各部分之间的关系如何，并做详细记录。

2. 对公司内不同管理层次人员的薪酬进行调查，并分析影响他们薪酬水平的因素有哪些。

3. 对公司的管理人员、销售人员和技术人员的薪酬进行设计，拟订让他们满意的薪酬方案。

4. 了解公司内的薪酬体系的具体特点，并与同行业内的其他公司进行比较，找出两者之间的异同。

课堂讨论

1. 薪酬体系包含哪些内容？
2. 薪酬管理的原则有哪些？
3. 薪酬体系设计的步骤是什么？有哪些常见模式？
4. 如何对不同工作岗位上的人员薪酬进行设计？

第一节　薪酬管理概述

一、薪酬内涵

在人力资源管理理论中，薪酬是一个界定广泛、内容丰富的概念。本章将阐述传统薪酬理论和全面薪酬理论。

传统薪酬理论认为薪酬是指雇员作为雇佣关系的一方从雇主那里得到的各种货币收入、各种服务和福利等物质收益的总和。

全面薪酬概念于 20 世纪 90 年代兴起，认为薪酬是指员工因被雇用而获得的各种形式的经济收入和服务(如图 5—1 所示)。它既包括员工所得的物质收益，即外在薪酬，也包括员工所得的各种心理收入和发展机遇等精神收益，即内在薪酬。

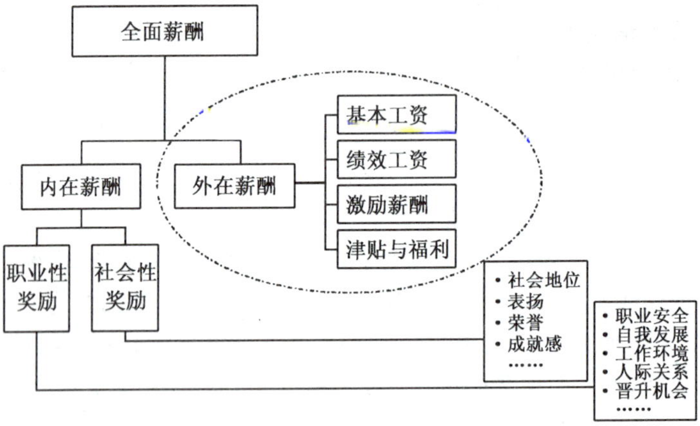

图 5—1　全面薪酬的构成

外在薪酬通常是指员工所得到的各种货币收入和实物，包括经济性薪酬和非经济性薪酬。

经济性薪酬是指传统薪酬的内容，比如基本工资、绩效工资、奖金等短期激励，股票期权、利润分享等长期激励，退休金、医疗保险以及公司支付的其他各种形式的福利等。

非经济性薪酬主要是指个人对工作本身或对工作在心理与物质环境上的满足感，如工作认可的程度、工作的挑战性、工作的环境和氛围以及能力的提高、职业安全、发展机会等。

小知识

雷尼尔效应

位于美国西雅图的华盛顿大学曾经决定选择一处地点修建一座体育馆。消息一传出，立即引起教授们的反对，而校方更是从谏如流，不久就取消了该项计划。

教授们抵制该项计划的动因是，这个拟建的体育馆选定的位置是在校园内的华盛顿湖畔，一旦建成，恰好挡住了从教职工餐厅可以欣赏到的窗外美丽的湖光山色。而校方对教授们意见的尊重与教授们的薪酬水平有直接的关系。

原来，很多教授之所以接受华盛顿大学较低的工资，完全是出于留恋西雅图的湖光山色：西雅图位于北大西洋西岸，华盛顿湖等大大小小的水域星罗棋布；天气晴朗时可以看到美洲最高的雪山——雷尼尔山峰；此外，还有一座一息尚存的火山——圣海伦火山。为了欣赏美好的景色而放弃更高的收入，这被华盛顿大学经济系的教授们戏称为“雷尼尔效应”。

这表明，华盛顿大学教授的工资80%是以货币形式支付的，20%是由美好的自然环境补偿的。如果因为修建体育馆破坏了这种景观，就意味着工资降低了20%，教授们就会流向其他大学。可以预见，学校就不能以原来的货币工资水平聘到同样水平的教授了。由此可见，企业也可以用“美丽的风光”来吸引和留住人才。当然，这里的“美丽的风光”是指一个良好的工作环境和企业文化氛围，它作为一种重要的无形财富，起到吸引和留住人才的作用。

内在薪酬通常是指员工从工作本身所获得的心理满足和心理收益，即对工作的责任感、成就感、胜任感、富有价值的贡献和影响力等，表现为决策的参与、工作的自主权、个人的发展、挑战性的工作、弹性的工作时间等。企业可以通过工作设计、制度、人力资本流动政策等来执行内在薪酬，让员工从工作中得到最大的满足。

表5—1　**薪酬的分类**

经济性薪酬		非经济性薪酬	
外在薪酬		外在薪酬	内在薪酬
直接报酬：工资，津贴，奖金，佣金，股票认购	间接薪酬：住房公积金，保险，休假，培训，医疗服务，住房资助，员工服务及特权	工作环境：职务头衔，宽敞的办公室，私人秘书，专用轿车，舒适条件，工作安全感	工作本身：趣味性，挑战性，参与和责任，认可与褒奖，工作满足感，发展机会

小思考

薪酬和报酬是同一个概念吗？

二、薪酬的构成

（一）基本薪酬

即基本工资，是指组织根据员工所承担的工作本身或者所具备的技能而支付给员工的稳定性的经济收入。

（二）激励薪酬

即企业根据员工、团队或者企业自身绩效而支付给他们的具有变动性的经济收入，又称浮动薪酬或者奖金。

小知识

韦尔奇的工资构成

1998年，在杰克·韦尔奇的收入中，固定工资约为280万美元、年终奖金720万美元、股权收益2.6亿美元。他的年终奖金和股权收益，即浮动工资与他的固定工资的比例是1∶99。这样的结构比例提升了薪酬的激励性，同时使他在做任何决策时都意识到自己对公司负有的责任；否则，他的收入的损失额度将会非常高。

（三）间接薪酬

即福利。从本质上讲，福利是一种补充性报酬，但往往不以货币形式直接支付，而是多以实物或服务的形式支付。它包括养老金及人寿保险、健康及医疗保险、带薪非工作时间、集体生活设施和服务、培训资助、住房资助等。

三、薪酬管理及其原则

（一）薪酬管理的内涵

薪酬管理是指企业在组织发展战略的指导下，综合考虑内外部各种因素的影响，从而确定自身的薪酬策略、薪酬水平、薪酬结构，并进行薪酬调整和控制的整个过程。

薪酬管理的目标包括以下三个方面：

（1）建立稳定的员工队伍，吸引高素质人才；

（2）激发员工的工作激情，创造高绩效；

（3）努力实现组织目标和员工个人发展目标的协调一致。

（二）薪酬管理的主要内容

1. 薪酬总额管理

薪酬总额管理主要包括薪酬总额水平的管理和薪酬总额增长幅度的管理。前者是企业根据实际合理确定薪酬总额基数；后者是指企业在发展、效益提高的基础上，根据国家的相关法规政策，合理确定薪酬总额的增长幅度及使用方向。企业在确定薪酬总额时应充分考虑自身的支付能力、员工的基本生活需要以及同行业的薪酬水平等因素。

2. 薪酬体系

薪酬体系是指组织从发展与改善经营管理、提高业务能力和企业内部劳动力合理配置与流动的需求出发，根据员工的技术高低、劳动繁简、责任轻重和贡献大小以及现行的薪酬水平来确定企业内部各类人员的薪酬水平的一系列制度安排。

3. 薪酬结构

薪酬结构是指同一组织内部的不同职位所得到的薪酬之间的相互关系，是由组织纵向薪酬薪级与横向薪酬薪档组成的薪酬矩阵。薪酬结构的合理与否往往会对员工的流动率和工作积极性产生重大影响。

4. 薪酬构成

企业必须根据实际情况确定员工的薪酬构成。一般而言，薪酬构成主要是指员工得到的总薪酬的组成成分，包括以福利或服务形式支付的间接补偿等。

5. 日常薪酬管理

日常薪酬管理主要包括：制订本企业的薪酬计划；做好薪酬调查、统计和分析；根据绩效考核的结果，计发员工薪资、奖金和津贴；安排新招聘员工的薪酬待遇，处理相关的薪酬调整；等等。

（三）薪酬管理的基本原则

1. 合法性原则

企业的薪酬制度必须符合国家的法律法规，符合国家与地方有关劳动用工及人事的有关法律法规，尤其要体现对劳动者的尊重、公正，避免各种歧视。

2. 公平性原则

合理的薪酬制度首先必须是公平的。公平性是薪酬体系的基础，是激励作用顺利实现的保障。员工对报酬的满意程度直接关系到员工的工作态度以及对企业的忠诚度，当员工感到报酬公平时才会有满意的效果，才会激发员工积极、认真地工作。

小知识

所谓薪酬公平或者不公，即员工提供的劳动或服务的价值与企业提供的报酬之间是否是同等价值。从劳动市场价值的角度来说，如果员工的付出与所得到的报酬之间出现了不对等的情况，那么企业也就出现了薪酬不公的问题。

一、企业薪酬不公的三种表现

1. 自我不公

每一位员工都会对自己的工作表现有一个自我评价，评价的标准一方面来源于企业的各种考核指标、任务完成情况等；另一方面来自对所做工作的价值的衡量。同时，企业也会对员工的工作表现有一个评价，并据此作为支付薪酬的根据。因此，当员工认为自己的工作价值高于企业对其的评价时，心中自然会产生一种“企业待我不公”的主观感受。

2. 内部不公

对于同一职位或职级的员工，企业的岗位工作要求、工作责任等一般是相同的，考核标准也是相同的，然后再根据各位员工的考核结果决定薪酬的多少。然而，也有一种情况，就是企业认为即使是同一工种，员工所产生的相对价值也是不同的，于是相应的薪酬也是不同的。因此，同工种员工的相对价值评价如果不能得到员工的认可，就会产生薪酬内部不公问题。

3. 外部不公

在人力资源供给、需求以及薪酬水平日趋市场化的今天，同行业不同企业的员工自然而然地会根据市场行情来对自己的工作价值与行业平均薪酬做对比。如果在对比中发现自己所做的工作在人力资源市场上的价值高于在本企业中的价值，那么，员工就会觉得企业在薪酬上“亏待”了自己，在这家企业中不能完全体现出自己的价值。近年来日益频繁的员工跳槽事件也证明了薪酬外部公平的重要性，很多企业也已经开始做一些外部薪酬市场调查之类的工作。

二、企业薪酬不公引发的内忧

1. 员工积极性不高

员工工作积极性的来源很多，如竞争性的薪酬、职业发展通道、职业满足感、工作环境等，其中，竞争性的薪酬是员工工作积极性最基本的刺激因素，也是对员工工作绩效直接的激励手段。“干多干少一个样”、“上班打瞌睡，月底发工资”的现象是任何企业都不能容忍的。因此，在薪酬分配中，如果不能体现出企业价值创造者的真正价值，员工的工作积极性就无从谈起。

2. 工作"挑肥拣瘦"

经济学中一个最基本的假设是"理性人"假设,这个假设也是现代管理理论的基本出发点。同样,企业管理者在企业经营管理实践中,也应假设员工是"理性"的,其劳动付出是"工作成本",而薪酬待遇是"工作收益"。成本小而收益大的"肥差",人人都会抢着去做;而成本大、收益小的"苦差",人人都躲之不及。这也就是企业中经常发生的员工在工作时总是"挑肥拣瘦"的问题。

3. 绩效管理形同虚设

企业薪酬制度的制定在很大程度上取决于企业的绩效管理制度,同时也通过薪酬来体现对绩效的激励,这就是所谓的绩效薪酬。如果企业的薪酬没有和绩效挂钩,不能体现出经营成果分配上的公平性,形成工作绩效与薪酬待遇"两张皮"的现象,薪酬就不可能达到对绩效的激励和引导作用,而是造成一种单纯为了"发工资"而发工资的现象,使绩效管理成为一项"填表"工作。

4. 人力资源管理压力增大

薪酬问题是企业人力资源管理中的难点之一,涉及方方面面的关系,也直接关系到每位员工的切身利益。高管的薪酬如何制定,不同部门的薪酬方案如何平衡,技术、生产、管理等不同职种序列的薪酬标准如何确立,岗位价值如何评估,绩效奖金如何计算,这一系列的薪酬难点都需要慎重处理。如果其中的一个环节没有处理妥当,当月发工资的那一天也必将成为人力资源部最忙的一天。

三、企业薪酬不公引发的外患

1. 员工思想不稳定

在众多招聘网站的头条中,出现频率最高的就是"高薪诚聘"、"待遇丰厚"等字样的招聘广告。在人力资源市场日益信息化的今天,薪酬水平已经不再是秘密,同等条件下的薪酬待遇也就成为员工择业的重要筹码。如果企业的薪酬已经位于行业薪酬水平的底端,无法实现薪酬外部公平性,而且又没有其他形式的补偿,员工自然很容易产生"这山望着那山高"的念头。

2. 企业核心员工流失

员工对于自己的能力很清楚,而企业却往往很难对员工的工作能力进行准确的评价,因此在做薪酬预算的时候,为了控制薪酬支付风险,很容易采取保守的"从低原则"。这种做法其实伤害的恰恰是企业的核心员工,因为一般的员工对于薪酬的期望也是一般的水平,更容易获得满足;而核心员工对于自己的工作表现较为自信,薪酬期望也要高于一般员工。当核心员工的薪酬期望没有获得相应的满足时,要么会逐渐趋于平庸,要么另谋高就。于是就产生了人力资源管理中的"柠檬市场",即平庸的员工替代了核心员工。

3. 企业凝聚力涣散

薪酬对于员工来说,其意义远远不只是工资卡上的数字,更多的是体现出企业对自己劳动的肯定和认可。企业能够给予员工的回报有多种形式,但薪酬是唯一让员工感受到归属感和责任感的一种激励方式。员工只有在企业中感受到了公平的待遇,才能投桃报李,为企业的发展贡献力量。如果在薪酬上都实现不了公平对待,首先企业内部就不可能出现同心协力的积极状态,更不用说在市场竞争中的凝聚力了。

3. 激励性原则

在薪酬设计时应设计不同的薪酬级别,激励员工为实现心中的需求而努力工作从而提高薪酬等级。对工作积极负责、业务水平高的员工可以适当提高等级，而对于业绩差却不思进取的员工可以通过降低酬级给予警告，或者增加薪酬结构中可变薪酬的比例，这样就为员工提供了充分的发展空间，达到通过薪酬激励员工的目的。

4. 竞争性原则

一个组织的薪酬水平到底应处于市场水平的哪个阶段，要视本组织的财力、所需人才获得的难易程度等具体条件而定，但要有竞争力，至少是不应低于市场平均水平。

一个组织通过建立起具有合法性、内部公平性、外部竞争性、激励性和管理可行性的薪酬体系，能够有效地吸引、激励和保留它所需要的员工，从而实现组织的战略目标。

第二节　薪酬体系设计的策略、步骤与模式

一、薪酬体系设计策略

薪酬策略是指将企业战略和目标、文化、外部环境有机结合从而制定的对薪酬管理的指导原则。企业设计薪酬体系首先必须在发展战略的指导下制定企业的薪酬策略，企业薪酬策略的制定包含水平策略和结构策略两个方面。

（一）薪酬水平策略

薪酬水平策略主要是制定相对于当地市场薪酬行情和竞争对手薪酬水平的企业自身薪酬水平的策略。供企业选择的薪酬水平策略有市场领先策略、市场跟随策略、成本导向策略、混合薪酬策略等。

1. 市场领先策略

采用这种薪酬策略的企业，薪酬水平在同行业的竞争对手中处于领先地位。领先薪酬策略一般基于以下考虑：市场处于扩张期，有很多的市场机会和成长空间，对高素质人才需求迫切；企业自身处于高速成长期，薪酬的支付能力比较强；在同行业的市场中处于领导地位；等等。深圳华为技术有限公司在20世纪90年代初采用的就是市场领先的薪酬策略，因为当时的通信行业正处于高速成长期，同时华为也处于飞速发展期。到目前为止，华为员工的高收入在信息技术行业依然是美谈。2010年，华为员工平均薪酬近28万元，比国内厂商平均水平高1/3。

2. 市场跟随策略

采用这种策略的企业，一般都建立或找准了自己的标杆企业，企业的经营与管理模式都向自己的标杆企业看齐，薪酬水平与标杆企业也不会相差太多。

3. 成本导向策略

成本导向策略也称落后薪酬水平策略，即企业在制定薪酬水平策略时不考虑市场和竞争对手的薪酬水平，只考虑尽可能地节约企业生产、经营和管理的成本，这种企业的薪酬水平一般比较低。

4. 混合薪酬策略

混合薪酬策略是指在企业中针对不同部门、不同岗位、不同人才，采用不同的薪酬策略。

（二）薪酬结构策略

薪酬结构主要是指企业总体薪酬中固定部分薪酬（主要指基本工资）和浮动部分薪酬（主要指奖金和绩效薪酬）所占的比例。供企业选择的薪酬结构策略有：

1. 高弹性型薪酬模式

这是一种激励性很强的薪酬模型，即薪酬中固定部分比例比较低，而浮动部分比例比较高。绩效薪酬是薪酬结构的主要组成部分，基本薪酬等则处于非常次要的地位，而且所占的比例非常低(甚至为零)。

2. 高稳定型薪酬模式

这是一种稳定性很强的薪酬模型，基本薪酬是薪酬结构的主要组成部分，绩效薪酬等则处于非常次要的地位，而且所占的比例非常低(甚至为零)。即薪酬中固定部分比例比较高，而浮动部分比较少。

3. 调和型薪酬模式

这是一种既有激励性又有稳定性的薪酬模型，绩效薪酬和基本薪酬各占一定比例。当两者所占的比例不断调和变化时，这种薪酬模型可以演变为以激励为主的模型和以稳定为主的薪酬模型。

以上三种薪酬模式的比较如表 5—2 所示。

表 5—2　　三种薪酬模式的比较

	高弹性型薪酬模型	调和型薪酬模型	高稳定型薪酬模型
特点	绩效薪酬是薪酬结构的主要组成部分，基本薪酬等则处于非常次要的地位，而且所占的比例非常低(甚至为零)	绩效薪酬和基本薪酬各占一定比例	基本薪酬是薪酬结构的主要组成部分，绩效薪酬等则处于非常次要的地位，而且所占的比例非常低(甚至为零)
优点	对员工的激励性很强，员工的薪酬完全依赖于其工作绩效的好坏	对员工既有激励性又有安全感	员工收入波动很小，员工安全感很强
缺点	员工收入波动很大，员工缺乏安全感及保障	必须制定科学、合理的薪酬系统	缺乏激励功能，容易导致员工懒惰

4. 混合型薪酬结构策略

这种策略的特点是针对不同岗位、不同人才的特点选择不同薪酬结构策略。比如，对严格要求自己、积极要求上进而且喜欢接受挑战的员工，可以采用高弹性型薪酬模型；对老老实实做事、追求工作和生活稳定的员工，可以采用高稳定型薪酬模型。

二、薪酬体系设计步骤

薪酬体系设计步骤如图 5—2 所示。

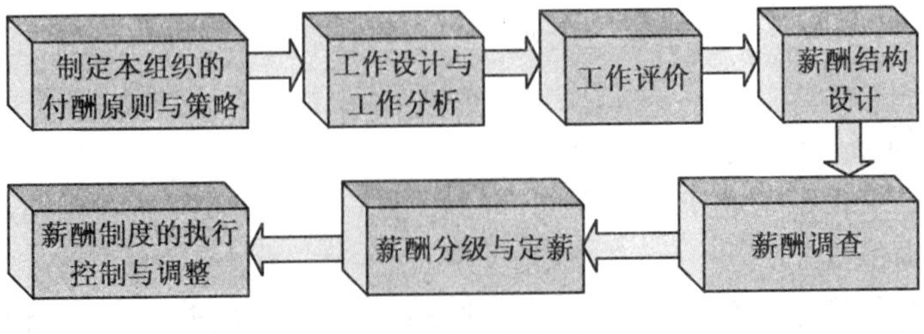

图 5—2　薪酬体系设计步骤

（一）制定本组织的付酬原则与策略

这是由组织最高管理当局的管理哲学及组织文化决定的，包括：对员工本性的认识、对员工总体价值的评价以及对管理骨干及高级专业人才所起作用的估计等核心价值观；组织基本工资制度及分配原则；有关薪酬分配的政策和策略，如薪酬拉开差距的分寸、差距标准、薪酬、奖励、福利费用的分配比例等。具体内容如下：

（1）收集公司现阶段的资料，包括组织结构、各职能部门设置的出发点及其功能、各职能部门如何定位以及其现有人员的考核标准与奖惩制度的关联度等。

（2）掌握并分析公司现行薪酬体系的结构框架，包括工资总额构算（年度薪酬总额与销售收入的关系或所占比例）及在各职能部门间的分配比例，各类部门工资的最高、平均、最低水平，工资构成（不同职能是否有不同的构成成分，这些构成成分有哪些、比重如何及福利现状等），员工入职时间、学历等因素及其与工资的关系。

（3）了解公司现阶段在市场上的定位和希望达到的目标，以及其发展阶段特征和其自身的战略需求；了解并明确公司目前的工资政策。

（二）工作设计与工作分析

工作设计是对工作进行周密、有目的的计划安排，包括工作本身的结构设计、与工作有关的社会各方面因素的考虑及其对员工的影响。工作分析在第三章已详细阐述，它是全面收集工作信息的管理过程。做工作设计和工作分析，是为了形成职位说明书，这样可以为包括薪酬管理在内的整个人力资源管理提供有价值的基础信息，特别是为明确工作分类、定岗定编进而比较不同工作相对价值的大小奠定了基础。

如果公司有现成的职位说明书，可以将原有的拿出来归类，并根据公司的战略导向及新政策要求再做分析。职位说明书必须充分体现公司的战略导向，使员工对职位的责任、贡献及所需努力的程度等重要内容有统一的理解，这有利于建立公平合理的、体现内部一致性的薪酬制度。

（三）工作评价

这一阶段主要解决内部公平性，是薪酬设计的关键一环。根据若干报酬因素（受教育程度、工作知识、工作经历、工作责任、工作努力程度、工作难度、工作条件等），首先建立起一个涵盖组织中所有岗位的等级序列，然后为进行薪酬调查建立统一的职位评估标准，消除不同公司间由于职位名称不同或即使职位名称相同但实际工作要求和工作内容不同所导致的职位难度差异，使不同职位之间具有可比性，确保工资的公平性。

工作评价的方法有多种，如工作排序法、职务分类法、因素比较法、因素计点法、海氏三要素评估法等，这些方法都是基于报酬因素来量化排列的，可根据公司情况来选择一种进行评价。

（四）薪酬结构设计

薪酬结构又称薪酬构成，是关于薪酬的构成要素以及各要素在总量中所占的比重。薪酬构成要素主要有基本工资、奖励工资、津贴、福利和服务、可变薪酬等。薪酬结构反映了公司的分配哲学，公司应特别注重其分配方式要与自身的行业特点、公司文化相一致，要与企业的发展阶段相适应。

小知识

薪酬体系必须与企业发展阶段相适应

企业在选择薪酬体系导向时，应该对企业现阶段的情况、需求和对未来发展方向的定位十分明确，从而选择最适合的薪酬体系导向。

一般来说，企业的薪酬组合主要由基本工资、浮动工资、福利等组成。当企业处于不同的阶段时，其选择的薪酬结构模式也需要进行相应调整，如图5—3所示。

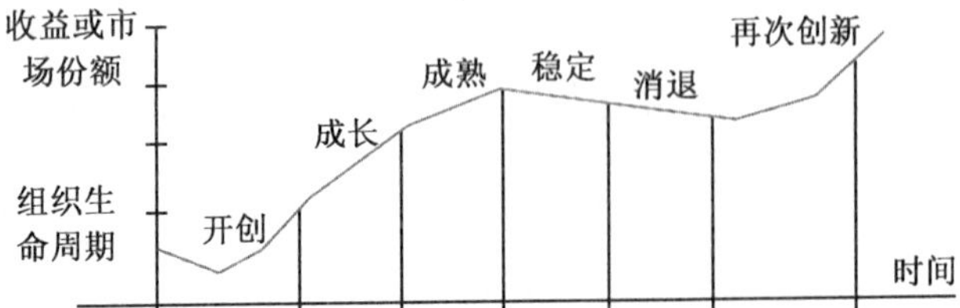

基本工资	低	有竞争力	有竞争力	高	高	有竞争力
浮动工资	高	高	有竞争力	低	无	高
福利	低	低	有竞争力	高	高	低

图5—3　薪酬体系与企业发展阶段对应的报酬组合

1. 创业阶段

当企业处于创业阶段时，薪酬体系中的基本工资低、浮动工资高、福利低，这是一个高激励的薪酬模式。

2. 成长阶段

当企业进入成长阶段时，员工的基本工资应该具备一定的外部竞争力，即高于同行业的平均收入水平。因为在这个阶段，企业员工的稳定性是非常重要的。进入成长阶段的企业拥有一批产业工人——在前期创业时进入企业的大批工作人员，这是该阶段的企业所具有的一个很突出的特点，而这批产业工人会成为同行竞争者的挖掘对象。因此，企业在进行薪酬体系设计时，应该保证既有竞争力的基本工资，同时又能保持高激励的导向。

3. 稳定阶段

企业处于稳定阶段的薪酬策略与创业阶段的薪酬策略相反。当企业处于稳定阶段时，人力资源部门在设计薪酬策略时应重点关注员工的稳定性，即设计出高基本工资、低浮动工资、高福利的薪酬体系。

曾有美国学者进行研究得出：在一个成熟的企业内部，员工流失的成本是该员工基本工资的19倍，这些成本包括重新招聘员工的招聘成本、培训员工过程中的隐性成本、新员工出现一些差错时的补救成本等。因此，在企业处于稳定阶段时，员工流失所造成的损失是非常大的。稳定阶段的企业各项流程制度、规范标准非常清晰，每位员工只需要专注于属于自己的一部分固定工作内容。同时，一个企业内部的文化、沟通等，都需要员工有一定的适应周期，组织内部越复杂，员工所需要的适应周期越长，替换成本就越高。在国内一部分处于稳定阶段的外资企业、独资企业中，对于能力欠缺的员工多采用培训的方式帮助其提升，而不是随意进行替换。

总之，企业必须根据不同阶段的发展情况，制订薪酬策略和奖励人员的计划。

（五）薪酬调查

薪酬调查是通过各种正常手段来获取相关企业各职务的薪酬水平及相关信息，是薪酬设计中的重要组成部分。它解决的是薪酬的对外竞争力和对内公平问题，是整个薪酬设计的基础。薪酬调查需要考虑以下三个方面：

第一，企业薪酬现状调查。通过科学的问卷设计，从薪酬水平的“三个公平”（内部公平、外部公平、自我公平）的角度了解现有薪酬体系存在的主要问题以及造成问题的原因。

第二，进行薪酬水平调查。主要收集行业和地区的薪资增长状况、不同薪酬结构的对比、不同职位和不同级别的职位薪酬数据、奖金和福利状况、长期激励措施以及未来薪酬走势分析等信息。

小案例

A公司曾是一家在行业内知名度很高的企业，然而，近两年来员工流失率非常高，尤其是中、高级职位人员的“哗变”使企业的发展乃至生存都陷入了困境，老板采取了一系列措施强化管理，也有过一两次提薪，却收效甚微。该公司通过一次薪酬调查了解到，自己企业的薪酬水准与同行企业的平均水平相比，只有它们的2/3，甚至更低，而这使得员工忍无可忍。缺乏对市场薪酬信息的了解，几乎断送了这家企业的前途。

第三，薪酬影响因素调查。综合考虑薪酬的外部影响因素（如国家的宏观经济、通货膨胀、行业特点和行业竞争、人才供应状况）和企业的内部影响因素（如盈利能力和支付能力、人员的素质要求及企业发展阶段、人才稀缺度、招聘难度）。

1. 薪酬调查实施步骤

(1)确定调查目的。人力资源部门应该首先弄清楚调查的目的和调查结果的用途，再开始制订调查计划。

(2)确定调查范围。调查的范围主要确定以下问题：需要对哪些企业进行调查？需要对哪些岗位进行调查？需要调查该岗位的哪些内容？调查的起止时间。

(3)选择调查方式。一般来讲，首先可以考虑企业之间的相互调查。企业的人力资源部门可以与相关企业的人力资源部门进行联系，或者通过行业协会等机构进行联系，促成薪酬调查的展开。若无法获得相关企业的支持，公司在自身条件允许的情况下，可以委托比较专业的咨询公司进行这方面的调查。具体的调查形式普遍采用问卷法和座谈法（也称面谈法）。

(4)整理和分析调查数据。在进行完调查之后，要对收集到的数据进行整理和分析。在整理中要注意将不同岗位和不同调查内容的信息进行分类，并且在整理的过程中注意识别是否有错误的信息。最后，根据调查目的，有针对性地对数据进行分析，最终形成一套完整的薪酬福利的统计数据和薪酬实务调查报告。

2. 薪酬调查原则

(1)在被调查企业自愿的情况下获取薪酬数据。由于薪酬管理政策及薪酬数据在许多企业属于商业秘密，不愿意让其他企业了解，因而在进行薪酬调查时，要由企业人力资源部门与对方人力资源部门，或由企业总经理与对方总经理直接进行联系，本着双方互相交流的精神，协商调查事宜。

(2)调查的资料要准确。由于很多企业对本企业的薪酬情况都守口如瓶，所以有些薪酬信息很可能是道听途说来的。这些信息往往不全面，有些甚至是错误的，准确性较差。另外，不要因为岗位名称相同就误以为工作内容和工作能力要求也一定相同。

(3)调查的资料要随时更新。企业的薪酬水平会随企业的效益和市场中人力资源供需状况的变化而变化,所以薪酬调查的资料要随时更新,如果一直沿用以前的调查数据,很可能会做出错误的判断。另外,还应在适当的时期,针对不同层次和不同职群的员工进行内部调查,掌握其满意度及需求动向。

(六)薪酬分级和定薪

组织根据工作评价确定的薪酬结构将众多类型的岗位薪酬归并合成若干等级,形成一个薪酬等级系列,从而确定组织内每一岗位具体的薪酬范围,保证员工个体的公平性。

(七)薪酬制度的执行、控制和调整

组织薪酬制度一经建立,如何投入正常运作并对之实行适当的控制与管理,从而使其发挥应有的功能,这将是一项长期而复杂的工作。

在确定薪酬调整比例时,要对总体薪酬水平做出准确预测。在制定和实施薪酬体系过程中,及时的沟通、必要的宣传和培训是保证薪酬改革成功的因素之一。人力资源部可以利用薪酬制度问答、员工座谈会、满意率调查、内部刊物等形式,充分介绍公司薪酬的制定依据。

薪酬体系设计必须根据企业实际情况,紧密结合企业的战略和文化,系统、全面、科学地考虑各项因素,并根据实际情况及时进行修正和调整,这样才能充分发挥薪酬的激励和引导作用,为企业的生存和发展起到重要的制度保障作用。

三、薪酬体系设计的基本模式

(一)基于职位的薪酬模式

即根据岗位承担的职责来确定岗位价值,根据岗位本身的价值来确定薪酬的高低,通俗地讲,就是在什么岗,拿什么钱。这是目前最普遍的薪酬设计基准,尤其是职能管理岗位和岗位职责比较固定的职位比较适合使用这种薪酬设计模式。

基于职位的薪酬模式有两个优点:一是真正实现了同岗同酬,内部公平性比较强;二是职位晋升,薪级也晋升,调动员工努力工作以争取晋升机会的积极性。然而,基于职位的薪酬模式的不足也比较明显:一是员工晋升空间有限,短期内没有提升的空缺职位,尽管岗位工作越来越出色,但其收入水平很难有较大提高,影响其工作的积极性;二是由于岗位导向的薪酬制度更看重内部岗位价值的公平性,而在市场上缺乏一定的竞争性。当企业从市场上选聘比较稀缺的人才时,很可能由于企业内部薪酬体系的内向性而满足不了稀缺人才的薪酬要求,也就无法吸引急需的专业和管理人才。

(二)基于技能的薪酬模式

即根据任职者所具备的技能水平的高低来确定其薪酬的高低。技能工资是对应具体员工的,与员工从事的具体岗位无关。只要员工经过技能评定后达到晋级标准,就可以享受相应的工资标准。通常科研人员、技术类员工适用这种薪酬制度。

基于技能的薪酬模式的优点在于:一是使员工注重能力提升,增加了员工发展的机会,有助于提高员工的市场竞争力;二是有利于鼓励优秀专业人才安心本职工作,有利于核心技术人才的稳定;三是员工能力不断提升,使企业能够适应环境的多变,企业在员工配置方面的灵活性增强。

技能薪酬模式的缺点也值得注意:一是两个员工他们做同样的工作,但由于技能不同而收入不同,容易造成不公平感;二是高技能员工未必有高的产出;三是技能薪酬的设计和管理比职位薪酬体系更复杂,管理成本高;四是员工着眼于提高自身技能,可能会忽视组织的整体需要和目前工作目标的完成；五是对达到技能顶端的人才较难进一步进行激励。

（三）基于绩效的薪酬模式

如果在确定薪酬时，主要依据是绩效结果，这就是基于绩效的薪酬体系。

基于绩效的薪酬模式的优点比较明显。首先，员工的收入和工作目标的完成情况直接挂钩，让员工感觉很公平，干多干少、干好干坏不一样，激励效果明显。其次，员工的工作目标明确，通过层层目标分解，使组织战略容易实现。再次，企业不用事先支付过高的人工成本，在整体绩效不好时能够节省人工成本。

基于绩效的薪酬模式也有明显缺点：第一，会造成部门或者团队内部成员的不良竞争，为取得好的个人绩效，员工可能会减少合作；第二，绩效评估往往很难做到客观、准确，在这种情况下将收入和绩效挂钩，势必造成新的不公平，也就起不到绩效付酬的激励作用；第三，绩效付酬长期使用后会产生不良导向，在企业增长缓慢时，员工拿不到高的物质方面的报酬，可能会选择离职或消极工作。

第三节　各类人员薪酬体系设计

一、管理层年薪结构设计

年薪是指以企业会计年度为时间单位，根据经营者的业绩好坏为其计发工资的一种薪酬制度，主要适用于企业经理、公司高级管理职员。

（一）年薪制特点

（1）一般以一年作为企业的一个生产周期，这样能较好地体现经营者的工作特点。

（2）将经营者的收入与其工作业绩直接挂钩，以增强经营者的责任感。

（3）在机制上是企业经营者同企业所有者结成一体，坚持利益共享、风险共担原则，让企业经营者和所有者的利益得到一定的保障。

（二）年薪构成

企业经营管理层的年薪依据企业实际情况的不同而多有不同，其基本构成模式为：

$$年薪收入=基本年薪+效益年薪$$

在具体实施中也有如下一些变通模式：

$$年薪收入=基本年薪+效益年薪+奖励年薪$$

或

$$年薪收入=基本年薪+效益年薪+长期激励+福利津贴$$

（三）年薪设计

1. 基本年薪设计

基本年薪是指企业按月支付给经营者的固定现金收入。基本年薪是对经营者的经营知识、管理能力、经验和承担的岗位职责的基本肯定。

在确定基本年薪时，应以所聘经营管理者的劳动力市场为基础，同时考虑其经营企业的总资产、销售收入规模和企业状况等因素。

2. 效益年薪确定

效益年薪也称风险年薪，是根据企业的年度经营业绩，按事先设定的计算方法支付给经营者的收入，属于不固定薪酬。经营者的效益年薪往往以基本年薪或经济效益增加值为基数，根据企业超额利润来进行计算。

小知识

某企业经营者的效益年薪

某企业经营者的效益年薪的计算公式如下：

效益年薪＝基本薪酬×3×(0.4×利润增长率＋0.6×净资产增长率)

说明：

(1)倍数为3，即经营者的效益年薪最多不得超过基本年薪的3倍。

(2)利润增长率＝(当年实现利润－前两年实现利润的加权平均数)/前两年实现利润的加权平均数×100%

其中，前两年实现利润的加权平均数的权重比例分别为：第1年占70%，第2年占30%。

(3)净资产增长率＝(当年净资产值－上年度净资产值)/上年度净资产值×100%

其中，净资产增长率必须剔除资产评估等非经营性增长率。

二、销售人员薪酬体系设计

在设计销售薪酬制度时，企业应根据自身不同发展阶段的特点，结合企业自身与员工双方的需求与目标，制定合理的薪酬制度。销售人员常见的薪酬制度模型如下：

(一)固定工资制

固定工资制是指无论销售人员的销售额有多少，均可在一定的工作时间内给予其相同的报酬，即所谓的"计时制"，其调整的主要依据是销售人员的表现及工作成果。此类薪酬制度多用于销售文秘兼内勤，或适用于依靠集体努力的销售工作。

(二)纯佣金制

纯佣金报酬制度与销售人员一定期间的销售工作成果或销售业绩直接挂钩，即按销售人员工作成果的一定比率给予其佣金。

佣金的计算以销售量、销售额、利润及回款额等可以量化的指标为基础，按照一定的比率核算。支付佣金的比率可以是固定的，即销售人员无论销售多少产品，佣金的比率都是一样的；比率也可以是累进的，即销量越大，佣金比率越高；比率也可以是递减的，即销量越大，佣金比率越低。在佣金比率的制定上，应考虑产品性质、顾客、地区特性、订单大小、毛利率、业务状况变动等因素。

(三)底薪加提成制

底薪加提成制是指以单位销售额或总销售额的一定百分比作为佣金，连同固定工资一起作为员工工资的一种工作制度。它是固定工资制度和佣金制度二者的综合。

(四)底薪加奖金制

采用此项薪酬制度，销售人员除了可以按时得到一定薪水外，还可获得数额不等的奖金。

奖金与佣金的区别在于：首先，佣金主要是由绩效表现决定的，而奖金虽然也是根据销售人员完成的销售额、利润等指标来衡量，但通常只有销售人员的业绩超过了公司规定的销售额，才能获得一定数量的奖金；另外，除了优秀的业绩外，销售人员的其他贡献，比如为企业做了很好的宣传工作、降低了销售费用等都可以影响销售人员所得到的奖金数额。

(五)底薪加提成加奖金制

本制度兼顾了固定工资制、底薪加提成制、底薪加奖金制的优点。在此项制度的各个薪酬组成部分中，底薪让员工有一定的收入保障，佣金及奖金提高了销售人员的工作成效。

（六）特别奖励制度

特别奖励制度是规定报酬以外的奖励，即额外给予的奖励。此项额外奖励可分为物质奖励和精神奖励两种。物质奖励包括增加薪水、佣金或间接的福利（如假期加薪、保险制度、退休金制等）；精神奖励的方式很多，如给予销售人员一定荣誉、颁发奖状等。

对上述6种适用于销售人员的薪酬制度进行比较，如表5—3所示。

表5—3 不同薪酬制度模型比较

薪酬制度	优 点	缺 点
固定工资制	易于了解，计算简单； 销售人员收入有一定保障，增强员工安全感。	缺乏激励作用。
纯佣金制	有较强的激励作用； 易于控制销售成本。	不适用于销售波动的情况，如季节性波动； 销售人员的收入没有保障。
底薪加提成制	销售人员既有稳定的收入，又可随销售额的增加而获得相应佣金。	若佣金较少，则激励作用不大。
底薪加奖金制	可鼓励业务人员兼做一些涉及薪水管理的工作。	一定程度上削弱了销售薪酬的激励作用。
底薪加提成加奖金制	销售人员收入稳定； 能有效地控制销售成本。	提高了管理费用。
特别奖励制度	有较强的激励作用。	奖励的标准或基础不够可靠，容易引起业务人员之间的心理不平衡，增加管理的难度。

三、专业技术人员薪酬体系设计

专业技术人员的薪酬模式包括技能取向型薪酬模式和价值取向型薪酬模式。

（一）技能取向型薪酬模式

它是指根据专业技术人员的专业技术职务设计薪酬，专业技术人员专业技术职务的提升与其专业技能的成长密切相关。技能取向型薪酬设计需要考虑以下问题：

1. 职位等级薪酬设计

在设计职位等级薪酬时，企业既要综合考虑各级管理职位工作的责任、难度、重要程度等因素，同时也要考虑专业技术人员的任职资格，并在此基础上建立职位等级薪酬制度。专业技术人员根据其所在的管理职位等级享受相应等级的薪酬。

2. 专业技术职务薪酬设计

专业技术职务薪酬设计是针对专业技术人员专业技能发展变化的特点确立的，是以企业内部设立的专业技术职务为对象建立起来的薪酬体系。随着专业技术人员技能水平的提高，其职务薪酬等级也相应提高。

3. 专业技术职务薪酬与职位等级薪酬的衔接

二者衔接的主要方式是，每一个职业技术职务都有相应的职位等级与之相对应，具体内容如下：

(1)如果职业技术职务等级不变,其薪酬等级也保持不变,并与同级别的其他人员一样享有正常的薪酬晋升。

(2)如果专业技术人员从一个技术等级晋升到另一个技术等级,其所在的薪酬等级相应进行调整,并沿着新的薪酬等级享有正常的薪酬晋升。

(3)如果专业技术人员调任到与之平行的管理职位上,技术职务薪资变更为职位的等级薪资,职位等级不变。

(4)如果专业技术人员交叉晋升至较高等级的管理职位,技术职务薪资变更为职位等级薪资,并相应调高职位等级。表5-4是某企业职业技术职务与管理职务等级对照表。

表5-4　　职业技术等级与职位等级对照表

职等	管理职位	技术职务	学历	薪酬标准(元)
一等	总裁		博士	×××××
二等	副总裁	资深专家	博士	×××××
三等	总经理	高级工程师	硕士	×××××
四等	副总经理	高级工程师	硕士	×××××
五等	主任	工程师	硕士	××××
六等	副主任	一级助理工程师	硕士	××××
七等	主管	二级助理工程师	硕士	××××
八等	副主管	三级助理工程师	本科	××××
九等	科员	技术员	大专	××××
十等	办事员		中专	××××

(二)价值取向型薪酬模式

价值取向型薪酬模式是企业将体现专业技术人员的技能和绩效因素价值化,员工按其所拥有的技能和绩效因素多少或者等级确定其组合薪酬待遇。具体来说,要注意以下三个问题:

(1)选取技能和业绩指标。

企业应该明确选择哪些技能和业绩指标作为专业技术人员的付酬因素,这些付酬因素既要体现企业的战略,又要反映企业的薪酬策略,即企业要鼓励什么、肯定什么、奖励什么。

(2)确定各个指标之间的权重比例。

在确定了衡量付酬因素的指标后,企业还应该明确这些指标之间的权重比例,综合平衡各因素对岗位贡献的大小,并确定这些指标的相对价值。

(3)在确定指标的经济价值时,既要考虑企业所在地区同类型人才的薪资水平,也要考虑同行业相关人才的选择水平,更要考虑企业可以承受的成本,这样才能确保制定的薪资标准既具有吸引力,又不会给企业经营带来过大压力。

第四节　员工福利

在我国大多数企业中，员工福利占其全部报酬的比重不断增加，已成为企业劳动报酬中不可缺少的组成部分。企业之所以愿意付出这么高的成本来提供福利，是因为福利有助于改善人际关系、增加员工满意度和安全感、吸引和保留优秀员工。

一、福利的内容

员工福利可以分为国家法定福利和企业自主福利两大类。

(一)国家法定福利

国家法定福利是指依照国家相关法律、法规规定为员工提供标准的福利，具有一定的强制性，任何企业都必须遵照执行。我国的法定福利包括社会保险、公休假日、法定假日和带薪休假。

1. 社会保险

社会保险包括养老保险、失业保险、医疗保险、工伤保险和生育保险。企业必须按照员工工资的一定比例为员工缴纳保险费。

(1)养老保险

养老保险制度是国家和社会根据一定的法律和法规，为解决劳动者在达到国家规定的解除劳动义务的劳动年龄界限，或因年老丧失劳动能力退出劳动岗位后的基本生活而建立的一种社会保险制度，具有强制性、互济性、储备性、社会性等特点。目前世界上实行养老保险制度的国家可分为三种类型，即投保资助型(也称传统型)养老保险、强制储蓄型养老保险(也称公积金模式)和国家统筹型养老保险。

(2)失业保险

我国过去称失业保险为待业保险，是指劳动者在因失业而暂时中断生活来源的情况下，在法定期间从国家和社会获得物质帮助的一种社会保险制度。失业保险制度的类型包括国家强制性失业保险、非强制性失业保险、失业补助制度、综合性失业保险制度等。

(3)医疗保险

医疗保险是指国家立法规定并强制实施的、在人们生病或受伤后由国家或社会给予一定的物质帮助，即提供医疗服务或经济补偿的一种社会保险制度。医疗保险具有与劳动者的关系最为密切、与其他人身保险相互交织、存在独特的第三方付费制、享受待遇与缴费水平不是正相关等特点。

(4)工伤保险

工伤保险又称职业伤害保险或伤害赔偿保险，是指依法为在生产工作中遭受事故伤害和患职业性疾病的劳动者及其亲属提供医疗救治、生活保障、经济补偿、医疗和职业康复等物质帮助的一种社会保险制度。我国现行的《工伤保险条例》从 2004 年 1 月 1 日开始执行。工伤保险制度有三条实施原则：无过失补偿原则；风险分担、互助互济原则；个人不缴费原则。

(5)生育保险

生育保险是指妇女劳动者因怀孕、分娩而暂时中断劳动时，获得生活保障和物质帮助的一种社会保险制度。实行生育保险制度，有利于保证生育女职工和婴儿的身体健康，促进优生优育。

(6)住房公积金

住房公积金的含义是指国家机关、国有企业、城镇集体企业、外商投资企业、城镇私营企业及其他城镇企业、事业单位、民办非企业单位、社会团体及其在职职工缴存的长期住房储备金。住房公积金是国家推行的一项住房保障制度,它实质上是劳动报酬的一部分,是归属职工个人所有的、专项用于解决职工住房问题的保障性资金。

2. 公休假日和法定假日

公休假日又称“公休日”,是指按法律规定或者依法订立的协议规定的每工作一定时间必须休息的时间。例如,每工作 5 天以后休息 2 天,这两天就是公休假日。

法定假日是指根据各国、各民族的风俗习惯或纪念要求,由国家法律统一规定的用以进行庆祝及度假的休息时间。我国目前规定元旦、春节、清明节、国际劳动节、国庆节等为法定节假日。在公休日和法定假日加班的员工应享受相当于基本工资两倍或三倍的津贴补助。

小资源

《中华人民共和国劳动法》

第三十六条　国家实行劳动者每日工作时间不超过八小时、平均每周工作时间不超过四十四小时的工时制度。

第三十七条　对实行计件工作的劳动者,用人单位应当根据本法第三十六条规定的工时制度合理确定其劳动定额和计件报酬标准。

第三十八条　用人单位应当保证劳动者每周至少休息一日。

第三十九条　企业因生产特点不能实行本法第三十六条、第三十八条规定的,经劳动行政部门批准,可以实行其他工作和休息办法。

3. 带薪休假

带薪休假是指员工工作满规定的时期后,可以带薪休假一定的时间。我国《劳动法》第四十五条规定:国家实行带薪年休假制度。劳动者连续工作 1 年以上的,享受带薪年休,具体规定遵照 2008 年 1 月 1 日起施行的《职工带薪年休假条例》执行。

小资源

《职工带薪年休假条例》

第一条　为了维护职工休息休假权利,调动职工工作积极性,根据劳动法和公务员法,制定本条例。

第二条　机关、团体、企业、事业单位、民办非企业单位、有雇工的个体工商户等单位的职工连续工作 1 年以上的,享受带薪年休假(以下简称年休假)。单位应当保证职工享受年休假。职工在年休假期间享受与正常工作期间相同的工资收入。

第三条　职工累计工作已满 1 年不满 10 年的,年休假 5 天;已满 10 年不满 20 年的,年休假 10 天;已满 20 年的,年休假 15 天。

国家法定休假日、休息日不计入年休假的假期。

第四条　职工有下列情形之一的,不享受当年的年休假:

(一)职工依法享受寒暑假,其休假天数多于年休假天数的;

(二)职工请事假累计20天以上且单位按照规定不扣工资的；

(三)累计工作满1年不满10年的职工，请病假累计2个月以上的；

(四)累计工作满10年不满20年的职工，请病假累计3个月以上的；

(五)累计工作满20年以上的职工，请病假累计4个月以上的。

第五条　单位根据生产、工作的具体情况，并考虑职工本人意愿，统筹安排职工年休假。

年休假在1个年度内可以集中安排，也可以分段安排，一般不跨年度安排。单位因生产、工作特点确有必要跨年度安排职工年休假的，可以跨1个年度安排。

单位确因工作需要不能安排职工休年休假的，经职工本人同意，可以不安排职工休年休假。对职工应休未休的年休假天数，单位应当按照该职工日工资收入的300%支付年休假工资报酬。

第六条　县级以上地方人民政府人事部门、劳动保障部门应当依据职权对单位执行本条例的情况主动进行监督检查。

工会组织依法维护职工的年休假权利。

第七条　单位不安排职工休年休假又不依照本条例规定给予年休假工资报酬的，由县级以上地方人民政府人事部门或者劳动保障部门依据职权责令限期改正；对逾期不改正的，除责令该单位支付年休假工资报酬外，单位还应当按照年休假工资报酬的数额向职工加付赔偿金；对拒不支付年休假工资报酬、赔偿金的，属于公务员和参照公务员法管理的人员所在单位的，对直接负责的主管人员以及其他直接责任人员依法给予处分；属于其他单位的，由劳动保障部门、人事部门或者职工申请人民法院强制执行。

第八条　职工与单位因年休假发生的争议，依照国家有关法律、行政法规的规定处理。

第九条　国务院人事部门、国务院劳动保障部门依据职权，分别制定本条例的实施办法。

第十条　本条例自2008年1月1日起施行。

(二)企业自主福利

这是企业在国家法定福利之外向员工提供的其他福利项目，由于不具有强制性，因此没有统一的标准，各企业往往根据自己的具体情况灵活决定，具体包括以下福利项目：

(1)经济性福利项目。即除了工资和奖金外，对员工提供其他的经济性补助的福利项目，如住房补贴、结婚礼金、子女教育津贴、节假日津贴等。经济性福利项目可以减轻员工的负担或增加额外收入，进而提高士气和工作效率。

(2)设施性福利项目。即从员工的日常需要出发，向员工提供设施性服务的福利项目，如员工免费宿舍、食堂、阅览室、健身房和交通班车等。设施性福利项目是从关怀员工的日常生活出发，进而提供相关的硬件服务设施。

(3)娱乐性福利项目。即为了增进员工的社交和娱乐活动、促进员工的身心健康及增进员工的合作意识而提供娱乐性的福利项目，如旅游、免费电影和聚餐、各种各样的集体活动等。此类福利项目的设计是基于重视员工的管理理念，以满足员工参与感、被接纳、被认同的社会性需求。

【案例1】

方正电子给员工的薪水并不算多，但是仍有许多优秀人才选择了方正，同时人才的流失率也比较低。这在很大程度上归功于方正为员工提供了良好的福利保障。据了解，方正为自己的员工提供了带薪休假及良好的素质培训等项目。

除了国家硬性规定的“五险一金”以外，方正电子自己制定的个性化的非现金福利(即“软福利”)对员工更有吸引力，比如内部培训、聚餐、休假旅游、员工娱乐比赛、亲子家庭活动等。实践证明，“软福利”活动开展得当，会起到缓解职业压力、提高员工工作效率、优化企业形象、降低员工流失率等作用。

(4)员工服务福利项目。即为员工提供各种各样的生活及职业发展等各方面服务的福利项目，如员工的身体健康检查和外派进修、内外部培训等。

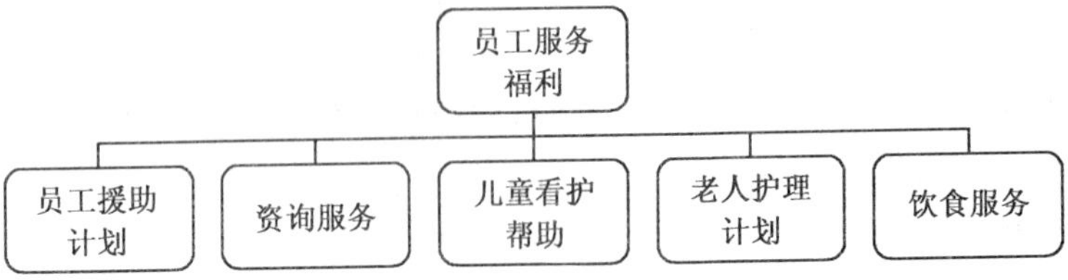

图 5—4 员工服务福利项目

(5)其他福利项目。即以上所列福利项目未包含的其他福利项目，如以本企业员工的名义向大学捐助专用奖学金等荣誉性福利。

【案例 2】 宝洁:“在家上班”的新福利时代

在 2007 年 9 月，宝洁中国推出了一项新规定：员工在每周五个工作日中可任选一天在家上班。“尊重休息权”成为宝洁中国管理上的新标向。

2006 年，年过半百的会田秀和就任宝洁大中华区人力资源部总经理。此时的宝洁已有近一半的员工是“80 后”，会田秀和知道这一代年轻人的流动性很强，宝洁的很多员工也时常会接到猎头的电话。除了高薪和福利，还有什么特殊的公司文化能够吸引住员工呢？这个老牌跨国企业面临着人力资源管理的新挑战。但是，没有人预料到，老到的会田秀和竟把目光投向了公司的“休息”制度。

2007 年 3 月，宝洁中国的 75 名雇员加入了一项特殊的“试验工程”，他们在每周 5 个工作日中可任选一天在家上班。5 个月后，“在家上班”成为宝洁中国的一项正式福利制度。

宝洁财务部的 Annie Peng 告诉记者：“在家办公的那一天我可以远离上班路上的堵车，不用在太阳底下疾走，不用穿职业装，心里真的很轻松！”一度流行的 SOHO 族的生活一下子向宝洁中国的员工近了一大步。

宝洁公司对外事务部新闻媒介关系高级经理吴海蔓向记者透露，“在家工作”新政策其实只是宝洁促使员工“生活与工作”平衡系统中的一部分而已。宝洁有一套系统的弹性工作模型，结合员工的个人选择、个人能力、个人精力管理与雇主的要求来帮助员工合理、机动地安排工作。比如在宝洁只要保证 10:00～16:00 之间的核心工作时间，其他时间员工可以弹性安排。“个人离开”假期也是宝洁的一大福利。凡在公司工作超过 1 年以上的职员，可以因个人的任何理由，每 3 年要求 1 个月，或者每 7 年要求 3 个月“个人离开”。

网易曾对“加班”问题做过一次调查，结果有 62%的网友表示需要经常加班，27%的网友需要偶尔加班。另一项对财富 500 强企业男性高级经理的调查显示：84%的人渴望拥有更多时间做工作之外的事；55%的人表示愿意牺牲自己的薪酬以换取额外的时间。无数的白领正无奈地在工作与休息的跷跷板上考验自己的平衡能力。可见，自由工作时间福利是有很大需求的，特别是对“80 后”和“90 后”有更大的吸引力，这可以为适合自由工作时间的企业提供一点参考。

二、影响福利设置的因素

影响福利水平和福利项目的主要因素来自国家、企业政策及员工自身三个方面，如图5—5所示。这三个方面通过综合协同作用，共同影响着员工福利的设置。

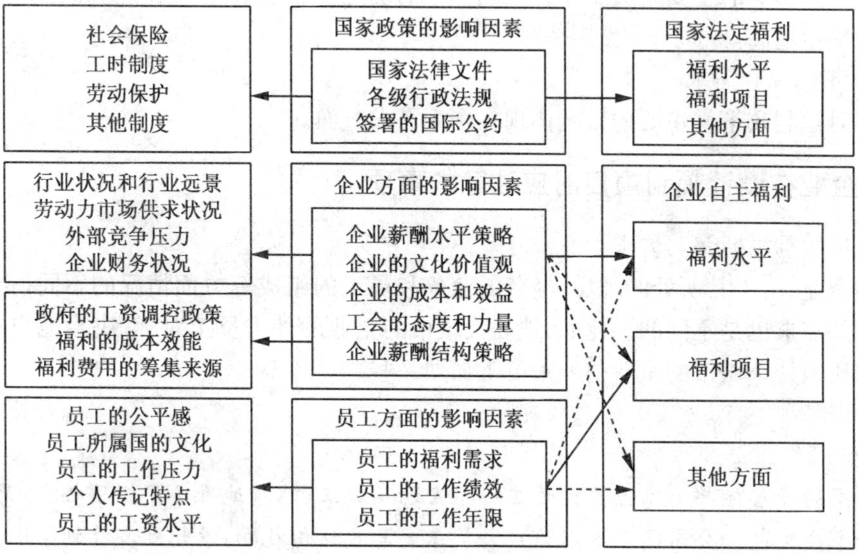

图 5—5　员工福利的影响因素

（一）国家政策的影响因素

国家政策和法规主要对国家法定福利产生直接影响，其原则上决定着社会保险、工时、劳动保护等福利的水平、项目种类及其他模式。

（二）企业的影响因素

1. 企业文化和企业战略

企业文化和企业战略是影响员工福利较为宏观的因素。不同的核心文化和战略会影响企业的福利制度，并且对福利政策产生重要影响。“以人为本”理念更重视员工价值，更愿意“花钱为员工买身心健康”，对员工的个性关怀有助于留住核心员工。

2. 企业薪酬策略

由于员工福利属于总体薪酬的范畴，包括薪酬水平策略和薪酬横向结构策略，因此是员工福利水平最为重要的决定性因素之一。它们共同决定了企业愿意为员工支付福利水平的高低。

3. 工会的态度和力量

工会是员工福利重要的推动因素，是员工福利发展重要的实施者力量，往往扮演着员工福利的具体实施者和法定福利的具体监督者的角色。

4. 成本—效益对员工福利的影响

由于员工福利成本的支出越来越大，许多企业都在考虑如何控制福利成本，基于成本控制考虑，必然会影响员工的福利水平、项目及运作模式。

此外，员工福利还受决策者的偏好、兴趣的影响。

（三）员工的影响因素

1. 员工的工作绩效

员工的绩效主要影响福利提供对象即福利项目的设置。通常，员工的工作绩效对福利计划享受的影响表现在当期福利水平的高低或项目的多少和福利计划的晋升两个方面。

2. 员工的工作年限

工作年限影响的主要是员工个人福利水平的确定。一般来说，工龄越长的员工，企业提供的福利水平也越高。

3. 员工的福利需求

员工对福利政策最主要的影响体现在个人需求方面。

三、企业在设计福利项目时应注意的事项

（一）进行员工的福利需求调查

不同企业，由于其所处的地域、经营的业务和员工的组成等方面情况的不同，企业员工对福利项目的需求也是不同的。比如，地处大城市的企业的外来员工对“解决当地户口”这项福利的需求比地处小城市的企业的外来员工强烈一些。

【案例3】

某公司的高层领导为感谢广大员工一年来的辛勤工作，特地准备了一项福利：为每一位员工准备一个公文包。公司高层本以为广大员工会喜欢这份礼物，没想到却收到了很多抱怨，有的高层经理说：“我平时上班根本用不着公文包，发一个只好留在家里。”尤其是广大女性员工，对此更加反对，她们反对都用一样的包。“那样太没个性了，”王女士说，“如果能给我一个热水器就好了，我正需要。”公司发放福利的本意是为了更好地提高员工的士气，激励员工更加努力工作。然而福利发放不当，却起了相反的作用，伤害了员工的感情。福利只有针对员工需要，才能起到激励员工的作用。

因此，在设计员工的福利项目时应当对企业的员工进行福利需求调查，以使福利项目的设计更加符合员工的需求。福利需求调查的方式可以是由人力资源部发放调查问卷，也可以是对企业相关员工进行访谈。

（二）与企业的战略发展目标相结合

福利项目的实施需要成本，而且如果按照传统普惠的做法，福利属于保健因素，它只可以消除员工的不满，却不能带来更大的激励作用。因此，企业在设计福利项目时应当具有针对性，一方面考虑员工的福利需求，以提高其对员工的激励作用；另一方面要与组织的战略发展目标相结合，以保证企业战略发展目标的实现。例如，某企业实现其战略发展目标的途径是加大新产品的研发力度，与此相适应，在人力资源管理方面，吸引新的研发人员加盟、降低现有研发人员的流动率就显得非常重要，因此在福利项目的设计和方案的实施范围上，就应适当向公司的研发人员倾斜。

（三）考虑企业在员工福利方面的成本预算

在现代企业中，福利在整个薪酬体系中的比例越来越大，对企业的人工成本也随之产生重大的影响。因此，在进行福利项目的设计时，应当考虑以下两方面的因素，并在两者之间进行平衡。

第一，相对于员工的其他收入，很多福利项目都是可以税收减免的，所以企业可以通过发放福利的形式，在员工的总薪酬水平不受影响的情况下，达到合理避税的目的。

第二，福利与工资、奖金一样，都是企业人工成本的一部分，因此明确企业在员工福利方面的成本预算是福利项目设计的一个重要前提。

（四）可从员工的角度出发，对福利项目进行分门别类

企业在进行福利项目的设计时，可从员工的角度出发，对各项福利项目进行分门别类，如“温馨家居”、“幸福生活”等，一方面表达出企业设置该福利项目的意图与作用，而且朗朗上口；另一方面，也使得员工容易理解各项福利项目的内容及意义，以提高福利的激励作用。表5－5列举了对部分福利项目进行分门别类的示意。

表 5－5　分门别类示意福利项目

员工温馨家居	员工幸福生活	员工亲情无限	员工健康人生	员工个人成长	……
商住房首期供房计划	解决当地户口计划	生育祝贺金	健康检查	外送短期培训	……
商住房供房津贴	购车津贴	托儿补助	重大疾病资助	就读在职研究生	
员工宿舍夫妻房	资深员工礼品	子女教育补助	……	……	
员工租房津贴	资深员工出国旅游	员工结婚礼金			
……	年度旅游	员工丧葬慰问金			
	旅游津贴	春节探亲路费补助			
	有薪年假	……			
	……				

小资源

名企福利大咖秀

“福利福利，平均主义，发发东西，提提士气，看来看去，奖金最实际。”如今，这种想法已经落伍了。

在多数标杆企业，福利与业绩成正比。其员工的敬业度、忠诚度和工作成效相比同行更高，而且离职率更低；这“三高一低”，不知有多少企业认真想过。

英特尔：新员工红地毯

每个季度，英特尔公司都会铺上红地毯，欢迎加入公司的新员工。在入职培训的第一天，每位新人都会受到摄影师和摄像师的夹道欢迎，上台做完自我介绍，新员工就能获得一份欢迎大礼包，还有周围同事的热烈掌声。

谷歌：“遗嘱福利”

如果谷歌美国的某位员工在就职期间不幸身故，不管他为谷歌工作了多长时间，在之后

10 年里，其配偶或“伴侣”每年都可以继续领取该员工薪水的 50%。这项“遗嘱福利”对所有员工一视同仁。除此之外，配偶还可以获得该员工在谷歌公司的股份。如果他们有孩子，孩子将每月获得 1 000 美元，直至 19 岁。如果孩子是全日制的学生，则可以一直领到 23 岁。

阿里巴巴：员工免息住房贷款

2011 年 9 月 1 日，阿里巴巴推出“ihome”计划，向员工提供 30 亿元无息住房贷款。服务期限满 2 年、在工作地购买首套住房的员工都可申请贷款。服务期限 2 年以上 3 年以下的员工，贷款额度上限为 20 万元；服务期限 3 年以上的员工，贷款额上限为 30 万元。

海底捞：给员工父母特发工资

海底捞是餐饮业的典范，将客户服务做到了极致，其员工福利是重要保障之一，海底捞领班以上员工的父母，每个月能领取海底捞给他们特发的工资。钱不多，按照不同干部的等级，每月几百元。子女做得越好，父母拿的工资就越多。

Linkedin、Twitter：健康工作环境

Linkedin 的员工拥有随时可用的健身房，可享受专业跑道、按摩服务、懒骨头休息室以及午后的瑜伽和普拉提活动。

Twitter 则提供免费的健身房会员资格，公司内有攀岩墙并安排了瑜伽和普拉提课程。

Novius 公司：瞌睡时间

Novius 公司专门为员工开辟了一间“打盹室”，所有员工可享受每天 10～20 分钟的“瞌睡时间”。2 年时间里，在“打盹室”享受小睡和按摩的员工超过 1 万人。

工作流程

薪酬体系管理流程

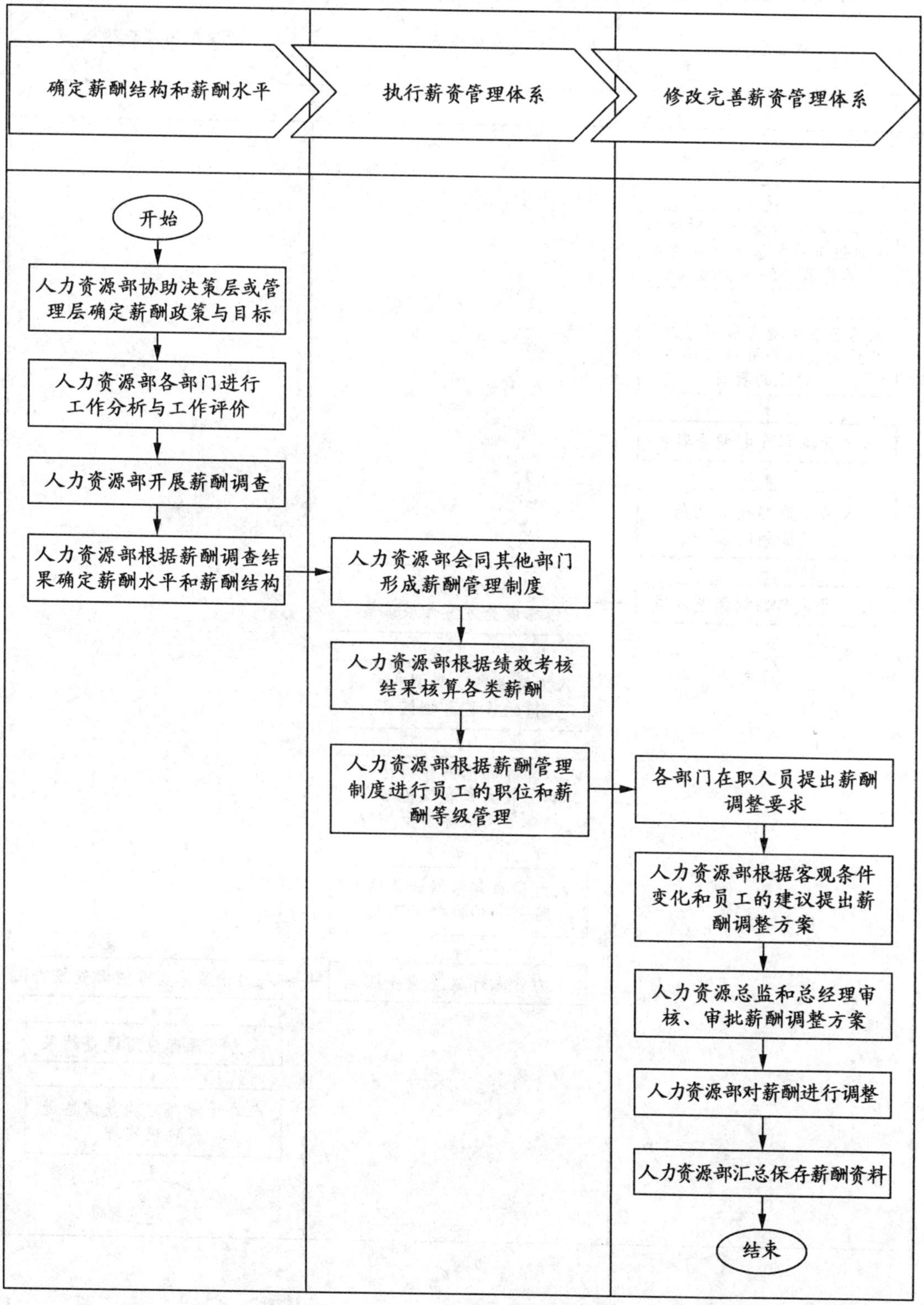

薪酬调查工作流程

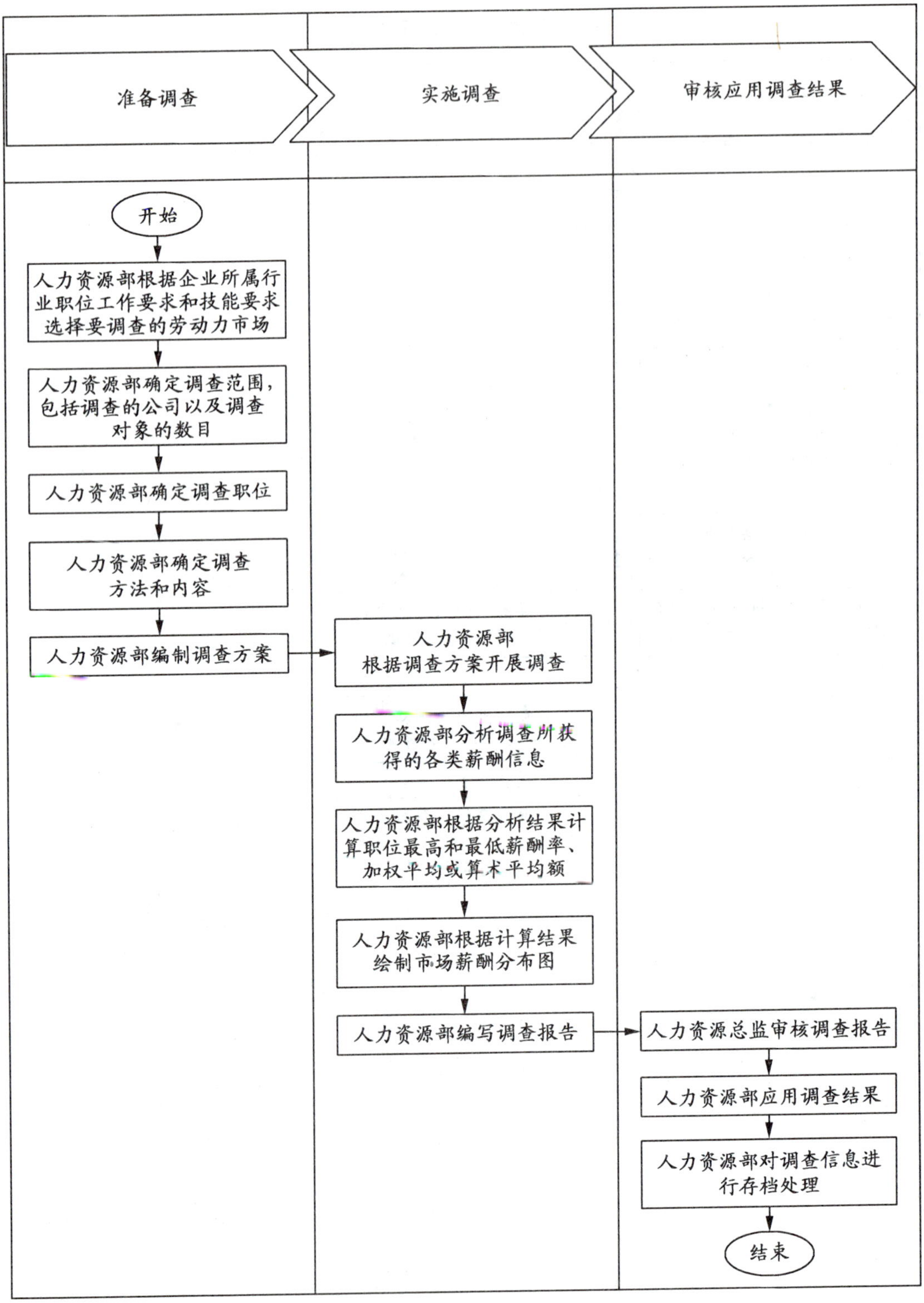
准备调查
实施调查
审核应用调查结果
开始
人力资源部根据企业所属行业职位工作要求和技能要求选择要调查的劳动力市场
人力资源部确定调查范围，包括调查的公司以及调查对象的数目
人力资源部确定调查职位
人力资源部确定调查方法和内容
人力资源部编制调查方案
人力资源部根据调查方案开展调查
人力资源部分析调查所获得的各类薪酬信息
人力资源部根据分析结果计算职位最高和最低薪酬率、加权平均或算术平均额
人力资源部根据计算结果绘制市场薪酬分布图
人力资源部编写调查报告
人力资源总监审核调查报告
人力资源部应用调查结果
人力资源部对调查信息进行存档处理
结束

实用工具

职位评估因素权重表

维度	评价因素	程度划分	最高分数	合计数	百分比
责任	1. 风险控制的责任 2. 成本控制的责任 3. 指导监督的责任 4. 内部协调的责任 5. 外部协调的责任 6. 工作结果的责任 7. 组织人事的责任 8. 法律上的责任 9. 决策的层次	5 6 6 5 4 6 5 5 5	80 40 40 30 30 40 40 70 30	400	40%
知识技能	1. 最低学历 2. 知识多样性 3. 熟练期 4. 工作复杂性 5. 工作灵活性 6. 工作经验 7. 语文知识 8. 数学知识 9. 综合能力	6 4 5 5 5 7 4 5 4	30 30 20 40 40 40 25 25 50	300	30%
努力程度	1. 工作压力 2. 精力集中程度 3. 创新与开拓 4. 工作紧张程度 5. 工作均衡性	4 5 4 4 4	40 40 40 40 40	200	20%
工作环境	1. 工作时间特征 2. 工作危险性	4 4	50 50	100	10%
合　计			1000	1000	100%

薪酬调查问卷表

调查对象基本信息							
姓　名		年龄		性别		入职时间	
所在部门		职务		学历		毕业院校	
企业资料							
贵企业所属性质	□外商投资　□民营企业　□股份制企业　□国有企业　□其他(请注明)						
	注:若是外商投资,请选择						
	□外商独资企业　□中外合资企业　□中外合作企业						
所属行业	□加工制造业　□纺织服装业　□医疗卫生业　□酒店餐饮业　□其他(请注明)						
企业成立时间		企业注册资金		企业员工人数			

续表

薪资状况					
1. 您目前的年薪	□1 万～2 万元	□2 万～3 万元	□3 万～5 万元	□5 万元以上	
2. 您的薪资构成					
薪资的组成			所占总薪资的比例		
3. 各部门及人员薪酬状况(年薪)					
生产部门	部门经理	□2 万～3 万元	□3 万～5 万元	□5 万～8 万元	□8 万元以上
	中层领导	□1 万～2 万元	□2 万～3 万元	□3 万～5 万元	□5 万元以上
	一般员工	□1 万元以下	□1 万～2 万元	□2 万～3 万元	□3 万元以上
研发部门	部门经理	□2 万～3 万元	□3 万～5 万元	□5 万～8 万元	□8 万元以上
	中层领导	□1 万～2 万元	□2 万～3 万元	□3 万～5 万元	□5 万元以上
	一般员工	□1 万元以下	□1 万～2 万元	□2 万～3 万元	□3 万元以上
人力资源部门	部门经理	□2 万～3 万元	□3 万～5 万元	□5 万～8 万元	□8 万元以上
	中层领导	□1 万～2 万元	□2 万～3 万元	□3 万～5 万元	□5 万元以上
	一般员工	□1 万元以下	□1 万～2 万元	□2 万～3 万元	□3 万元以上
财务部门	部门经理	□2 万～3 万元	□3 万～5 万元	□5 万～8 万元	□8 万元以上
	中层领导	□1 万～2 万元	□2 万～3 万元	□3 万～5 万元	□5 万元以上
	一般员工	□1 万元以下	□1 万～2 万元	□2 万～3 万元	□3 万元以上
4. 福利待遇					
(1)体检					
新员工入职,是否为其提供健康检查			□是 □否		
每年是否定期为员工提供健康检查			□是 □否		
(2)社会保险					
社会养老保险		每月缴纳(　　)元			
社会医疗保险		每月缴纳(　　)元			
失业保险		每月缴纳(　　)元			
生育保险		每月缴纳(　　)元			
(3)假期					
除了国家规定的法定假日外,公司是否还提供其他节假日?若有,请注明:					
(4)其他					
5. 您觉得您所在企业的薪酬水平在同行业处于 □较低水平 □中等水平 □偏高水平					
6. 您对目前的薪酬满意吗?					
7. 您对本次薪酬调查的建议					
非常感谢您的合作,祝您工作愉快!					

案例学习

Y公司的薪酬体系改革

Y公司是一家生产小型变压器的企业，其产量在全球名列前茅，在业内取得了骄人成绩，公司也进入了平稳的发展期。但公司的人力资源管理体系对其发展的支撑已渐显乏力。公司高层下定决心进行薪酬制度变革。高层寄希望于通过新的薪酬制度增强薪酬的外部竞争力和内部的公平性，从而保留、吸引优秀人才。没想到的是，一石激起千层浪，研发中心工程师们对新的薪酬体系怨声载道，他们认为新的薪酬制度并没有使他们的实际收入提高，而且没有足够的发展通道。

曾经那个干劲十足的团队不见了，作为团队的领头人，周经理一筹莫展。周经理干了多年的研发工作，对研发中心感情颇深。面对团队成员如此强烈的消极情绪，他感到非常不安。周经理连夜设计了一份新的研发中心薪酬体系方案，准备报公司领导审批。与此同时，总裁正好从美国回来。一进公司就听到了研发中心的不满，于是立即决定召开专门会议，研讨研发中心周经理的新方案。

这天，在公司的会议室里，公司总裁、常务副总、周经理等一同坐下，深入探讨。周经理详细陈述了他的方案。他认为有的研发人员的薪水已经达到了最高点，没有上升空间和发展通道。另一方面，公司薪酬水平的调整周期一般为2年，而研发人员能力的成长速度很快，用不了多长时间，研发人员就会对目前的薪酬产生不满。因此，周经理新的薪酬方案主要包括两点：一是研发人员实行技能工资，设立技术员、助理工程师、工程师、项目工程师等技术职称，根据职称变化调整研发人员工资，通常职称半年评定一次，这样，研发人员工资调整的速度就比一般人员快了；二是“项目奖金”，即研发中心每个项目定一个奖金，奖金总额根据项目评级来定，与该产品销售无关，项目奖金分解到各个阶段，研发工程师每完成一个阶段，就尽快将该阶段的奖金发放到个人，以此来提高研发工程师的收入和其工作的积极性。经过一番沟通和辩论，总裁当即表示了否定意见。总裁认为，研发中心目前的待遇偏低问题可以选择一些短期的方法来解决(如增加部分人员的基本工资)，但是现在的方案一定要考虑长期来讲有无负面影响以及有无方向性的错误。总裁认为项目奖实质上是强调研发工程师和公司搞短期结算关系，并没有鼓励研发人员和公司的长期合作；而且，只有研发部门有项目奖，其他部门没有，会导致其他部门对研发部门的配合积极性不高。在总裁眼里，周经理没有在思想上明确公司的战略方向，在薪酬设计方向上出现了重大偏差。

会议以研发部的薪酬方案被否决而告终。周经理感到自己成了夹心饼干，尴尬万分，有苦难言。

思考：

1. 周经理设计的薪酬方案为什么会被总裁否决？问题出在哪里？
2. 公司的薪酬方案应如何配合公司的发展战略？
3. 如果您是周经理，针对Y公司的实际情况，将会设计一份怎样的薪酬方案来实现公司的目标？

【实训项目运用一】

训练项目：某企业薪酬体系的调查与诊断

训练目的：

1. 培养学生寻找项目的能力，加深学生对社会的认知。

2. 培养学生运用理论知识解决实际问题的能力。

3. 培养学生收集信息及分析信息的能力。

训练组织：

按5～6人/组进行分组，以组为单位各自寻找并联系一家企业，对其进行内外部调查，获取相关信息资料，调查结束后每组提交一份薪酬管理现状调查报告与改进方案。

【实训项目运用二】

训练项目：为某企业设计薪酬管理制度

训练目的：

1. 培养学生运用理论知识解决实际问题的能力。

2. 培养学生分析问题、解决实际问题的能力。

3. 培养学生团队合作的精神。

4. 培养学生竞争的意识。

训练组织：

按5～6人/组进行分组，以班级为单位寻找一家新成立的本地公司，以组为单位分别与这家新成立的公司调研接触，形式不限。各组分别为这家新公司拟定一份薪酬管理制度。最后以新公司老总为主裁判、老师为副裁判，各组进行PK，最终以薪酬管理制度被新公司采纳的那组获胜。

第六章

绩效管理

学习目标

知识目标：

- 理解绩效、绩效管理和绩效评价的概念
- 了解绩效计划和绩效沟通的内涵
- 了解绩效考核体系的具体指标内容
- 理解绩效评价的各种方法

技能目标：

- 能熟练运用绩效管理程序进行绩效管理
- 能合理运用各种方法对绩效进行评价
- 能运用各种关键绩效考核指标建立绩效考核体系

任务导入

临近年末，进入公司已半年有余的小黄发现公司在年中开始推行的“绩效管理”工作还未完成。人事部门的同事对绩效管理轻车熟路，通过内部电子邮箱系统给每位员工发送了一份考核自评表；同时根据员工一年的表现，对员工进行排序，并随机选取若干名员工进行考核沟通。绩效考核完成后，每个员工又回到“现实工作”中。小黄感到这种走流程的绩效管理存在很多问题，还有很多需要改进和完善的地方。当小黄为此愁眉不展的时候，吴经理及时发现了小黄的问题，在欣喜小黄能如此认真对待工作的同时，为进一步帮助小黄提高管理能力，给小黄布置了如下任务：

1. 仔细观察公司的绩效管理流程有哪几个环节？并做详细记录。

2. 根据实际情况，制订一份详细的绩效计划检验清单和绩效计划协议书。

3. 分别为管理人员、技术人员和销售人员拟定一份详细的绩效考核指标调查表。

4. 找出不少于7种绩效考核方法，并对各种方法的适用范围进行比较分析，以表格形式列出。

课堂讨论

1. 绩效和绩效管理分别指什么？
2. 绩效管理的程序有哪些？
3. 绩效评价体系设计包括哪些具体内容？
4. 绩效评价的方法有哪些？各有何特点？

第一节 绩效管理概述

一、绩效

绩效，英文为 performance，又称工作表现、业绩、成效，用来反映人们从事某种活动所产生的成绩和结果。

从管理实践来看，单纯把绩效看作结果或者行为都是有失偏颇的，员工希望企业在重视结果的同时也重视他们在工作过程中所表现的行为，能够给予他们一定的支持和帮助以提高个人绩效，进而提升组织绩效，实现企业战略目标。基于这样的理解，本章采用较宽泛的绩效概念，把绩效看作行为和结果的统一体，即在工作中应该做什么和如何做。

需要说明的是，绩效分为组织绩效和员工个体绩效两种类型，这两种绩效虽然有所差异，但又密切相关，组织绩效通过员工个体绩效来实现，离开员工个体绩效，也就谈不上组织绩效。通常，绩效管理主要关注的是员工个体绩效，通过对员工个体绩效的管理进而提升组织绩效，最终实现企业发展目标。

小资源

对于绩效的认识，还存在另一种观点，该观点不再认为绩效是对历史的一种反应，而是强调员工潜能与绩效的关系，关注员工素质，关注未来发展。这种观点把员工的个人潜能和个人素质列入绩效管理的范畴，更加重视素质与高绩效之间的关系，更加关注企业和个人未来的发展。事实上，该观点更适合于知识经济时代的企业绩效管理。它的表示公式如下：

绩效＝做了什么（实际收益）＋能做什么（预期收益）

为更好地理解绩效的概念，还需要关注绩效具有哪些性质。一般而言，绩效具有多因性、多维性和动态性三重性质。多因性主要是指员工绩效的优劣受多种因素影响；多维性是指对员工绩效的评价需要从多个方面或多个维度进行；动态性是指员工的绩效会随着时间推移而发生变化，不能用一成不变的思维来看待员工绩效。

二、绩效管理

（一）绩效管理概念

通常认为，组织绩效的提高有赖于员工绩效的持续改进，在进行绩效管理的过程中，应将员工绩效和组织绩效结合在一起，不仅关注员工绩效，也应该关注组织绩效。基于这样的理解，我们认为绩效管理是一个完整的系统，它把员工的绩效和组织的绩效结合在一起，将员工的绩效管理提升到战略管理层面，它强调管理者与员工的共同参与，通过持续开放的沟通，将企业的战略和目标、员工的绩效目标以及考核指标、考核标准、考核结果等传递给员工，帮助员工消除工作过程中的障碍，为员工提供必要的支持与指导，与员工一起完成绩效目标，并对绩效结果进行合理运用，最终实现组织的战略目标。

小知识

对于绩效管理的认识，还需要注意以下几个问题：一是绩效管理强调的是对绩效的系统管理，涉及组织和人员两个层面；二是绩效管理是以组织战略为导向，具有明确目标；三是沟通在绩效管理过程中起着决定性作用；四是绩效管理是一个循环过程，在这个过程中不仅关注工作结果，更强调目标、指导、评价、反馈及结果运用。

（二）绩效管理流程

绩效管理是一个完整的系统，其一般流程如图 6－1 所示。

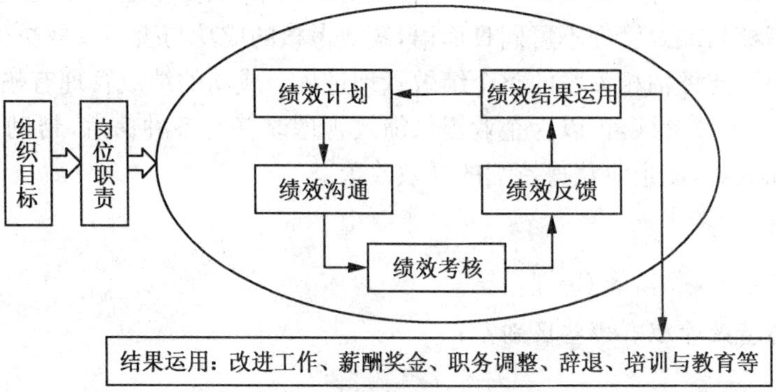

图 6－1　绩效管理的一般流程

从图 6－1 中可以看出，绩效管理分为五个步骤，即绩效计划、绩效沟通、绩效考核、绩效反馈以及绩效结果运用。

1. 绩效计划

绩效计划是绩效管理过程的起点，它的主要任务是依据企业的战略目标来确定绩效目标。一般而言，企业首先把战略目标进行分解，落实到各个具体的岗位，然后再对各个具体的岗位进行相应的工作分析，确定出员工的绩效目标。通常，绩效计划都是做一年期，根据需要在年中也可进行修订。

2. 绩效沟通

绩效计划制订完之后，被评估者就可以按照计划开展工作。在此阶段，管理者与被评估者要进行持续的绩效沟通。通过沟通，管理者可以了解员工工作的进展状况，将一些潜在的问题消除在萌芽状态，并给予员工一定的支持与帮助，以便更好地实现绩效目标。

3. 绩效考核

绩效考核大多在年底进行，它是对员工绩效目标实现程度的一种评估，评估的依据是在绩效计划阶段双方对绩效目标及其衡量标准达成一致的意见。绩效考核包括工作结果考核和工作行为评估两个方面。

4. 绩效反馈

绩效考核完成后，管理者应该把绩效考核的结果反馈给员工。反馈最好采取面谈的形式，这样可以确保反馈的质量。通过绩效反馈，员工可以了解到组织对自己的期望，认识自己存在的问题，从而明确改进的方向。

5. 绩效结果运用

当绩效考核完成后，对绩效考核的结果必须进行合理运用。绩效考核的结果有很多用途，比如绩效改进、招聘和选择、薪酬及奖金的分配、职务调整、培训与教育、人力资源规划等。

小思考

绩效管理流程一般有哪几个环节？如何才能更好地进行绩效管理？

三、绩效考核

绩效考核是绩效管理中的关键环节，但在现实运用中，很多企业往往把绩效管理等同于绩效考核。绩效考核与绩效管理不可同日而语，绩效考核的成功与否不仅取决于评估本身，在很大程度上还取决于与评估相关联的整个绩效管理过程。成功的绩效管理有赖于以有效的绩效考核作基础，通过绩效考核，可以为企业提供绩效管理改善的各种信息，帮助企业不断提高绩效管理的水平和效益，使企业获得持续的绩效改善。

小思考

绩效考核与绩效管理有哪些区别？

第二节　绩效计划与绩效沟通

一、绩效计划

绩效计划就是绩效周期内关于工作目标和标准的契约，它是指管理者和员工经过共同沟通，就应该完成哪些工作以及达到什么样的标准进行充分讨论，形成契约的过程。它是双方在明晰“责、权、利”的基础上签订的一个内部协议。

(一)绩效计划的内容

绩效计划的内容包括：

(1)员工在本次绩效周期内主要的工作任务和职责是什么？应达到何种工作效果？

(2)如何判断员工是否取得了成功？衡量成功的指标和标准是什么？

(3)员工的各项工作目标的权重如何？

(4)员工在完成工作任务时可以拥有哪些权力？决策权限如何？

(5)员工在实现目标的过程中会遇到什么样的困难和障碍？

(6)管理者会为员工提供哪些支持和帮助？

(7)员工完成各项工作任务的时间要求如何？

(8)管理者将如何与员工进行充分沟通？

(9)员工工作的好坏对部门和公司有何影响?

(10)员工是否需要学习新技能或参加培训以确保完成工作任务?

管理者和员工在制订绩效计划时,应明确各自的责任。一般而言,管理者应向员工解释和说明如下问题:

(1)企业的战略目标是什么?

(2)为完成企业的战略目标,我们所在部门的目标是什么?

(3)为达到这些目标,对被管理者的期望是什么?

(4)对被管理者的考核指标有哪些?完成工作的期限应该如何确定?

(5)各个考核指标的关系和权重如何?考核标准如何界定?

(6)被管理者在开展工作过程中有何权限?公司会为其提供何种支持?

同时,员工也应向管理者进行表达,主要包括:

(1)自己对公司战略目标以及本部门目标的认识。

(2)对自己工作目标的规划和打算。

(3)工作中可能会遇到的困难。

(4)希望企业给予何种支持与帮助。

通过管理者与员工之间的多次沟通,最终使管理者与员工就绩效计划的内容达成共识,并取得一致的意见。

(二)绩效计划的制订程序

绩效计划的制订程序如图6—2所示。

图6—2　绩效计划制订程序

1. 准备阶段

(1)组织信息的准备。为使员工的绩效计划与企业的战略目标有机结合起来,管理者首先应该准备有关的组织信息,这些信息主要包括组织的战略目标和发展规划以及企业的年度经营计划等。

(2)部门或团队信息的准备。部门或团队的信息主要是各部门或团队的工作计划。一般而言,各部门或团队的工作计划由企业的战略目标和年度经营计划逐渐分解形成。

(3)个人信息的准备。个人信息的准备主要包括两个方面:一是个人职责的描述;二是上一个绩效期间的评估结果。个人职责的描述主要规定了员工应该干什么以及干到什么程度;绩效评估结果则影响员工绩效目标的设定。

(4)沟通方式的确定与准备。决定采取何种沟通方式也是非常重要的问题,管理者可以依据企业的文化氛围、员工的特点以及企业的整体目标进行选择。

2. 沟通阶段

沟通阶段是绩效计划制订过程中的核心环节,在这个阶段,管理者应遵循以下几条沟通原则:

(1)要善于营造良好的沟通环境和氛围。

(2)沟通双方在沟通过程中要保持平等关系,认真听取对方的意见和建议。

(3)员工的工作目标与组织的目标要有机结合在一起。

(4)管理者与员工应该一起做决定,而不是管理者依据自己的权威代替员工做决定。

3. 确认阶段

经过认真的准备和充分的沟通之后,企业的绩效计划也就初步形成了。最后还需要对绩效计划进行审定和确认,形成绩效计划协议书。协议书一旦经过管理者与员工的共同确认签名,就正式生效。一般而言,绩效计划协议书一式两份,管理者与员工各持一份,它既是员工绩效周期内的工作指南,也是管理者对员工进行绩效管理的重要依据。

二、绩效沟通

(一)绩效沟通目的

管理者与员工进行持续沟通,主要有以下目的:

1. 能及时调整绩效计划,保证工作过程的动态性和有效性

随着信息技术的迅速发展和市场竞争的日益加剧,员工的工作内容、工作方式、目标以及重要性都可能随时发生改变,从而导致绩效计划有可能变得不切实际或者完全错误,这就需要管理者与员工通过持续的沟通及时调整绩效计划,以保持工作过程的动态性和有效性。

2. 管理者和员工能及时了解相关信息,推动绩效计划的顺利开展

一般而言,管理者通过持续的沟通可以及时了解员工工作进展的状况、潜在的障碍和问题、可能的解决措施以及员工的精神状态等,以便有针对性地为员工进行辅导和帮助,使其更好地完成工作。

3. 有利于收集绩效考核所需的信息

绩效目标是否实现以及实现的程度,最终需要绩效考核来进行衡量,因此,收集员工绩效的信息资料就显得非常重要。收集的绩效信息越全面,就越有利于企业做出客观、真实的绩效评价,从而使绩效管理更加有效。

(二)绩效沟通的方法

一般而言,绩效沟通分为正式绩效沟通和非正式绩效沟通两种类型。正式绩效沟通是指由企业管理制度规定的各种定期或不定期的沟通,非正式的绩效沟通是指管理者与员工在绩效计划执行期间的信息交流过程。

1. 正式绩效沟通

(1)书面报告。书面报告是绩效管理中常用的一种正式沟通方式。它是指员工可以通过文字或图表的形式向主管报告工作的进展情况以及反映发现的问题,可以是定期的,也可以是非定期的,主要有周报、月报、季报和年报等几种类型。书面报告应尽可能简化文字描述,多采用简单的图表来反映情况,避免烦琐。

(2)定期会谈。管理者与员工定期进行一对一的会谈是绩效沟通的一种常见方法,它有利于管理者及早发现问题、找到解决问题的方法并能与员工达成共识。面谈前必须明确面谈的目的和重点内容;在面谈中要特别关注具体的工作任务和标准,鼓励员工多谈自己的想法。

(3)团队会议。团队会议可以满足团队交流的需要,通过会议沟通,参会人员可以相互了解工作的进展情况、存在的问题、市场的变化以及绩效计划的调整等内容。做好一次会议沟通并非易事,需要事先做好充分准备,在会议期间,要关注解决最重要的问题,避免相互指责、搞一言堂或批评会,并控制好会议时间,做好会议记录。

2. 非正式绩效沟通

在绩效计划执行期间,管理者和员工并不仅仅通过正式的渠道来进行沟通,事实上,他们还会在工作过程中或工作之余展开各种形式的非正式沟通,如非正式的交谈、吃饭时的闲聊、郊游或聚会时的谈话以及“走动式管理”和“开放式办公”等。非正式的沟通可以让管理者以最快的速度了解到绩效计划的执行状况以及环境的变化,从而促使问题能够及时得到解决,同时它也有利于增强员工与管理者之间的感情,提高员工满意度。

小思考

在绩效沟通过程中,如果员工不积极配合直接上司,你认为该怎么办?员工不配合的原因有哪些?

小知识

绩效沟通十忌

一忌面无表情

作为一个有效的倾听者,管理者应通过自己的身体语言表明对下属谈话内容的兴趣,如点头、适宜的表情并辅之以恰当的目光接触等,以表示正在用心倾听。这样会形成良好的信任氛围,有利于员工真实想法的表达。

二忌不耐烦的动作

如看手表、翻报纸、玩弄钢笔等,这表明你很厌倦,对交谈不感兴趣,从而导致员工随便发表一些看法,匆匆结束交流,结果很可能导致你无法获取最重要的绩效信息。

三忌盛气凌人

交谈时尽量不要交叉胳膊和腿,要去掉双方之间的阻隔物,以开放的姿态进行交流,必要时上身前倾,面对对方。这样会让员工心理非常舒服,感觉得到了尊重。

四忌随意打断下属

在下属尚未说完之前,尽量不要做出反应。在下属思考时,先不要臆测,仔细倾听,让下属说完,再发言。当然,必要时可以给予一定的引导和评论。

五忌少问多讲

尽量淡化管理者的角色,让员工感觉与上司是“帮助者”或“伙伴”的关系。管理者在与员工进行绩效沟通时应遵循80/20法则:80%的时间留给员工,20%的时间留给自己;而自己在这20%的时间内,有80%的时间在发问,20%的时间用来“指导”“建议”或“发号施令”。需要注意的是,管理者要多提问题,及时引导员工进行思考。

六忌用“你”沟通

在绩效沟通中,应多使用“我们”,少用“你”,如“我们如何解决这个问题?”“我们的这个任务进展到什么程度了?”或者说,“我如何才能帮助您?”等,以营造信任的氛围。

七忌笼统反馈

管理者应针对员工的具体行为或事实进行反馈,避免空泛陈述,如:“你的绩效计划落实得很不好”或“你的出色工作给大家留下了深刻的印象”等,这些模棱两可的反馈不仅起不到激励或抑制的效果,而且易使员工产生不确定感。

八忌对人不对事

进行绩效沟通时,管理者应做到对事不对人,要善于从员工的角度出发,为员工提供帮助与支持，不能说员工“没能力”、“失信”或“差劲”等，而应当客观陈述发生的事实及自己对该事实的感受。

九忌指手画脚地训导

当下属执行绩效计划出问题时，管理者应避免训导，尽可能用平和的态度和员工一起分析问题的原因，避免说“你应该……，而不应该……”或“你怎么搞成这样啊?”等让下属感到不平等的话。

十忌“泼冷水”

当员工犯了错误后，最好等其冷静后再做反馈，避免“趁火打劫”或“泼冷水”，从而打击员工的自信心。当然，如果员工做了一件好事，则应及时给予表扬和激励。

（资料来源：易才网，有删改。）

第三节　绩效考核

一、绩效考核指标体系设计

（一）绩效考核指标概念和类型

1. 绩效考核指标概念

所谓考核指标，就是考核因子或评价项目，是指具体从哪些方面对考核内容进行衡量或评价，它解决的是“需要评价什么”的问题。有效的绩效考核指标应具备以下特征：

（1）与企业的发展战略相一致。

（2）内涵界定明确、清晰，具有一定的可操作性，能够被衡量。

（3）具有一定针对性。

（4）信度和效度比较高。

（5）员工易于接受。

2. 绩效考核指标类型

（1）根据绩效考核的内容，可以把绩效考核指标分为工作业绩考核指标、工作能力考核指标以及工作态度考核指标三种类型。

其中，工作业绩就是工作行为所产生的结果，主要包括员工完成工作的数量、质量、成本费用以及有效性等。在设计业绩考核指标时，通常的做法是将业绩具体表现为完成工作的数量指标、质量指标、工作效率指标以及成本费用指标。在绩效评价体系中加入工作能力指标，能真正反映出员工的整体绩效。另外，把态度指标引入绩效考核中，可以提升绩效评价的整体质量。

（2）根据建立的基础，可以把绩效考核指标分为软指标和硬指标。

硬指标是指以统计数据为基础，把统计数据作为主要评价信息，以数量表示评价结果的评价指标。硬指标可以摆脱个人经验和主观意识的影响，具有相当高的客观性和可靠性。软指标主要是指通过人的主观评价才能得出评价结果的评价指标。软指标依赖于评价者的知识和经验，易受各种主观因素的影响。

在进行绩效评价时，组织往往会把硬指标与软指标结合起来加以综合使用。

（3）根据绩效的特性，可以把绩效考核指标分为特质、行为、结果三类绩效评价指标。

其适用范围和特点如表 6—1 所示。

表 6—1　**特质、行为、结果三类绩效考核指标的比较**

	特　质	行　为	结　果
适用范围	适用于对未来的工作潜力做出预测	适用于考核可以通过单一的方法或程序化的方式实现绩效标准或绩效目标的岗位	适用于考核那些可以通过多种方法达到绩效标准或绩效目标的岗位
不足	·没有考虑情景因素，预测效度较低 ·不能有效地区分实际工作绩效，员工易产生不公正感 ·将注意力集中在短期内难以改变的人的特质上，不利于改进绩效	·需要对那些同样能够达到目标的不同行为进行区分，以选择真正适合组织需要的方式，这一点比较困难 ·当员工认为其工作重要性较小时，意义不大	·结果有时不完全受被考核对象的控制 ·容易诱使考核对象为达到一定结果而不择手段，使组织在获取短期利益的同时丧失长期利益

资料来源：方振邦：《绩效管理》，中国人民大学出版社 2003 年版。

特质指标主要关注的是个人的特质或特征，如诚实、守信、可靠、有职业道德或领导能力等。基于行为的工作指标主要关注工作是怎么执行的，它强调的是员工通过什么样的行为来完成绩效标准或绩效目标。由于行为能清晰界定，员工很容易分辨出哪些行为能导致较高的绩效，从而有利于他们选择有效的行为。结果指标着重于工作中完成了什么或生产了什么，这种指标操作起来比较容易，但具有短期性和表面性，并不适合所有的工作，特别是内容难以量化的工作。在选择结果指标时，既要考虑量，又要考虑质，不能违背职业道德。

（二）选择绩效考核指标的依据和方法

1. 选择绩效考核指标的依据

（1）组织的战略目标。

在进行绩效考核指标的选择上，坚持以公司战略为导向是最基本的要求；否则，绩效考核就失去了其应有的意义。

（2）工作分析。

工作分析是一切人力资源管理工作的基础，是制定绩效考核指标的依据。

（3）业务流程。

一般而言，任何员工都处在业务流程的某个环节中，扮演着不同的角色，承担着不同的责任，并且经常与上、下游发生联系。在绩效考核指标的选择中，如果把握好这些关系，就会很容易确定衡量其工作成效的绩效指标。

（4）考核目的。

考核目的也是选择绩效考核指标的一个重要依据。根据不同的考核目的选择关键的绩效考核指标是非常重要的。

（5）取得考核所需信息的便利程度。

绩效考核能否顺利开展，这在一定程度上取决于能否方便地获取与评价指标相关的统计资料或其他信息。一般而言，取得考核所需的信息要简单易行，这样不仅可以使绩效考核有据可依，而且考核结果也易于被评价者所接受。

2. 选择绩效考核指标的方法

（1）工作分析法。

工作分析的内容主要由两部分组成：一是职务规格说明书；二是人员规格说明书。在绩效指标的制定中，通过工作分析，可以确定从事某一职位工作的员工需要具备哪些能力和条件，职责和完成的任务应以什么指标来评价，在评价指标中有哪些能力和条件更为重要，而哪些相对不那么重要，并对不同的指标完成情况进行明确定义。

(2)问卷调查法。

问卷调查法是指设计者根据需要，把要调查的项目和问题以书面的形式设计出来，分发给有关人员填写，收集和征求不同人员意见的一种方法。问卷调查分为开放式问卷调查和封闭式问卷调查两种类型。一般而言，开放式问卷有利于广泛了解民意，适合指标选择的初期阶段；而封闭式问卷答案规范，便于统计分析，适合指标项目的分析判断以及指标体系的总体规划。

(3)访谈法。

访谈法是指通过与各类人员进行面对面的谈话，收集有关信息，以此作为确定考核指标依据的一种研究方法。交谈的各类人员包括被考核者的上级、人力资源管理人员、被考核者以及与被考核者密切相关的其他人员等。访谈法分为个别访谈和群体访谈两种形式。

(4)经验总结法。

众多专家通过总结经验提炼出规律性的研究方法被称为经验总结法。经验总结法分为个人总结法和集体总结法两种。个人总结法是由人力资源专家或人力资源管理人员回顾过去的工作，分析最成功和最不成功的人力资源决策来总结经验，并在此基础上设计出评价员工绩效的指标目录。集体总结法是请若干人力资源管理专家或人力资源主管(一般为 6～10 人)，回顾过去，分析杰出人才与平庸人员的差异，列出长期以来考核人员绩效的常用指标，并在此基础上提炼出绩效评价指标。

小知识

选择绩效考核指标的四个误区

误区一：量化才是最好的

量化的指标的确比较易于衡量，但并不是所有的内容都能用量化的指标来表示，有时定性的指标反而更有利于考核。但在实践中，企业往往为了管理或考核上的方便，自然就选取量化指标，其实这是一种误区。合适的做法就是适合量化的最好采用量化指标；反之，就采用定性指标。

误区二：指标越精细越好

指标是为了企业能有效进行绩效考核，所以，它更加强调的是能否有效地对被考核者进行正确的评价，而并不是越精细越好。但很多职能部门为了管理上的需要，不顾企业的实际状况，对考核指标进行精心设计，结果导致很多部门和员工在工作上出现各种失误，最终无法实现组织目标。

误区三：指标应面面俱到

二八定律揭示：对事物总体结果起决定作用的只是少数的关键要素，而“木桶理论”也认为，只有少量的“瓶颈”因素起决定性作用。因此，抓住属于关键或“瓶颈”的较少部分考核指标就足以统揽全局。但在实践中，很多企业力求指标体系全面、完整，面面俱到，结果导致企业的绩效考核很难操作，丧失了绩效评价的意义。

误区四：财务指标是关键

很多企业追求单一的财务指标，注重对过去结果的反映，不能主动进行分析和管理，也不能与组织的战略目标有机融合，结果导致管理者和员工重视短期利益、忽略客户要求，从而使绩效考核背离企业绩效目标，难以引导企业持续成长。

因此，在选择绩效考核指标时应尽可能避免上述四个误区。

（三）绩效考核标准

一般来说，绩效考核指标强调的是从哪些方面对工作产出进行衡量或评价，而考核标准则着重于在各项指标上分别应该达到什么样的水平。绩效考核标准是对绩效考核指标的进一步明确。

表6－2中列出了一些绩效考核指标与绩效考核标准的样例。

表6－2　绩效考核指标与绩效考核标准的样例

工作产出	类型	具体考核指标	绩效考核标准
市场拓展	数量	市场占有率 市场拓展计划完成率	市场占有率达到5% 市场拓展计划完成率达到95%
销售费用	成本	销售费用率	销售费用率控制在20%以下
顾客满意	数量	顾客满意度 顾客投诉率	顾客满意度调查问卷平均分数在85分以上 顾客投诉率控制在5%以内
销售利润	数量	年销售额 税前利润百分比	年销售额在2 000万～2 200万元 税前利润率达到30%～35%
对竞争对手进行总结	质量	全面性 数据的价值	总结包括已知竞争对手的所有产品 提供的数据包括对产品的详细描述，如产品成本、广告费用、回头客等

当绩效考核指标界定清晰之后，设定绩效考核标准就相对比较容易。我们可以从基本标准与卓越标准来了解绩效考核标准。基本标准就是合格标准，是对被考核对象的基本期望。对一定的岗位而言，基本标准都可以有限度地描述出来。卓越标准是指对被考核者未做要求和期望但是可以达到的绩效水平。卓越标准不像基本标准那样能够被有限度地描述出来，它通常是没有上、下限的。

表6－3中列出了一些基本标准与卓越标准的样例。

表6－3　基本标准与卓越标准的样例

举例职位	基本标准	卓越标准
打字员	速度不低于100字/分钟 版式、字体等符合要求 无文字及标点符号的错误 能按时完成任务	提供美观、节省纸张的版面设置 主动纠正原文中的错别字 能发现原文中存在的逻辑错误或其他错误
销售员	正确介绍产品或服务 尊重客户 达成承诺的销售目标 回款及时 销售费用低 不收取礼品或回扣	对每位客户的偏好与个性等做详细的记录和分析 为市场部门提供有效的客户需求信息 为公司开辟新的客户群 与关键客户保持联系 以客户为中心

此外，设计绩效考核标准时应注意如下问题：

(1)标准的难易度要适中。

(2)标准要具有一定的稳定性。

(3)标准要被大家所接受。

(4)标准要尽可能具体而且可以衡量。

除了上述问题之外,在设计绩效考核标准时,还需要把握好绩效标准的时间限制,即它的有效性;同时还需要注意标准与标准之间不能重叠,否则会影响绩效评价的最终效果。

(四)建立绩效考核指标体系的关键步骤

1. 构建绩效考核指标库

每个岗位都会有很多评价指标,企业应根据需要建立一个适合自身特点和战略规划的绩效评价指标库。指标库的构建应密切关注组织的战略与发展规划,实行动态管理。一般而言,指标库包括岗位所在部门、岗位名称、指标属性、关键业绩领域、指标定义、计算公式、指标收集、指标来源、统计周期与统计方式等。

2. 根据不同岗位特点选择不同的绩效考核指标

不同岗位的工作目标、工作内容、工作职责以及权限大小等是有差异的,这种差异反映在员工的职务职能等级上。对其进行绩效考核时,必然要采取不同的绩效考核指标。企业应根据每个岗位的具体特点,从指标库中选择合适的绩效考核指标。

3. 确定不同指标的权重

企业在选择好绩效考核指标后,应根据一定的原则或要求来确定绩效考核指标的权重,以体现每个指标在整个指标体系中重要性的大小。一般而言,影响绩效考核指标权重大小的因素主要有三个:一是考核的目的;二是考核岗位的特征;三是企业的文化要求。需要注意的是,权重应该根据实际情况的变化而变化,要考虑公司的发展战略与发展重点,要能够引导被考核者的绩效改进;同时,权重的比例要有明显差异,避免平均主义。表6—4是一个指标权重分配方面的样例。

表6—4 班组长绩效考核指标权重分配

考核维度	考核指标	权重	考核主体	平均得分	折合分数
工作业绩(60%)	1. 业绩目标	70%			
	2. 工作任务	30%			
工作能力(30%)	1. 沟通能力	20%			
	2. 组织协调能力	15%			
	3. 业务知识	30%			
	4. 指导下属的能力	20%			
	5. 创新能力	15%			
工作态度(10%)	1. 纪律性	15%			
	2. 工作主动性	15%			
	3. 责任心	15%			
	4. 合作性	25%			
	5. 成本意识	30%			

4. 绩效考核标准的导入

绩效考核标准是对绩效考核指标的进一步明确，它主要涉及等级的划分以及对每个等级界限进行确定的问题。常见的等级划分主要有“很好、较好、一般、较差、很差”“一、二、三、四、五”“A、B、C、D、E”等级别，每个级别都需要进行明确界定。

表 6—5 是绩效考核标准导入的一个样例。

表 6—5　绩效考核标准的导入样例

考核指标	指标定义	等级	定义	分值
品质	品德诚信为人廉洁顾全大局尊重他人	A 很好	品行诚实，实事求是，无虚假信息；行事公正，尊重他人，主动关注企业利益，能起榜样作用	90～100
		B 较好	品行诚实，无虚假信息；平易近人，能遵从企业利益，对他人有积极影响	80～89
		C 一般	品行诚实，平易近人；偶尔有失误，但不损害企业利益，对他人无不良影响	70～79
		D 较差	品行尚可，偶尔有不负责行为，对工作造成轻度不良影响，对他人有轻微负面影响	60～69
		E 很差	品行欠佳，过于关注个人利益，有不良行为和不真实信息，对他人造成不良影响	60 以下

在实际操作上，企业还需要关注以下问题：一是绩效考核指标的选择应尽可能以定量指标为主、定性指标为辅；二是指标要少而精，能反映企业的客观实际及考核目的；三是考核标准要具体明确，能有效区别出员工绩效的优劣。

小思考

我国企业绩效考核指标体系存在的问题有哪些？如何进行改进？

二、绩效考核方法选择

(一)排序法

排序法又称分级法、排名法，是一种以员工比较为基础的绩效考核方法，它将员工按照工作业绩的好坏进行排序，以得出每个员工的相对等级或名次。排序法主要包括直接排序法、交替排序法、配对比较法以及强制分配法四种形式。

1. 直接排序法

直接排序法是最简单的一种排序方法，它是考核者根据被考核对象的总体业绩，按照由高到低的顺序对被考核对象进行排列。表 6—6 是直接排序法的一个例子。

直接排序法简单易行，花费时间少，避免了考核结果过宽、趋中以及严格化的倾向。但这种方法的主观性比较强，有一定的局限性，特别是当个人的业绩水平非常接近时难以进行准确排序，而且此方法也不利于不同部门员工之间的业绩对比。

表 6—6 **企划部直接排序法**

所属部门:企划部	部门领导:王××
排列顺序	员工姓名
第一名	吴××
第二名	李××
第三名	张××
……	……
第十名	康××
备注:本部门员工共 10 人	
日期:×年×月×日	上级领导审核:杨××总经理

2. 交替排序法

交替排序法的操作步骤如下:

(1)将需要进行考核的所有人员选列出来,然后把不是很熟悉因而无法对其进行考核的人员删去。

(2)针对每一个考核要素分别开展评估,找出各考核要素上表现最好的员工,将其排在第一位,再找出最差的员工,将其排在最后一位。

(3)从剩下的人员中选出最好的和最差的,分别排在第二位和倒数第二位。依此类推,直到所有必须被考核的员工都被排列到表格中为止。

交替排序法如表 6—7 所示。

表 6—7 **交替排序绩效考核表**

排序所依据的绩效考核要素:________________	
针对你所要考核的每一种绩效要素,将需要考核的所有员工的姓名都列举出来。将绩效最高的员工姓名列在第 1 行的位置上;将绩效最差的员工姓名列在第 20 行的位置上。然后将次优的员工姓名列在第 2 行的位置上;将次差的员工姓名列在第 19 行的位置上。将这一交替排序继续下去,直到所有的员工都被排列出来。	
绩效排序最高的员工	
1. ________________	11. ________________
2. ________________	12. ________________
3. ________________	13. ________________
4. ________________	14. ________________
5. ________________	15. ________________
6. ________________	16. ________________
7. ________________	17. ________________
8. ________________	18. ________________
9. ________________	19. ________________
10. ________________	20. ________________
	绩效排序最低的员工

交替排序法简单实用，便于操作，其考核结果令人一目了然，科学性较强。但该方法的主观性仍然存在，人为因素不可避免，跨部门员工很难进行比较。此外，这种方法容易对员工造成心理压力，感情上也不易接受。

3. 配对比较法

配对比较法是根据每一种绩效考核要素（如"工作数量""工作质量"等）将每一位员工与其他员工进行配对比较，根据比较的结果，排列出他们的绩效名次。配对比较法使排序型的工作绩效评价方法变得更加有效。

配对比较法如表 6—8 所示。

表 6—8　　配对比较法示例

就"工作态度"要素所做的考核						就"工作数量"要素所做的考核					
被考核员工的姓名：						被考核员工的姓名：					
	李×	钟×	陈×	邹×	汤×		李×	钟×	陈×	邹×	汤×
李×		+	+	−	−	李×		−	−	−	−
钟×	−		−	−	−	钟×	+		−	+	+
陈×	−	+		+	−	陈×	+	+		−	+
邹×	+	+	−		+	邹×	+	−	+		−
汤×	+	+	+	−		汤×	+	−	−	+	
	2+	4+	2+	1+	1+		4+	1+	1+	2+	2+

从表 6—8 可以看出，钟×的工作态度是最好的，而李×完成的工作数量却是最高的。

配对比较法设计和使用起来比较容易，特别是当评选最佳员工时是一个非常有效的方法。但该方法主观性仍然较大，很花时间，一旦下级人数过多（大于 5 人），配对评价就非常麻烦，而且该方法只能评比出下级人员的名次，不能反映出他们之间的差距到底有多大，因此，只适用于人数比较少的部门评估。

小知识

配对比较法人员配对比较的次数是按 $n(n-1)/2$ 的公式递增的，其中 n 代表人数。如果一个管理者管理员工的数量是 5 个，则配对比较的次数是 10 次[(5×4)/2]；如果是 10 个，则配对比较的次数是 45 次[(10×9)/2]；如果是 50 个，则配对比较的次数是 1 225 次[(50×49)/2]。

4. 强制分配法

强制分配法是企业目前普遍采用的一种考核方法。该方法并不完全依据绩效考核得分，而是按照事物"两头小、中间大"的正态分布规律，先确定好各等级在总数中所占的比例，然后按照每个员工绩效的相对优劣程度，强制列入其中的一定等级。表 6—9 是一个预设的强制分配比例示例。

强制分配法的优点是有利于管理控制，能明确筛选出淘汰的对象，具有强制激励和鞭策功能，避免了考核标准过宽或过严及考核结果全部趋中的现象。但该方法也有一定缺陷，如强制把员工分成三六九等，易遭到员工抵制。另外，各评价等级间差异的内涵不清，主观性强。该方法也不适合人数较少的部门或公司。

表 6—9　　强制分配比列

等级	相应绩效情况	比例分配
一级	绩效最高的	15%
二级	绩效较高的	20%
三级	绩效一般的	40%
四级	绩效低于要求水平的	15%
五级	绩效很低的	10%

小思考

在执行强制分配法时，需要注意什么问题？

（二）图尺度评价法

图尺度评价法又称图形等级量表法、图解式考核法，是一种最简单和运用最普遍的绩效评价方法。在进行绩效考核时，管理者只需在最能够反映下属员工在某一项绩效特征要素的分数上画圈或者打钩，然后再将员工在所有要素上的得分进行加总，即得到其最终的工作绩效考核结果。表 6—10 是一个图尺度评价法的典型示例。

表 6—10　　图尺度评价法的典型示例

<table>
<tr><td>员工姓名：</td><td>职位：</td><td>所属部门：</td><td>员工薪酬：</td></tr>
<tr><td colspan="4">绩效考核目的：□年度例行考核　□晋升　□绩效不佳　□工资调整　□试用期结束　□其他</td></tr>
<tr><td>员工到现职时间：</td><td colspan="2">上次考核时间：</td><td>正式考核日期：</td></tr>
<tr><td colspan="4">说明：请根据员工当前所从事工作的要求，仔细对员工的工作绩效进行评价。在能够反映员工绩效的小方框中打钩。如果绩效方框不适合某一员工，请以 N 来说明。请按照尺度表所表明的取值范围来确定员工在每一绩效要素上的得分，并将其填写在相应的用于填写分数的地方。最终的工作绩效结果通过将所有分数进行加总和平均得出。</td></tr>
<tr><td colspan="4">考核等级说明</td></tr>
<tr><td colspan="2">O：杰出（Outstanding）。在所有方面的绩效都十分突出，且明显比其他人要优异。
V：很好（Very good）。工作绩效在大多数方面明显超出职位的要求。工作绩效是高质量的并且在考核期内一贯如此。
G：好（Good）。属于称职的、可信赖的绩效水平，达到了绩效标准的要求。</td><td colspan="2">I：需要改进（Improvement needed）。在某些方面存在绩效缺陷，需要进行改进。
U：不令人满意（Unsatisfactory）。工作绩效水平总的来说无法让人接受，必须立即改进。绩效考核等级在这一水平上的员工不能增加工资。
N：不适合评价（Notrated）。绩效考核标准不适用此人，或现在对此人进行评价为时尚早。</td></tr>
<tr><td>总体绩效评价要素</td><td colspan="2">考核尺度</td><td>评价依据或评语</td></tr>
<tr><td>1. 质量：所完成工作的精确性、彻底性和可接受性。</td><td colspan="2">O □　100～90 分
V □　89～80 分
G □　79～70 分
I □　69～60 分
U □　60 分以下</td><td>得分：</td></tr>
</table>

续表

2. 生产率：在某一特定时间周期内所完成的工作数量和工作效率。	O□　100～90 分 V□　89～80 分 G□　79～70 分 I□　69～60 分 U□　60 分以下	得分：
3. 工作知识：在工作中所运用实践经验、技能以及信息的情况。	O□　100～90 分 V□　89～80 分 G□　79～70 分 I□　69～60 分 U□　60 分以下	得分：
4. 可靠性：员工在完成工作任务并持续改进方面值得信赖的程度。	O□　100～90 分 V□　89～80 分 G□　79～70 分 I□　69～60 分 U□　60 分以下	得分：
5. 勤勉性：员工上下班的准时程度、遵守规定的工间休息、用餐时间的情况以及总体的出勤率。	O□　100～90 分 V□　89～80 分 G□　79～70 分 I□　69～60 分 U□　60 分以下	得分：

除了对适用于所有职位或者大多数职位的一般性绩效要素（如“工作数量”、“工作质量”）进行评价之外，还可以把工作的实际职责作为绩效考核的对象。表 6－11 是一个针对实际工作职责的图尺度绩效评价示例。

表 6－11　　针对实际工作职责的图尺度绩效评价示例(局部内容)

姓名：	职位：	评价者姓名：	评价者职位：
评价者所属部门：		评价期间：×年×月×日至×年×月×日	
考核等级说明			
1. 未能达到工作要求 2. 基本达到工作要求 3. 完全达到工作要求		4. 很好地达到了工作要求 5. 超过了工作要求	
工作内容与职责		被考核职位：行政秘书	
A. 打字速写	权重：30％	考核等级：1□　2□　3□　4□　5□	
以每分钟 60 个字的速度按照适当格式准确地将来自以下各个方面的指令打印成文件：口头指示、录音内容、手写笔记或正式笔记、总经理的手写材料、手写会议纪要等；打印通知、会议议程、工作日程和其他内容材料；汇总和打印经营报告和其他各种报告，包括文本和表格；打印从报纸杂志上摘选下来的文章，整理和打印信件、备忘录、文件副本以及其他要求打印的文件。		评语：	

续表

B. 接待	权重:25%	考核等级:1□ 2□ 3□ 4□ 5□
当面或通过电话接待来访人员,有礼貌地为来电话者和来访者提供帮助;回答打进来的电话,传达消息、提供信息或将电话转给适当的人;对来访者表示欢迎,为来访者提供信息或直接将客人引到相应的办公室或同事那里;在客人等待期间作为主人提供临时帮助;操作自动应答设备;对来电话者和来访者的情况做好记录。		评语:
……		……
员工签名:		考核者签名:

图尺度评价法的最大优点是简单易行,开发成本小,既可以评价工作的结果,也可以评价工作过程或者员工的行为、个人特点等。该方法也存在一定的不足,如量表不能清楚地指明员工必须做什么才能得到某个确定的评分,也不能提供一个良好的机制以提供具体的、非威胁性的反馈。在评价时,评价者往往只能根据自己的主观理解进行评分,很容易给所有人打出最高分和最低分,或者评分过于集中,这种主观性很可能存在潜在的偏见,从而影响最终的绩效考核结果。

在实际运用上,图尺度评价法经常需要结合关键事件法、强制分配法或目标管理法等进行综合使用,以克服自身不足。

(三)关键事件法

关键事件法是由美国学者弗拉纳根(Flanagan)和伯恩斯(Burns)共同创立的。这种方法要求考核者将每一位被考核者在工作过程中所表现出来的非常好的行为或非常不好的行为(关键事件)记录下来,然后每隔一段时间,如一个季度或半年,考核者与被考核者面对面地以所记录的事件为例,来共同讨论后者的工作绩效。

该方法要求记录的事件必须是关键事件,那些对工作成功或失败没有直接影响的行为则不在记录范围之内。

关键事件法有很多优点:它为考核者向被考核者解释绩效结果提供了一些确切的事实证据;它确保考核者全年关注被考核者的绩效问题;它可以使考核者获得一份关于被考核者运用何种途径消除不良绩效的具体实例。

表6—12为运用关键事件法对厂长助理进行工作绩效评价的实例。

表6—12　　关键事件法应用示例

岗位:厂长助理		
工作职责	工作目标	关键事件
生产计划时间表的安排	充分利用工厂中的人员和机器设备,及时完成订单生产	采用新的生产计划安排系统;上个月将订单的延误率降低了15%;上个月将机器设备的利用率提高了10%
原材料的采购和库存控制	在保证充足的原材料供应的前提下,使库存成本降到最低	上个月导致库存成本上升了20%;A类和B类零部件的采购过剩15%;C类零部件的采购则短缺了20%
机器的维修保养	不出现因机器故障而造成的停产	在工厂中建立一套新的预防性机器维护保养系统;由于及时发现机器部件故障而防止了机器损坏

(四)行为锚定法

行为锚定法是通过用一些特定的关于优良绩效和不良绩效的描述性事例来对一个量化的尺度加以解释或锚定的方法。该方法将关键事件法和图尺度评价法的优点结合在一起，是一种比较有效的绩效考核方法。图6－3和表6－13是行为锚定法的典型示例。

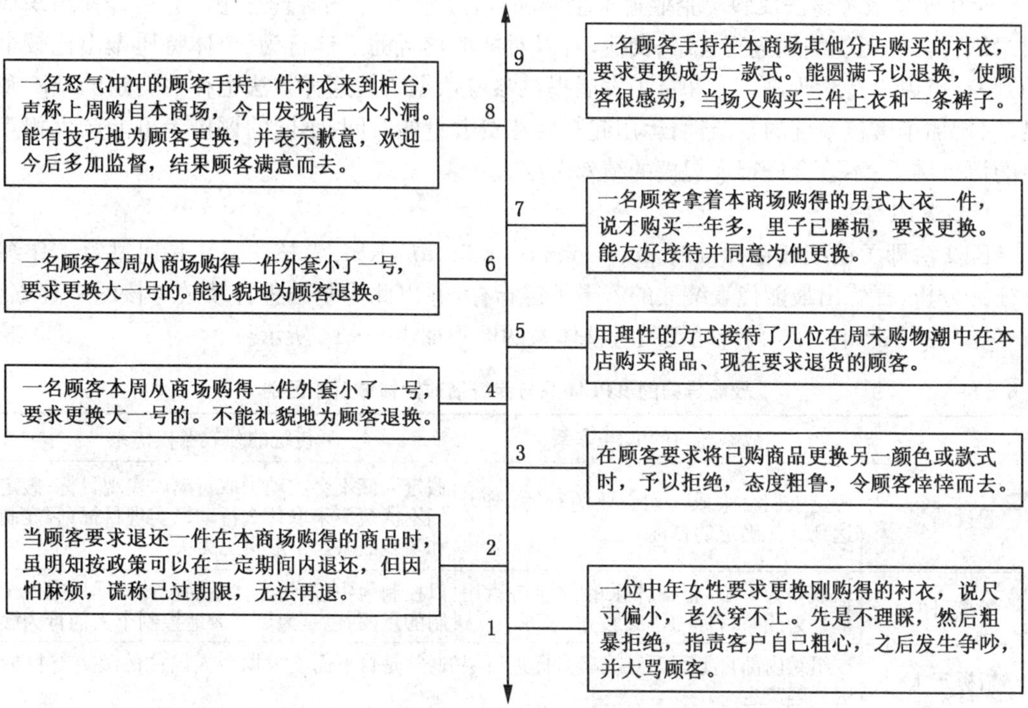

图6－3　商场售货员处理顾客退货行为的锚定量表图示

表6－13　客户服务行为等级锚定法示例

等级	等级描述
1	被动地回应客户，拖延和含糊回答
2	能够跟进客户回应，有问必答
3	与客户保持紧密而清晰的沟通
4	个人承担责任，能够亲自负责
5	为顾客而行动，提供超常服务
6	关注顾客潜在需求，起到专业参谋作用
7	把握长远盈利观点，与客户达成伙伴关系

行为锚定法有很多优点，如它使工作绩效的计量更加准确；它能为被考核者提供良好的反馈；它使工作绩效考核标准更加明确；它具有较好的连贯性和较高的信度；它使各种工作绩效考核要素之间保持了较强的相互独立性。但行为锚定法费时费力，执行起来有一定的难度。该方法适合用来为奖金的分配提供依据。

（五）360 度绩效考核法

360 度绩效考核法也称全视角反馈法，是一种新的绩效考核方法。它是由被考核者的上级、同级、下级和（或）内部客户、外部客户以及被考核者个人担任评价者，从各自不同的角度对被考核者进行全方位的评价，再通过反馈程序将考核结果反馈给被考核者，使被考核者清楚自己的长处和短处，以达到改善被考核者工作行为、提高工作绩效的目的。

360 度绩效考核法反映了企业追求全面和以客户为中心的管理思想。它可以使组织成员对组织目标和组织绩效进行总结、交流，可以对被考核者的工作行为、个体特质做出比较全面的判断，可以为持续改进工作和员工发展提供参考依据。但这种方法也存在一定的缺陷和不足，它增加了考核系统的复杂性；运用起来要花费大量的时间；不同的评价者可能产生相互冲突的评价结论；不适合进行大规模的绩效考核。

（六）KPI 法

KPI 法即关键绩效指标（key performance indicator，KPI）考核法。它是通过对工作绩效特征的分析，提炼出最能代表绩效的若干关键指标，并以此为基础进行绩效考核的一种方法。战略导向的 KPI 体系与传统的绩效考核体系的区别如表 6－14 所示。

表 6－14　　战略导向的 KPI 体系与传统绩效考核体系的区别

	战略导向的 KPI 体系	传统的绩效考核体系
假设前提	假定人们会采取一切必要的行动，努力达到事先确定的目标	假定人们不会主动采取行动以实现目标；假定人们不清楚应采取什么行动以实现目标；假定制定和实施战略与一般员工无关
考核目的	以战略为中心，指标体系的设计与运用都是为战略目标的达成服务	以控制为中心，指标体系的设计与运用来源于控制的意图，也是为更有效地控制个人的行为服务
指标产生	在组织内部自上而下对战略目标进行层层分解产生	通常是自下而上根据个人以往的绩效与目标产生
指标来源	来源于组织的战略目标与竞争需要的各项增值性工作产出	来源于特定的程序，即对过去行为与绩效的修正
指标构成及作用	通过财务与非财务指标的结合，体现关注短期效益、兼顾长期发展的原则；指标本身不仅传达结果，也传递产生结果的过程	以财务指标为主、非财务指标为辅，着重对过去绩效的评价，指导绩效改进的出发点是过去的绩效存在的问题，绩效改进与战略需要脱钩
收入分配与战略	与 KPI 指标的值、权重相搭配，有助于推进组织战略的实施	与组织战略的相关程度不高，但与个人绩效的好坏密切相关

KPI 指标体系的建立是将总体的 KPI 指标按照组织结构和业务流程在纵向、横向上进行层层分解，以确定出各部门、各职位的关键绩效指标，并把这些关键绩效指标采用定量或可行为化的形式确定下来。其中，总体的 KPI 指标来源于组织的战略。

KPI 法有很多优点：它有利于个人目标、部门目标与组织目标之间保持高度的一致；有利于建立以责任成果为导向的管理体系；有利于企业战略牵引作用的发挥；有利于激励和约束员工的行为。但该方法也有一定缺陷：指标之间没有驱动要素；过于追求结果，忽略了过程；没有关注重点指标之外的其他基础性指标，致使重点指标的完成受到一定程度影响。

KPI 法比较适合于与企业或组织战略目标有着比较密切联系以及对企业或组织具有直接增值或未来具有发展潜力的岗位考核，如总经理、副总经理、销售经理、研发人员等，不太适合事务性的岗位。

表 6—15 是市场部的 KPI 量表，根据市场部的 KPI 量表，通过与员工讨论，可以确定市场部各职位的 KPI 量表。

表 6—15　　市场部的 KPI 量表

指标类别	关键绩效考核指标
财务类	1. 部门费用预算达成率
	2. 成本控制
内部运营类	1. 销售成长率
	2. 成品库存周转率
客户类	1. 市场占有率
	2. 品牌认知度
	3. 关键客户保有量
	4. 新客户开发率
学习与发展类	1. 关键员工流失率
	2. 业务人员培训率

（七）平衡计分卡

平衡计分卡（the balance score-card，BSC）是由哈佛大学教授罗伯特·卡普兰（Robert Kaplan）和复兴方案国际咨询企业总裁戴维·诺顿（David Norton）共同提出来的。它以企业的战略为基础，把企业的战略和使命转变为具体的目标和测评指标，实现了战略与绩效的有机结合。该方法从四个维度关注企业绩效：财务方面、客户方面、内部流程方面以及学习和创新方面。这四个方面以及它们之间的关系如图 6—4 所示。

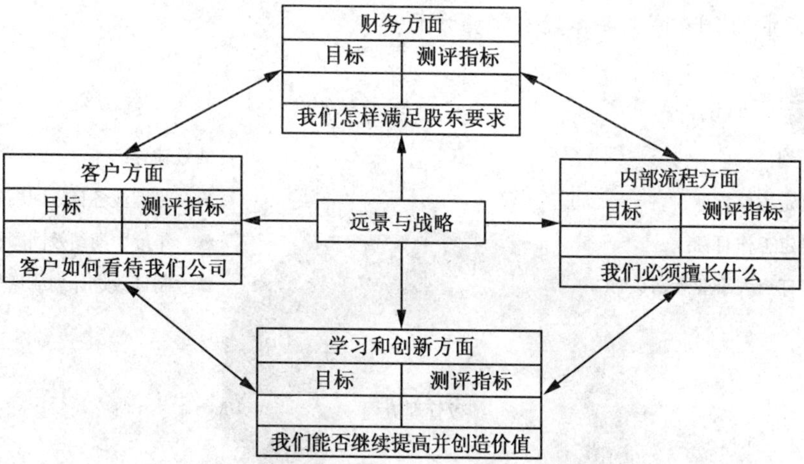

图 6—4　平衡计分卡的基本框架

1. 财务方面：我们怎样满足股东要求

作为市场主体，企业必须以盈利作为生存和发展的基础。企业所有方面的改善都应该最终归于财务目标的达成。通常情况下，股东从财务的角度来判断企业是否取得了成功，他们更关注财务目标的实现程度。因此,企业必须把财务方面作为目标考核的焦点,努力提升财务绩效。财务方面是其他三个方面的出发点和归宿,它常用的指标有净资产收益率、总资产周转率、资产负债率、销售增长率、投资回报率、流动比率、速动比率、存货周转率等。

2. 客户方面:客户如何看待我们公司

企业为了获得长远的财务业绩,就必须创造出满足客户要求的产品和服务。在现今这个以客户为中心的年代,如何向客户提供所需的产品和服务,从而满足客户要求、提高企业竞争力,已经成为企业能否获得可持续性发展的关键。客户方面衡量的指标包括客户满意度、客户保留率、市场份额、新客户开发率、客户获利率、赢得关键客户的比率、目标市场的价值定位等。

3. 内部流程方面:我们必须擅长什么

平衡计分卡从股东和客户的需要出发,要求企业把革新引入内部经营过程之中,为客户创造全新的产品和服务,以满足现有和未来目标客户的需要。内部流程方面的指标主要来自对客户满意度有最大影响的业务流程,包括新产品推出速度、设计水准、品质标准、交货速度、安全指标等。

4. 学习和创新方面:我们能否继续提高并创造价值

这个方面的观点为其他领域的绩效突破提供了手段。企业只有不断学习与创新,才能更好地满足客户要求,才能不断发展壮大、增加股东价值。它一般包括员工能力、信息系统的能力以及员工的主观能动性三个方面。

平衡计分卡有很多优点:它克服了财务评估方法的短期行为,使整个组织行动一致;有效地将组织的战略转化为组织各层的绩效指标和行动;实现了组织的长远发展,提高了组织的整体管理水平,加强了对员工学习能力的培养。但该方法使用难度较高,工作量极大,不适合对个人的考核。

小思考

平衡计分卡的"平衡"主要体现在哪些方面?

工作流程

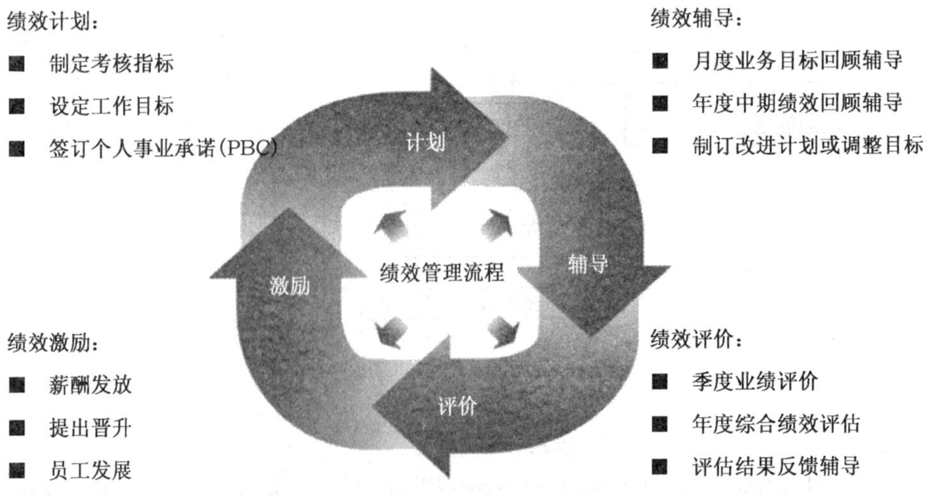

图 6—5 绩效管理流程

实用工具

绩效计划制订的检验清单

绩效计划的制订是否已完成以下内容	是	否
员工是否明白组织目标和企业年度经营计划?		
是否已经找到能够反映岗位贡献的量化指标?		
如果缺乏量化指标,是否能够找到可以反映岗位贡献的定性指标?		
上下级对目标是否有相同的理解?		
上下级是否对目标标值达成共识?		
数据信息的采集是否已落实到人?		
绩效考核的方法是否合理、明确?		
权重的设定是否能够反映最重要的指标?		
该目标的实现是否对公司目标和部门目标的实现产生重要影响?		
目标的设定是否符合 SMART 原则?		
是否找到了克服困难或障碍的方法?		
管理者提供的支持是否已经到位或即将到位?		
完成各项工作的时间是否已经明确?		
员工的权限是否已经做出了调整?		

绩效计划协议书参考样本一

<table>
<tr><td colspan="2">姓名:</td><td colspan="2">职位:</td><td colspan="2">部门:</td><td>日期:</td></tr>
<tr><td colspan="7">关键职责描述:
1.
2.</td></tr>
<tr><td>关键绩效指标</td><td>标准</td><td>权重</td><td>自评得分</td><td>领导评分</td><td>终评得分</td><td>备注</td></tr>
<tr><td>1.
2.</td><td></td><td></td><td></td><td></td><td></td><td></td></tr>
<tr><td>等级评定</td><td colspan="4">A:优(90～100 分);B:好(70～89 分);C:一般(60～69 分);D:不称职(60 分以下)。</td><td>合计</td><td></td></tr>
<tr><td colspan="7">所需权限:</td></tr>
<tr><td colspan="7">会遇到的障碍或困难:</td></tr>
<tr><td colspan="7">需要的支持与帮助:</td></tr>
<tr><td colspan="7">其他需要说明的内容:</td></tr>
<tr><td>单位负责人意见</td><td colspan="6"></td></tr>
<tr><td>绩效计划确认</td><td colspan="6">员工签字:　　　　年　月　日
主管签字:　　　　年　月　日</td></tr>
<tr><td>考核结果确认</td><td colspan="6">员工签字:　　　　年　月　日
主管签字:　　　　年　月　日</td></tr>
<tr><td colspan="7">备注:本表可另加附页。</td></tr>
</table>

绩效计划协议书参考样本二

绩效计划协议书

经过与直接上级的友好沟通，我知道，我们公司的战略目标是________，我们公司的年度经营计划是________，我们部门的工作目标是________，我们组的目标是________。

另外，我还知道我的关键顾客是________，他们的需求和期望是________；我的关键内部客户是________，他们的工作需求和期望是________。

为了对上述目标的达成做出我应有的贡献，我知道，组织对我的期望有如下几个方面：

我个人的绩效目标是________________________________。

我在改进工作方法或流程方面的目标是________________________。

我在行为方面进行调整的目标是____________________________。

我认为这些目标是可以接受的而且是可以达到的。我还知道我将会受到来自各方的评价，包括直接上级、同事、顾客等。

我知道领导会给我提供必要的支持与帮助，同时我在资源的支配上拥有一定的权力。

我的报酬与我的工作绩效是有关的，它将取决于我的绩效到底是：(1)A级—优；(2)B级—好；(3)C级—一般；(4)D级—不称职。

我知道，公司会考虑从以下几个方面来提供薪酬奖励或职务晋升：(1)我个人绩效目标的实现程度；(2)我所在部门或团队的工作绩效；(3)公司的组织绩效；(4)我个人技能提升的程度等。

本人签名：　　　　　　　　上级主管签名：

销售人员的考核指标表(部分)

指标类别		考核指标
工作绩效	定量指标	1. 销售计划完成率
		2. 销售增长率
		3. 销售费用
		4. 销售回款率
	定性指标	1. 市场信息的收集情况
		2. 销售制度执行情况
工作能力		1. 专业知识
		2. 分析判断能力
		3. 沟通能力
		4. 团队协作能力
工作态度		1. 员工出勤率
		2. 责任感

绩效考核指标的调查表(以市场拓展员为例)

要素	要素内容	重要程度			
		必须考核	应该考核	可以考核	不需考核
市场占有率	本企业产品销售量/市场上同类产品销售量×100%				
销售额	销售产品的价值额				

续表

要素	要素内容	重要程度			
		必须考核	应该考核	可以考核	不需考核
市场拓展计划达成率	完成的市场拓展计划数/需要执行的市场拓展计划数×100%				
信息收集的及时性	在规定的时间内及时收集相关信息				
遵纪守法	无迟到早退现象，无违纪违规行为				
安全	十分注意工作场所的安全				
从全局出发	能照顾全公司的利益				
关键客户保有量	在某一时期内关键客户的数量不少于(　)个				

说明：你认为考核一个市场拓展员的指标有哪些？在“重要程度”栏里，在你认为最恰当的位置上打“√”。

员工360度绩效考核表

单位名称：

填表时间：　年　月　日

被考核者姓名：	部门：	职务：	考核者姓名：
考核者所属部门：	考核者职务	考核区间：×年×月至×年×月	

评价尺度及分数
杰出(4分) 优秀(3分) 良好(2分) 一般(1分) 较差(0分) 极差(−1分)

评价项目		评价得分					
		上级评价	同级评价	下级评价	自我评价	权重(%)	备注
个人素质(20分)	品德修养						
	个人仪表仪容						
	实事求是						
	意志坚定						
	谦虚好学						
工作态度(20分)	热情度						
	信用度						
	责任感						
	纪律性						
	团队协作精神						
专业知识(20分)	专业业务知识						
	相关专业知识						
	外语知识						
	计算机应用知识						
	新知识						

续表

工作能力（20分）	文字表达能力						
	逻辑思维能力						
	指导辅导能力						
	人际交往能力						
	组织协调能力						
工作成果（20分）	工作目标的达成						
	工作效率						
	工作质量						
	工作创新效能						
	工作成本控制						
分数合计							
工作表现综合评价							
工作评价结论与建议：							

小知识

“鱼骨图”分析工具

KPI法经常使用的工具就是“鱼骨图”。通过“鱼骨图”分析，企业可以寻找到取得成功的关键因素或业务重点，从而确立出KPI的维度。“鱼骨图”是一种用来查找原因的有效工具，它的大骨是一个向右的水平箭头，用来标明结果或目的，在箭头的上、下方写明各种因素类型的名称，用直线连到箭头上。然后通过集思广益，查找出公司的业务重点和关键的影响因素。“鱼骨图”分析的示例如图6—6所示。

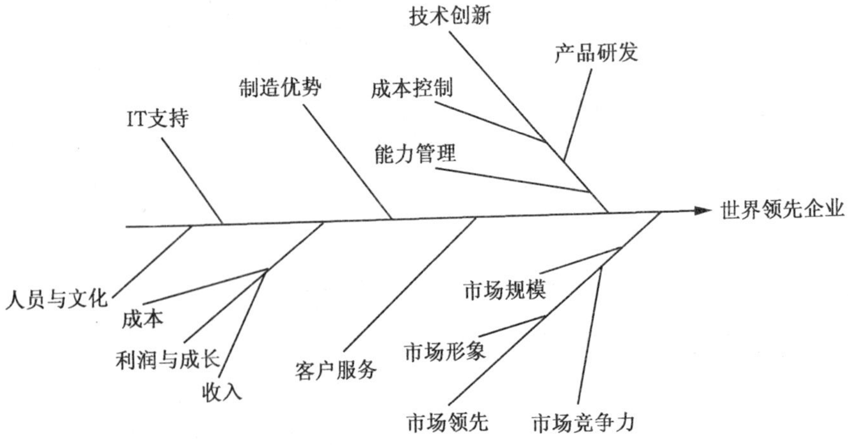

图6—6

案例学习

摩托罗拉的绩效管理

摩托罗拉有这样一个观点，即：企业＝产品＋服务，企业管理＝人力资源管理，人力资源管理＝绩效管理。

摩托罗拉将绩效管理上升到战略管理的层面，并给予高度的重视，它认为绩效管理是一个不断进行的沟通过程，在这个过程中员工和主管以合作伙伴的形式就下列6个问题达成一致：员工应完成哪些工作、员工所做的工作如何为组织的目标服务、用具体的内容描述怎样才算是把工作做好、员工和主管怎样才能共同努力帮助员工改进绩效、如何衡量绩效、确定哪些是影响绩效的障碍并将其克服。

从这个并不烦琐的定义可以看出，摩托罗拉的绩效管理关注的是员工绩效的提高，而员工绩效的提高又是为组织的战略目标服务。另外，该定义还特别强调了员工和主管是合作伙伴的关系及沟通的重要性。同时，该定义也强调了具体的可操作性，如工作内容的描述、衡量的标准、影响绩效的障碍等均要具体明确。

摩托罗拉还强调绩效管理是一个系统，这个系统有五个组成部分。

一、绩效计划

在这个阶段，主管与员工就下列问题达成一致：员工应该做什么、应该做多好、为什么要做、什么时候要做以及其他相关的问题（如环境、能力、职业前途、培训）等。

本阶段要求主管和员工就上述问题进行充分沟通，最终形成有签名的记录，即员工的绩效目标，它是整个绩效管理循环和绩效考评的依据。绩效目标由两部分组成：一部分是业务目标；一部分是行为标准。这两个部分组成员工的全年绩效目标。

二、持续不断的绩效沟通

摩托罗拉强调全年的沟通和全通道的沟通，主要包括以下几个方面：沟通是一个双向的过程，目的是追踪绩效的进展，确定障碍，为双方提供所需信息；防止问题的出现或及时解决问题（前瞻性）；定期或非定期、正式或非正式地就某一问题专门对话。

在这个过程中要形成必要的文字记录，必要时经主管和员工双方签字认可。

三、事实的收集、观察和记录

主管要注意在平时收集事实，观察和记录必要的信息，为年终考核做好准备。收集信息应该全面，主要包括与绩效有关的信息以及好的行为和不好的行为两种类型。

四、绩效评估会议

摩托罗拉的绩效评估会议是非常讲究效率的，一般集中在一个时间，所有的主管集中在一起进行全年的绩效评估。绩效评估会议主要包括四个方面：做好准备工作（员工自我评估）；对员工的绩效达成共识，根据事实而不是印象进行评估；评出绩效的级别；不仅是评估员工，而且是创造解决问题的机会。

最终形成书面的讨论结果，主管以面谈沟通的形式将结果告知员工。

五、绩效诊断和提高

摩托罗拉通过自己的衡量工具，对绩效管理系统的有效性进行诊断，目的是用来改进和提高员工的绩效。主要包括以下四个方面：确定绩效缺陷及原因；通过指导解决问题；绩效不只是员工的责任；应该不断进行。

通过绩效诊断，摩托罗拉可以得知绩效管理存在的问题，从而做到拾遗补缺，改进和提高绩效管理的水平。

（资料来源：赵日磊，摩托罗拉的绩效管理，《IT时代周刊》，2004－10－15。有删改。）

思考：

1. 摩托罗拉的绩效管理涉及绩效管理流程的哪几个环节？
2. 摩托罗拉的绩效管理所涉及的绩效管理流程还有哪些地方可以改善？
3. 你如何评价摩托罗拉的绩效管理？

【实训项目运用一】

训练项目：绩效考核数据统计

训练目的：

1. 让学生认识到绩效管理与绩效考核之间的区别。
2. 让学生掌握绩效考核的相关方法。
3. 让学生了解相关的绩效考核指标。
4. 让学生了解绩效考核结果的相关运用。

训练组织：

1. 教师事先联系一家企业，让学生参与该企业年度绩效考核的数据统计。
2. 正式统计前，由企业人力资源部相关人员为学生介绍本公司的绩效管理流程、绩效考核方法、绩效考核表以及数据统计的相关要求。
3. 学生分组进行绩效考核的数据统计。教师和人力资源部相关人员给予指导。
4. 绩效数据统计完之后，组织学生座谈。学生可以针对绩效考核的相关问题向企业进行咨询，同时企业也要向学生介绍绩效考核结果的相关运用。

【实训项目运用二】

训练项目：绩效考核方法的选择与应用

训练目的：

1. 让学生了解到绩效考核方法的重要性。
2. 让学生了解到绩效考核方法的常用种类和应用范围。
3. 让学生能根据不同实际情况对绩效考核方法做出合适的选择。

训练组织：

1. 教师事先准备相关绩效考核方法的背景材料，让学生对该材料作了解和熟悉。
2. 学生分组，对不同绩效考核方法的应用范围进行分析。教师给予及时指导。
3. 对绩效考核方法分析完毕后，组织学生进行演示。学生可根据不同绩效考核方法应用过程中出现的具体问题向教师进行提问，教师也要积极对学生的问题给予解释和说明。

第七章

劳动关系管理

学习目标

知识目标：

- 掌握劳动关系的含义、要素和特征
- 熟知劳动关系的类型
- 了解合同管理的具体内容
- 了解社会保险管理的具体内容
- 了解劳动争议调节的具体内容

技能目标：

- 能管理员工的档案
- 能管理员工的劳动合同
- 能办理员工的转正和调动
- 能办理员工的离职手续

任务导入

在公司工作了大半年之后，小黄对人力资源专员的工作已经基本熟悉，但是在开年之初，发现很多员工需要续签劳动合同，有部分员工需要离职，这给小黄的工作增加了一些负担，因为这些方面的接触比较少，于是小黄去请教吴经理，吴经理见小黄如此好学，边开导他放松边给小黄布置了如下任务：

1. 请教劳动关系专员，学习员工档案保管的相关事项；
2. 搜集我国最新的劳动合同法条款，进行认真学习；
3. 学习公司关于员工签订劳动合同的条款；
4. 找到公司关于员工转正与异动的规定进行研读；
5. 搜集公司关于员工办理离职手续的流程。

课堂讨论

1. 劳动关系与劳务关系分别指什么？
2. 简述劳动合同的含义与订立。
3. 社会保险包括哪些具体内容？
4. 劳动争议处理的原则有哪些？

第一节　劳动关系管理概述

一、劳动关系的含义、要素和特征

（一）劳动关系的含义

劳动关系是由英文"labor relations"一词翻译而来，是指劳动者与劳动力使用者以及相关组织为实现劳动过程所构成的社会经济关系。我国从1995年1月1日开始实施的《中华人民共和国劳动法》对劳动关系做出了明确的界定：劳动关系是劳动者与其所在组织单位之间在劳动过程中发生的关系。

（二）劳动关系的要素

劳动关系包括三个要素，即主体、内容和客体。

劳动关系的主体是指劳动法律关系的参与者，包括劳动者、劳动者组织（工会、职工代表大会）和用人单位。

劳动关系的内容是指主体双方依法享有的权利和承担的义务。

劳动关系的客体是指主体的劳动权利和劳动义务共同指向的事物，如劳动时间、劳动报酬、福利保险、教育培训、劳动环境等。

（三）劳动关系的特征

劳动关系具有以下特征：

（1）劳动关系主体双方具有平等性和隶属性。

（2）劳动关系的双方当事人，一方是劳动者，另一方是提供生产资料的用人单位。

（3）劳动者必须为实现用人单位的劳动过程而劳动。

（4）劳动关系的劳动者一方要成为用人单位一方的成员，并遵守单位的内部劳动规则。

（5）劳动法律关系具有以国家意志为主导，以当事人意志为主体的特征。

（6）劳动关系是基于职业的、有偿的劳动而发生的。

小资源

国内某知名企业人力资源部招聘劳动关系专员，相关工作职责、任职要求详见以下劳动关系专员岗位工作说明书。

劳动关系专员岗位工作说明书

岗位名称	劳动关系专员	岗位编号	
所属部门	人力资源部	岗位编制	1人
直接上级	人力资源经理	工资等级	

续表

<table>
<tr><td colspan="2">直接下级</td><td>无</td><td>档案编号</td><td></td></tr>
<tr><td colspan="5">本职工作：
人事管理：协助人力资源部经理完成管理方面的各项日常事务性工作</td></tr>
<tr><td colspan="5">职责与工作任务：</td></tr>
<tr><td rowspan="5">职责一</td><td colspan="4">职责表述：负责员工档案的管理</td></tr>
<tr><td rowspan="4">工作任务</td><td colspan="3">检查新入职员工档案的真实性和完整性</td></tr>
<tr><td colspan="3">员工档案装档案袋并注明档案内容，按部门进行归类和存放</td></tr>
<tr><td colspan="3">保证人员档案的完整，做到一人一档</td></tr>
<tr><td colspan="3">负责制作和填写《社保增减员表》，通知社保专员办理新员工社保工作</td></tr>
<tr><td rowspan="4">职责二</td><td colspan="4">职责表述：负责员工劳动合同的管理</td></tr>
<tr><td rowspan="3">工作任务</td><td colspan="3">负责新入职员工劳动合同的签订，须在一个月内根据员工的岗位和部门填写相应合同（合同期限、岗位、地点、薪酬及特殊事项），员工签字后存档</td></tr>
<tr><td colspan="3">根据员工档案列出合同到期（距合同到期还有1个月）人员名单，制作《劳动合同续签表》后找相应负责人签字并确认续签年限，然后通知当事人续签劳动合同，员工签字后存档</td></tr>
<tr><td colspan="3">负责公司员工劳动合同归档管理工作</td></tr>
<tr><td rowspan="5">职责三</td><td colspan="4">职责表述：负责员工转正和异动的办理</td></tr>
<tr><td rowspan="4">工作任务</td><td colspan="3">每月将需转正员工名单发予各部门助理</td></tr>
<tr><td colspan="3">将员工填写完的《转正申请表》在相关负责人审批后归档</td></tr>
<tr><td colspan="3">负责公司员工岗位调动办理工作；将相关负责人审批后的《员工异动表》归档</td></tr>
<tr><td colspan="3">每月月末制作《转正人员变动表》和《员工岗位变动表》，交于薪资专员进行工资核算</td></tr>
<tr><td rowspan="5">职责四</td><td colspan="4">职责表述：员工离职手续办理</td></tr>
<tr><td rowspan="4">工作任务</td><td colspan="3">负责员工离职相关表单的发放和收回的管理</td></tr>
<tr><td colspan="3">负责制作和填写《社保增减员表》，通知社保专员办理停保手续</td></tr>
<tr><td colspan="3">负责员工电子档案的变更和纸质档案的归类</td></tr>
<tr><td colspan="3">负责制作和填写《员工离职表》，通知薪资专员进行薪资结算</td></tr>
<tr><td colspan="5">工作关系：</td></tr>
<tr><td rowspan="5">内部工作关系</td><td rowspan="3">汇报</td><td colspan="3">每周周末、每月月末向直接上级递交《周工作汇报》《月度工作总结》</td></tr>
<tr><td colspan="3">每月定期提交《本月员工月报》《员工薪资汇总表》</td></tr>
<tr><td colspan="3">每月不定期向直接上级口头汇报相关岗位工作情况</td></tr>
<tr><td>协调</td><td colspan="3">与员工就员工异动、离职等相关岗位涉及的内容进行沟通和解答</td></tr>
<tr><td>支持</td><td colspan="3">辅导各部门主管及助理公司人员管理的相关流程，积极配合各部门工作的开展</td></tr>
<tr><td colspan="2">外部工作关系</td><td colspan="3">代表公司与劳动局、人力资源和社会保障部、人才市场等机构进行沟通</td></tr>
<tr><td colspan="5">任职资格：</td></tr>
<tr><td colspan="2">教育水平</td><td colspan="3">大学专科（含）以上</td></tr>
</table>

续表

专业要求	人力资源管理、行政管理、经济、管理类专业
岗前培训	公司办公室管理规定、公司人力资源部工作流程等
工作经验	1年以上相关岗位工作经验
知识要求	熟悉劳动合同法中有关员工入职、档案、离职、调动、劳动合同等相关法律知识；熟悉国家、地区的劳动关系管理相关法律法规 具备扎实的人力资源管理理论基础
本岗位职业发展路线：	
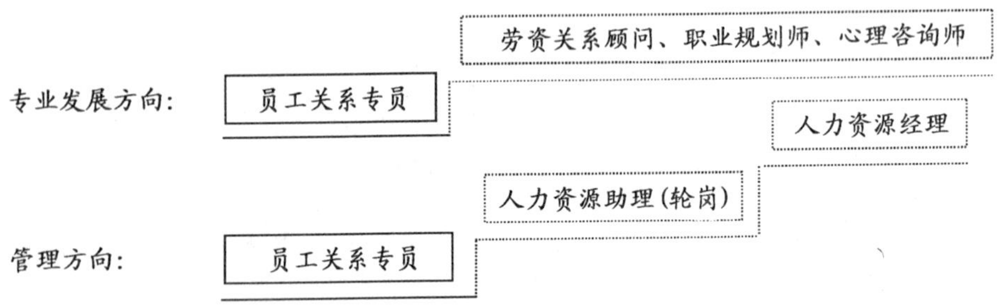	
考核指标：	
1. 员工满意度；2. 员工档案的完整性；3. 提交相关表格的准确性；4. 劳动合同签订的及时性。	

二、劳动关系的类型

（一）按职权结构划分

按照分配工作任务的方式、监督劳动者行为的方法和惩罚方法标准，可将劳动关系分为独裁型、集权型、自主型三类。

1. 独裁型

独裁型是指高层管理人员直接分配劳动任务、亲自监督，经常“武断地”做出奖惩决定。

2. 集权型

集权型是指劳动者按订立的制度和规程行事，有明确的工作角色，管理者根据劳动者是否遵守企业的制度和规程进行监督、奖惩。

3. 自主型

自主型也称人力资源管理型，是指劳动者被赋予高度自主权并参与决策，管理者以工作绩效作为监督、奖惩的依据。

（二）按管理理念划分

管理方的价值观与目标在管理实践中体现为核心的管理理念，以此为标准，可将管理方主导的劳动关系分为剥削型、宽容型、合作型三类。

1. 剥削型

剥削型是指管理者不关心劳动者的需求，其目标是以最低的工资换取最大量的劳动者劳动。

2. 宽容型

宽容型是指管理者意识到劳动者的某些需求是法律认可的，从而提供合理的报酬与就业条件。

3. 合作型

合作型是指管理者充分考虑劳动者福利并实施各种计划以赢得员工对企业的忠诚，培养员工对企业的奉献精神。

三、劳动关系管理的目标

劳动关系管理的目标是效率、公平、发言权的平衡以及受此影响的经济发展与社会的和谐、稳定。

（一）效率

效率是指生产者以有效利用有限资源（包括劳动力资源）为手段，增加产品或服务的供应，满足消费者的需求。效率是经济行为的工具性标准，追求效率是一种经济行为，与利润最大化的企业目标保持一致。同时，效率也强调有限资源的有效利用所带来的经济繁荣和社会福利，但在追求效率的过程中会产生外部性等一系列问题，如工人工资低所造成的社会购买力低下导致国内需求不足进而引起产品市场供需不平衡等。

（二）公平

公平是由一组公平就业标准构成的，这些标准涵盖了尊重人性尊严与人性自由的物质结果和个人待遇。作为劳动关系标准，公平涵盖了最低标准、分配性公平和程序性公平。公平的最低标准包括最低工资、最高工时、安全和健康保护、童工限制、休假以及退休、健康和伤残保险等；还包括公平的工作报酬、均衡的收入分配、保证机会均等并免遭不正当解雇的非歧视性政策；也包括政治上、道德上、宗教上和心理上等诸多方面的正当理由，以保证员工在感知上的公平性。

（三）发言权

赫希曼（Hirschman，1970）将经济学上的发言权概念定义为“改变而不是逃避（即退出）事件的令人不愉快的状态”的努力。发言权是在决策中提出有益见解的能力。在劳动关系中，发言权是劳动者与雇佣者政治平等、民主的一种表现形式，是维护劳动者人性尊严、心理及社会需求等的重要组成部分。

小知识

1. 劳务关系的含义

劳务关系是指提供劳务的一方为需要的一方以劳动形式提供劳务活动，而需要方应支付约定报酬的社会关系。即由两个或两个以上的平等主体，通过劳务合同建立的一种民事权利与义务关系。

2. 与劳动关系相近的劳务关系

（1）用人单位将某项工程发包给某个人或某几个人，或将某项临时性或一次性工作交给某个人或某几个人，双方签订劳务合同，形成劳务关系。

（2）用人单位向劳务输出公司提出所需人员的条件，由劳务输出公司向用人单位派遣劳务人员，双方签订劳务派遣合同，形成较为复杂的劳务关系。

（3）用人单位中待岗、下岗、内退、停薪留职的人员，在外从事一些临时性有酬工作而与另外的用人单位建立的劳务关系。由于这些人员与原单位的劳动关系依然存在，所以与新的用人单位只能签订劳务合同，建立劳务关系。

(4)已经办理离退休手续的人员，又被用人单位聘用后，双方签订聘用合同，这种聘用关系类似于劳务关系，又不完全是劳务关系。

第二节 劳动合同管理

一、劳动合同概述

(一)劳动合同的含义

《劳动法》第十六条规定："劳动合同是劳动者与用人单位确立劳动关系、明确双方权利和义务的协议。建立劳动关系应当订立劳动合同。""劳动合同依法订立即具有法律约束力，当事人必须履行劳动合同规定的义务。"

(二)劳动合同的主体资格

我国《劳动法》明确规定劳动合同的主体一方是劳动者，另一方是用人单位。劳动者是指依法具有劳动权利能力和劳动行为能力的自然人，包括在我国境内与用人单位确立劳动关系的本国公民、外国人和无国籍人士。用人单位主要是指我国境内的企业、个体经济组织、民办非企业单位等组织，同时也包括与劳动者通过签订劳动合同或以其他方式确立劳动关系的国家机关、事业单位和社会团体。只有符合主体资格的用人单位和劳动者才能建立合法的劳动关系，签订劳动合同，并接受《劳动法》的调整。

《劳动合同法实施条例》第四条规定："劳动合同法规定的用人单位设立的分支机构，依法取得营业执照或者登记证书的，可以作为用人单位与劳动者订立劳动合同；未依法取得营业执照或者登记证书的，受用人单位委托可以与劳动者订立劳动合同。"上述新规定解决了现实生活中普遍存在的用人单位分支机构与劳动者签订劳动合同的法律效力问题。除了法定的用人单位以外，在现实生活中，还存在着一些用工主体，如个人用工、非法用工单位等。个人用工主要是指一些个人和家庭因生活需要而临时或长期雇用其他个人，如保姆、家教、保洁工、看护等。这些个人用工均不形成劳动关系，而是民事关系。

用人单位在与劳动者签订劳动合同时，应首先搞清该劳动者是否具备签订劳动合同的主体资格。判断劳动者是否具备主体资格一般包括以下两个标准：

(1)年龄标准。用人单位招用人员时，必须核查被招用人员的身份证，对不满16周岁的未成年人，一律不得录用，否则就违反了《禁止使用童工规定》(国务院令第364号)，会受到行政处罚。退休年龄是劳动者退出工作岗位休养的年龄，目前我国法定的企业职工退休年龄是：男性年满60周岁，女工人年满50周岁，女干部年满55周岁。用人单位招用达到退休年龄的劳动者，两者之间不是劳动关系，也不签订劳动合同，而是形成劳务关系。

(2)身份标准。某些具有特殊身份的劳动者虽然有劳动能力，也符合就业年龄，但由于其身份所具有的特殊性，使其不能成为劳动合同主体，主要包括以下三类：第一，公务员和比照公务员制度的事业组织和社会团体的工作人员、现役军人；第二，已经签订有劳动合同的劳动者；第三，在校学生。

二、劳动合同的订立

劳动合同的订立方式包括书面和口头两种形式，但《劳动合同法》规定，除了非全日制用工可以订立口头劳动合同外，其他用工模式下都应当订立书面的劳动合同。

(一)劳动合同的内容

根据《劳动合同法》第十七条，劳动合同的具体内容包括必备条款和约定条款两大类。

1. 必备条款

必备条款也称法定条款，是法律规定的劳动合同必须具备的内容，包括：用人单位的名称、住所和法定代表人或者主要负责人；劳动者的姓名、住址和居民身份证或者其他有效身份证件号码；劳动合同期限；工作内容和工作地点；工作时间和休息放假；劳动报酬；社会保险；劳动保护、劳动条件和职业危害防护；法律、法规规定应当纳入劳动合同的其他事项。

2. 约定条款

约定条款又称协商条款，由当事人根据具体情况自愿选择是否在合同中约定，通常包括：试用期条款；培训条款；保守商业秘密及竞业限制条款；补充保险条款；福利待遇条款。

3. 劳动报酬和劳动条件约定不明时的处理

劳动报酬和劳动条件作为劳动合同的内容应当是具体、明确且完备的。如果由于某些主客观原因，导致缺少这些必备条款或者这些条款约定不明，将导致劳动合同难以履行。针对此种情况，《劳动合同法》第十八条规定："劳动合同对劳动报酬和劳动条件等标准约定不明确，引发争议的，用人单位与劳动者可以重新协商。协商不成的，适用集体合同规定；没有集体合同或者集体合同未规定劳动报酬的，用人单位应当对劳动者实行同工同酬；没有集体合同或者集体合同未规定劳动条件等标准的，适用国家有关规定。"

(二)劳动合同的期限

根据《劳动合同法》第十二条，劳动合同分为固定期限劳动合同、无固定期限劳动合同和以完成一定工作任务为期限的劳动合同。

(1)固定期限劳动合同是指用人单位与劳动者约定合同终止时间的劳动合同。

(2)无固定期限劳动合同是指用人单位与劳动者约定无确定终止时间的劳动合同。

(3)以完成一定工作任务为期限的劳动合同是指用人单位与劳动者约定以某项工作的完成为合同期限的劳动合同。

三、劳动合同的履行和变更

(一)劳动合同的履行

劳动合同的履行是指劳动合同双方当事人按照劳动合同的约定，履行各自的义务，享有各自的权利。劳动合同的变更是指劳动合同依法订立后，在合同尚未履行或者尚未履行完毕之前，经用人单位和劳动者双方当事人协商同意，对劳动合同内容做部分修改、补充或者删减的法律行为。劳动合同是否得到依法履行、劳动合同的变更是否以平等自愿和协商一致为前提，直接关系到劳动合同双方当事人的权益能否得到保护，以及关系到能否维护正常、稳定的劳动关系。

(1)劳动合同履行的一般原则包括全面履行原则和合法原则。

(2)特殊情形下劳动合同的履行包括：用人单位变更名称、法定代表人、主要负责人或者投资人等事项，不影响劳动合同的履行；用人单位发生合并或者分立等情况，原劳动合同继续有效，劳动合同由承继其权利与义务的用人单位继续履行。

小思考

在实际工作中，如果与员工签订了固定期限合同，但是其对工作不负责任，你认为应该怎么办？

（二）劳动合同的变更

劳动合同的变更是在原有合同的基础上对原劳动合同的内容做部分修改、补充或者删除，而不是签订新的劳动合同。原劳动合同未变更的部分仍然有效，变更后的内容取代原合同的相关内容，新达成的变更协议条款与原合同中的其他条款具有同等的法律效力，对双方当事人都有约束力。

变更劳动合同应当采用书面形式。任何口头形式的变更协议都是无效的。书面协议应当指明对哪些条款做了变更，并说明变更后劳动合同的生效日期，经双方当事人签字盖章后生效。

根据法律、法规规定，合法的劳动合同变更包括以下几种情形：协商一致变更；客观情况发生重大变化的协商变更情形；法定条件下用人单位可变更劳动合同的情形。

四、劳动合同的解除和终止

（一）劳动合同的解除

劳动合同的解除是提前终止劳动合同的行为，法律规定劳动合同的当事人有权经过平等协商或者依法单方解除劳动合同，这是契约自由原则的一种体现，有利于维护和保障用人单位的用工自主权和劳动者的择业自主权，督促合同双方全面、正确地履行合同义务等。

依据解除方式的不同，劳动合同的解除可以分为两类：协商解除和单方解除。协商解除是指因主客观情况的变化，劳动合同双方当事人经协商一致解除劳动合同。单方解除是指劳动合同当事人一方依照法律、法规规定的事由行使解除权而解除劳动合同；劳动合同的单方解除又可分为劳动者单方解除和用人单位单方解除。

（二）劳动合同的终止

1. 劳动合同的终止

劳动合同的终止是指劳动合同的法律效力依法被结束，即劳动关系由于一定法律事实的出现而终结，劳动者与用人单位之间原有的权利和义务不再存在。

《劳动合同法》第四十四条规定："有下列情形之一的，劳动合同终止：（一）劳动合同期满的；（二）劳动者开始依法享受基本养老保险待遇的；（三）劳动者死亡，或者人民法院宣告死亡或者宣告失踪的；（四）用人单位被依法宣告破产的；（五）用人单位被吊销营业执照、责令关闭、撤销或者用人单位决定提前解散的；（六）法律、行政法规规定的其他情形。"

2. 用人单位不得解除和逾期终止劳动合同的情形

《劳动合同法》第四十二条规定："劳动者有下列情形之一的，用人单位不得依照本法第四十条、第四十一条的规定解除劳动合同：（一）从事解除职业危害作业的劳动者未进行离岗前职业健康检查，或者疑似职业病病人在诊断或者医学观察期间的；（二）在本单位患职业病或者因工负伤并被确认丧失或者部分丧失劳动能力的；（三）患病或者非因工负伤，在规定的医疗期内的；（四）女职工在孕期、产期、哺乳期的；（五）在本单位连续工作满 15 年，且距法定退休年龄不足 5 年的；（六）法律、行政法规规定的其他情形。"

3. 经济补偿

经济补偿是劳动合同制度中的一项重要内容，是一类与劳动者密切相关的重大经济利益，它是指在劳动者无过失的情况下，用人单位与劳动者解除或终止劳动合同时，依照法律规定支付给劳动者的相关补偿费用。

根据《劳动合同法》第四十六条和《劳动合同法实施条例》，用人单位应当向劳动者支付经济补偿的情形有以下 8 种：用人单位有违法、违约行为的，劳动者可以随时通知或者无须通知立即解除劳动合同，并有权取得经济补偿；用人单位向劳动者提出解除劳动合同并与劳动者协商一致解决劳动合同的；用人单位在无过失性辞退的三种情形下解除劳动合同的；用人单位进行经济性裁员的，在经济性裁员中，劳动者没有任何过错；用人单位与劳动者订立固定期限劳动合同，合同到期后用人单位不同意续订，或者用人单位降低劳动条件续订劳动合同，劳动者不同意续订的；以完成一定工作任务为期限的劳动合同因任务完成而终止的，用人单位应当支付经济补偿；因用人单位被依法宣告破产而导致劳动合同终止的，以及因用人单位被吊销营业执照、责令关闭、撤销或者用人单位决定提前解散而导致合同终止的；法律、行政法规规定的其他应当支付情形。

第三节　社会保险管理

一、社会保险概述

(一)社会保险的基本内涵

社会保险是国家通过立法强制征集专门资金，以保障劳动者在暂时或永久丧失劳动能力时，或在工作中断期间基本生活需求的一种物质帮助制度。《劳动法》第七十条规定："国家发展保险事业，建立社会保障制度，设立社会保障基金，使劳动者在年老、患病、工伤、失业、生育等情况下获得帮助和补偿。"

(二)社会保障的主要项目

由于社会保险所承担的风险是劳动者丧失收入的风险，在实践中表现为劳动者在其全部生命周期内遇到的各种失去收入的风险，包括年老、疾病、失业、工伤、生育等风险。对此，社会保险项目主要包括养老保险、医疗保险、工伤保险、失业保险和生育保险。

(三)社会保障管理制度

1. 社会保险的登记管理

(1)申请登记。从事生产经营的缴费单位自领取营业执照之日起 30 日内，非生产经营性单位自成立之日起 30 日内，应当向当地社会保险经办机构申请办理社会保险登记。缴费单位申请办理社会保险登记时，应当填写社会保险登记表并出示规定的相关证件和材料。社会保险经办机构在自受理之日起 10 个工作日内审核完毕；符合规定的，予以登记，发给社会保险登记证。

(2)变更登记。缴费单位有社会保险登记事项之一发生变更时，应当依法向原社会保险登记机构申请办理变更社会保险登记，包括：单位名称；住所或地址；法定代表人或负责人；单位类型；组织机构代码；主管部门；隶属关系；开户银行账号；省、自治区、直辖市社会保险经办机构规定的其他事项。

(3)注销登记。缴费单位发生解散、破产、撤销、合并以及其他情况而依法终止社会保险缴费义务时，应当及时向原社会保险登记机构申请办理注销社会保险登记。

2. 社会保险费的申请缴纳

(1)缴费申报。缴费申报是指缴费单位和没有缴费单位的缴费个人，必须在每个月规定的期限内(一般为每月 5 日前，因不可抗力延期的除外)，携带缴费申报规定的资料(社会保险费申报表、缴费明细表、代扣代缴明细表等)，到社会保险经办机构申报应缴纳的社会保险金额，经办机构核定后，在规定期限内缴纳社会保险费的一种国家强制性的规定。

(2)费用缴纳。缴费单位必须在社会保险经办机构核准其缴费申请后的 3 日内缴纳社会保险费。缴费单位和缴费个人应当以货币形式全额缴纳社会保险费，缴纳个人应当缴纳的社会保险费，由所在单位从其本人工资中代扣代缴。缴费单位可以采取下列方式之一缴纳社会保险费：缴费单位到其开户银行缴纳(这是主要的缴纳方式)；到社会保险经办机构以支票或现金形式缴纳；与社会保险经办机构约定的其他方式(一般为委托银行划款)。

(3)缴费查询。缴费单位、缴费个人有权按照规定查询缴费记录。缴费单位应当每年向本单位职工代表大会通报或在本单位住所的显著位置公布本单位全年社会保险费缴纳情况，接受职工的监督。社会保险经办机构应当至少每年向缴费个人发送一次基本养老保险、基本医疗保险个人账户通知单。

二、养老保险

养老保险是国家为解决劳动者在达到国家规定的解除劳动义务的劳动年龄界限，或因老年丧失劳动能力退出劳动岗位后的基本生活而建立的一种社会保障制度。养老保险在整个社会保障制度中占据最重要的地位，是实施最广泛的一种社会保障项目。

(一)基本养老保险的覆盖范围

我国现行基本养老保险的覆盖范围包括国有企业.城镇集体企业、外商投资企业、城镇私营企业和其他城镇企业及其职工、实行企业化管理的事业单位及其职工、城镇个体工商户和灵活就业人员，这里的职员包括所有与用人单位建立劳动关系的个人。

(二)基本养老保险基金的缴纳

我国自 1991 年正式决定实行养老保险制度改革以来，实行国家、企业、个人三方共同负担，职工个人也要缴纳一定的费用。

根据 1997 年《关于建立统一的企业职工基本养老保险制度的决定》以及 2005 年《关于完善企业职工基本养老保险制度的决定》，企业和个人缴费按以下办法执行：

1. 缴费比例

企业缴纳的基本养老保险费按本企业职工工资总额和当地政府规定的比例在税前提取，由企业开户银行按月代为扣缴，企业缴费的比例一般不得超过企业工资总额的 20% 。

2. 缴费基数

职工本人一般以上年度本人月平均工资为个人缴费工资基数。

(三)基本养老保险的享受条件

根据我国现行政策，享受基本养老保险待遇需要同时具备两个条件：缴费年限和年龄条件。

1. 缴费年限

在基本养老保险覆盖范围内并且参加保险缴费年限满 15 年。

2. 年龄条件

劳动者享受基本养老保险待遇的必要条件是达到国家法定的退休年龄。

三、医疗保险

医疗保险是指当人们生病或受到伤害后，由国家或社会给予的一种物质帮助，即提供医疗服务或经济补偿的一种社会保险制度，主要包括基本医疗保险（包括职工基本医疗保险、城镇居民基本医疗保险和新型农村合作医疗）、公务员医疗补助、企业补充医疗保险、大额医疗补助、职工互助医疗保险以及商业医疗（健康）保险等。

（一）职工基本医疗保险的覆盖范围

基本医疗保险制度所覆盖的范围是城镇所有用人单位，包括企业（国有企业、集体企业、外商投资企业、私营企业等）、机关、事业单位、社会团体、民办非企业单位及其职工。

（二）基本医疗保险费用的缴纳

凡被纳入基本医疗保险覆盖范围的单位和个人，均需按规定缴纳基本医疗保险费。在我国，基本医疗保险费由用人单位和职工共同承担。用人单位缴费率一般控制在职工工资总额的6%左右，职工缴费率一般为本人工资收入的2%左右。各统筹地区的具体缴费标准由当地政府确定，同时允许随着社会经济的发展，适当调整用人单位和职工的缴费标准。

四、工伤保险

工伤保险又称职业伤害保险，是指劳动者在生产工作中或法定的特殊情况下发生意外事故，或因职业性有害因素而负伤（或患职业病）、致残、死亡时，对本人或供养亲属给予物质帮助或经济补偿的一种社会保障制度。

（一）工伤保险的覆盖范围

根据《条例》规定："中华人民共和国境内的各类企业、有雇工的个体工商户应当按照本条例规定参加工伤保险，为本单位全部职工或者雇工缴纳工伤保险费。中华人民共和国境内的各类企业的职工和个体工商户的雇工，均有按照本条例的规定享受工伤保险待遇的权利。有雇工的个体工商户参加工伤保险的具体步骤和实施办法，由省、自治区、直辖市人民政府规定。""本条例所称职工，是指与用人单位存在劳动关系（包括事实劳动关系）的各种用工形式、各种用工期限的劳动者。"

（二）工伤保险基金的缴纳

我国工伤保险基金的筹集遵循劳动者个人不缴费的原则，工伤保险费全部由用人单位缴纳。用人单位缴纳工伤保险费的数额为本单位职工工资总额乘以单位缴费费率之积。

1. 缴费费率

国家根据不同行业的工伤发生率和工伤保险费使用情况，调整用人单位的缴费费率。

2. 费率浮动

根据《关于工伤保险费率问题的通知》的规定，用人单位属于一类行业的，按行业基准费率缴费，不实行费率浮动；用人单位属二、三类行业的，费率实行浮动。

（三）工伤认定

工伤认定是职工享受工伤保险待遇的前置程序，包括两个方面内容：一是工伤范围的认定；二是工伤认定的程序。

1. 工伤范围的认定

应当认定为工伤的7种情形：在工作时间和工作场所内，因工作原因受到事故伤害的；工作时间前后在工作场所内，从事与工作有关的预备性或者收尾性工作受到事故伤害的；在工作时间和工作场所内，因履行工作职责受到暴力等意外伤害的；患职业病的；因公外出期间，由于工作原因受到伤害或者发生事故下落不明的；在上下班途中，受到机动车事故伤害的；法律、行政法规规定应当认定为工伤的其他情形。

2. 工伤认定的程序

根据《条例》及《工伤认定方法》的有关规定，工伤认定的程序如下：申请人提交工伤认定申请；劳动保障行政部门受理申请；劳动保障行政部门调查审核；劳动保障行政部门做出决定；申请人申请行政复议或提起行政诉讼。

小案例

小李应该被认定为工伤吗？

2012 年 11 月，某市煤气公司新来的职工小李，因急于下班而不按流程操作，没有关严阀门导致煤气泄漏，引发煤气爆炸事故，造成公司直接经济损失 10 万元。小李也在爆炸中受重伤，并要求公司申请认定工伤。煤气公司方面认为，公司每周开安全例会，都反复强调这些安全常识，但小李由于急于下班没有关严阀门导致事故发生，负有重大责任，不应该认定为工伤。最后由小李的家属向当地劳动保障行政部门提交了工伤认定申请。

请思考：小李应该被认定为工伤吗？

（四）工伤保险待遇

职工因工作遭受事故伤害或者患职业病被认定为工伤之后，可根据《条例》享受工伤保险待遇，主要包括工伤医疗待遇、因工伤残待遇、因工死亡待遇三部分。

1. 工伤医疗待遇

工伤医疗待遇是指职工遭遇工伤之后到评定伤残等级之前的治疗期间所应享有的各项待遇，但工伤职工治疗非工伤引发的疾病，不享受工伤医疗待遇，按照基本医疗保险办法处理。

2. 因工伤残待遇

因工伤残待遇是指职工评定伤残等级之后享有的各项工伤待遇，主要包括生活护理费、一次性伤残补助金、伤残津贴、一次性工伤医疗补助金和伤残就业补助金等。

3. 因工死亡待遇

职工因工死亡，其直系亲属按照下列规定从工伤保险基金中领取丧葬补助金、供养亲属抚恤金和一次性工亡补助金。

五、失业保险

所谓失业保险，是指国家通过立法建立失业保险基金，对因失业而暂时中断生活来源的劳动者在法定期间内给予失业保险金，以维持其基本生活需要的一项社会保障制度。1999 年 1 月 22 日，国务院颁布《失业保险条例》（国务院令第 258 号，以下简称《条例》），标志着我国失业保险制度的基本确立。

（一）失业保险的覆盖范围

根据《条例》规定，城镇企业、事业单位和城镇企业、事业单位职工依照规定缴纳失业保险费，城镇企业、事业单位失业人员依照规定享受失业保险待遇。

（二）失业保险费的缴纳

在覆盖范围内的单位和职工个人都应按一定比例缴纳失业保险费。城镇企业、事业单位按照本单位工资总额的2%缴纳失业保险费；职工按照本人工资的1%缴纳失业保险费；各地区可根据本行政区域失业人员数量和失业保险基金数额，适当调整费率，但须报经国务院批准。

（三）失业保险金申领程序

失业人员领取失业保险金的一般程序为：

（1）用人单位证明备案，用人单位为失业者出具失业证明并向失业保险经办机构备案。

（2）失业人员登记申领，失业者应在终止或解除劳动合同之日起60日内到指定的失业保险经办机构办理失业保险金登记申请手续，逾期视为放弃申领失业保险待遇的权利。

（3）经办机构审核认定，失业保险经办机构自受理申领之日起10日内对申请者的资格进行审核认定，并将结果及有关事项告知本人。

（4）领取失业保险金，经审核合格者，从失业者办理失业登记之日起计发失业保险金，失业者凭经办机构开具的单证按月到指定银行领取。

六、生育保险

生育保险是国家通过立法，对怀孕、分娩女职工给予生活保障和物质帮助的一种社会保险制度，其宗旨在于通过向职业妇女提供生育津贴、医疗服务和产假，帮助她们恢复劳动能力，重返工作岗位。我国生育保险方面的主要法规是1994年颁布的《企业职工生育保险试行办法》（以下简称《试行办法》）。

（一）生育保险的覆盖范围

根据《试行办法》，我国生育保险的使用范围限于城镇企业与职工，也就是说，适用于我国境内一切城镇企业，包括国有企业、城镇集体企业、外商投资企业、城镇私营企业以及其他城镇企业及其职工。

（二）生育保险基金缴纳

生育保险基金按照“以支定收，收支基本平衡”的原则筹集，由企业按照其工资总额的一定比例向社会保险经办机构缴纳生育保险费，建立生育保险基金，实行社会统筹，职工个人不缴纳生育保险费。

（三）享受生育保险待遇的条件

在我国，职工享受生育保险待遇须满足一定的条件：一是在单位按照规定参加了生育保险并履行了缴纳义务；二是符合国家计划生育政策规定生育或施行计划生育手术的，参加了生育保险的女职工在生育或流产后，由本人或所在企业持当地计划生育部门签发的计划生育证明、婴儿出生证、死亡或流产证明，到当地生育保险经办机构办理手续，领取生育津贴和报销生育医疗费。

第四节　劳动争议调解

一、劳动争议概述

（一）劳动争议的含义

劳动争议，也称劳动纠纷或劳资纠纷，是指建立了劳动关系的双方当事人，即用人单位和劳动者之间,因实现劳动权利或履行劳动义务持不同的主张和要求而发生的争议。

(二)劳动争议的特征

劳动争议的特征由劳动关系的特征以及劳动争议自身产生的特点决定。

1. 劳动争议的主体是特定的

劳动争议发生在劳动过程或劳动过程的延续中,是以建立劳动关系为前提的。劳动争议只能发生在存在劳动关系的用人单位和劳动者之间。也就是说,劳动争议的当事人一方是使用劳动力的用人单位,另一方必须是提供劳动力的劳动者。如果争议不是发生在建立劳动关系的用人单位和劳动者之间,便不属于劳动争议。

2. 劳动争议的内容限于现实劳动权利和履行劳动义务的纠纷

这是基于劳动法律关系而决定的,如因变更、解除、终止劳动合同而发生的争议,以及因劳动报酬、社会保障等发生的争议。劳动者与用人单位虽然建立了劳动关系,但双方的争议如果与劳动的权利和义务无关,则不属于劳动争议。

(三)劳动争议处理原则

劳动争议处理原则是指劳动争议处理机构在解决劳动争议过程中应遵循的行为准则。《中华人民共和国劳动争议调解仲裁法》第三条规定:解决劳动争议,应当根据事实,遵循合法、公正、及时、着重调解的原则,依法保护当事人的合法权益。

1. 合法原则

合法原则是指劳动争议处理机构在处理劳动争议过程中必须坚持以事实为依据,以法律为准绳,依法处理劳动争议案件。

2. 公正原则

处理任何争议都应当坚持公正,这是合理解决争议的基本前提。

3. 及时处理原则

劳动争议必须及时处理,及时保护权利受侵害一方的合法权益,以协调劳动关系,维护社会和生产的正常秩序。

4. 调解原则

劳动争议属于人民内部矛盾,劳动者与用人单位不存在对立的不可调和的矛盾,经过说服教育和协商对话就有可能及时解决纠纷,化解矛盾,而且由于调解气氛平缓、方式温和,易于被双方所接受。

小思考

处理劳动争议的程序是什么?

二、劳动争议调解

(一)劳动争议调解

劳动争议调解,是指依法设立的调解劳动争议的机构或者其他组织,依照法律、法规和有关政策,对发生劳动争议的双方当事人运用说服教育、劝导协商的方式,促使其在互谅互让的基础上解决争议的一种活动。调解有广义和狭义之分。广义的劳动争议调解,包括各种组织以各种方式对劳动争议案件进行调解,例如,仲裁委员会处理劳动争议时的仲裁庭调解、人民法院审判中的调解、政府有关行政部门的调解和劳动争议起诉前的专家调解等。狭义的劳动争议调解,是指企业劳动争议调解委员会对本企业发生的劳动争议案件进行的调解。

(二)企业劳动争议调解委员会

《中华人民共和国劳动争议调解仲裁法》第十条规定,企业劳动争议调解委员会由职工代表和企业代表组成。职工代表由工会成员担任或者由全体职工推举产生,企业代表由企业负责人指定。企业劳动争议调解委员会主任由工会成员或者双方推举的人员担任。

(三)企业劳动争议调解委员会调解劳动争议应遵循的原则

根据《企业劳动争议调解委员会组织及工作规则》的规定,企业劳动争议调解委员会调解劳动争议,应当遵循以下主要原则:自愿调解原则;实事求是原则;平等适用法律原则;同当事人民主协商原则;协议合法原则;尊重当事人申请仲裁和诉讼权利原则。

(四)企业劳动争议调解应注意的问题

企业劳动争议调解委员会在调解劳动争议案件中,应注意以下几个问题:一是要注意调解工作的实效性;二是要注意调解工作的严肃性;三是调解人员一定要认真学习和掌握政策法规。

三、劳动争议仲裁管理

(一)劳动争议仲裁

1. 劳动争议仲裁的概念

劳动争议仲裁是指经劳动争议当事人申请,由劳动争议仲裁委员会对劳动争议当事人因劳动权利、义务等问题产生的争议进行评价、调解和裁决的一种劳动争议处理方式,生效的劳动争议裁决具有法律强制力。劳动争议仲裁与企业劳动争议调解的主要区别是劳动争议仲裁的处理结果具有法律效力。

2. 劳动争议仲裁的特点

劳动争议仲裁的特点主要体现在以下几个方面:仲裁时效短;程序简便,先裁后审;裁决具有法律约束力;受理范围限于权利争议;公正性仲裁。

3. 劳动争议仲裁的内容

劳动争议仲裁的内容是针对劳动争议当事人有争议的劳动权利和义务,具体来说,就是对双方有争议的案件事实和双方在争议中的责任进行确认,这是劳动争议仲裁的核心。

4. 劳动争议仲裁的原则

《企业劳动争议处理条例》第四条规定:"处理劳动争议,应当遵循下列原则:①着重调解,及时处理;②在查清事实的基础上,依法处理;③当事人在适用法律上一律平等。"

(二)劳动争议仲裁申请的条件

当事人申请争议仲裁,必须符合法定的条件。根据《企业劳动争议处理条例》的规定,当事人向劳动争议仲裁委员会申请仲裁,必须具备下列条件:

(1)申请仲裁的案件必须是劳动争议案件;

(2)提出仲裁申请的,必须是该劳动争议的当事人;

(3)申请仲裁的劳动争议必须有明确的被申诉人和争议事实,有请求仲裁的具体要求和理由;

(4)必须在法定的申诉时效期间向仲裁委员会提交书面申请书,并按照被申诉人数提交副本。

(三)仲裁期限

根据我国2007年12月颁布的《中华人民共和国劳动争议调解仲裁法》第四十三条和2008年12月颁布的《劳动人事争议仲裁办案规则》第四十四条的规定，仲裁庭裁决劳动争议案件，应当自劳动争议仲裁委员会受理仲裁申请之日起45日内结束，案情复杂需要延期的，经劳动争议仲裁委员会主任批准，可以延期并书面通知当事人，但是延长期限不得超过15日，逾期未做出仲裁裁决的，当事人可以就该劳动争议事项向人民法院提起诉讼，仲裁庭裁决劳动争议案件时，如果其中一部分事实已经清楚，可以就该部分先行裁决。

四、劳动争议诉讼管理

(一)劳动争议诉讼

1. 劳动争议诉讼的含义

劳动争议诉讼，是指发生劳动争议的当事人不服劳动争议仲裁委员会对争议的处理，在法定的期限内依法向人民法院起诉，由人民法院依法进行审理和裁判的活动，是人民法院通过司法程序解决劳动争议的方式。劳动争议的诉讼过程分为起诉、审判、执行三个基本阶段。

2. 劳动争议诉讼的原则

我国规定人民法院在审理劳动争议案件时，必须坚持以下几个主要原则：保护劳动者合法权益的原则；坚持有利于建立、维护适应社会主义市场经济的劳动制度的原则；坚持有利于社会稳定的原则；坚持调解的原则；坚持及时妥善处理原则。

(二)劳动争议案件的诉讼管辖

劳动争议案件的诉讼管辖，是指各级法院之间和同级法院之间受理第一审劳动争议案件的分工和权限。劳动争议案件的诉讼管辖应遵循“两便原则”，即便于当事人进行诉讼和便于人民法院审理案件。

(三)劳动争议诉讼证据

1. 劳动争议诉讼证据的含义

劳动争议诉讼证据，是指能够证明劳动争议案件真实情况的客观事实。劳动争议诉讼证据有三个特点：第一，证据的客观性；第二，证据的关联性；第三，证据的合法性。

2. 劳动争议诉讼证据的种类

根据《民事诉讼法》第六十三条的规定，证据有以下7种：①书证；②物证；③视听材料；④证人证言；⑤当事人陈述；⑥鉴定结论；⑦勘验笔录。

五、劳动争议的预防

(一)劳动争议预防的定义

劳动争议预防，是指事先采取各种有效措施，积极防范和制止用人单位和劳动者之间发生劳动纠纷的活动。劳动争议预防是在劳动争议发生之前所采取的不让劳动争议发生的措施。

(二)劳动争议的预防措施

1. 增强劳动法律意识

劳动法律意识是人们对劳动法律的认识与反映，法律意识强了，法制观念也就强了。

2. 加强劳动合同管理

加强劳动合同管理主要有两个方面：一是签订劳动合同要符合法律规定，做到内容全面、语言表述准确，并经过劳动合同鉴证机关鉴证；二是劳动合同的履行、变更、解除、终止及续订，要严格按照法定程序和要求办理。

3. 建立平等协商机制

劳动关系双方通过平等协商，对工资分配、工作时间、劳动条件等问题达成共识，有利于相互信任、相互谅解，从而化解矛盾。

4. 加强企业的民主管理

所谓企业民主管理，是指企业职工依法参与企业的经营和生产管理，监督企业经营者和管理者的活动。一方面，可以激发职工的主人翁责任感，主动关心企业的发展；另一方面，保证企业的重大决策代表职工的意志和利益，密切劳资双方的关系。

工作流程

劳动合同签订、续约、终止

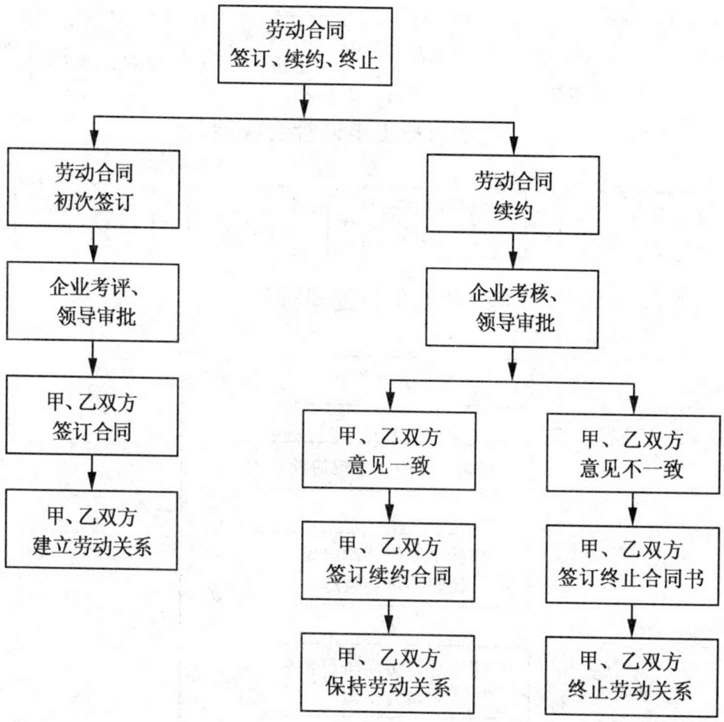

劳动合同变更

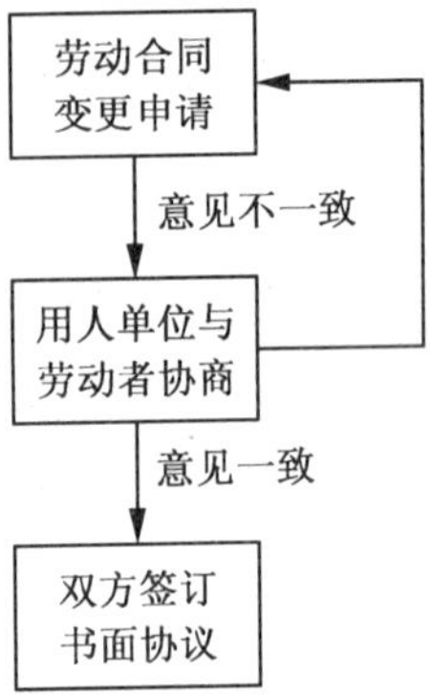

劳动合同解除

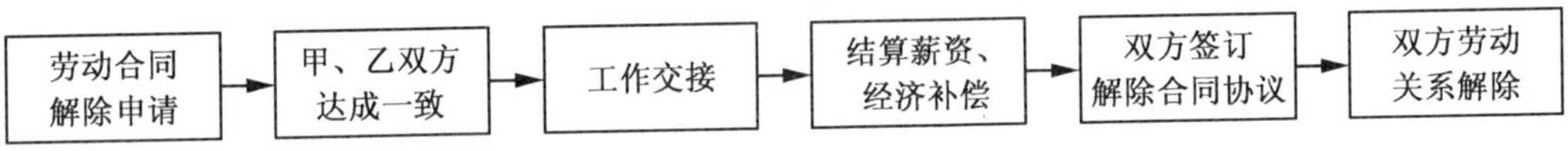

企业为员工申请社会保险

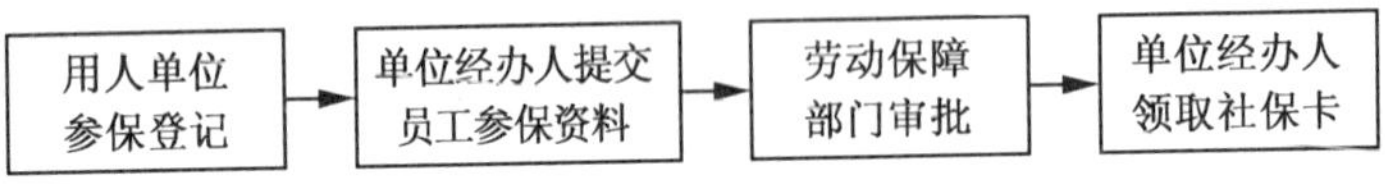

劳动争议处理流程

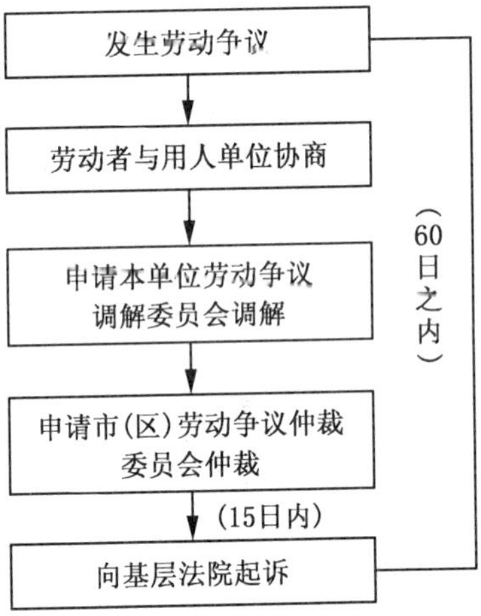

实用工具

一、劳动合同范本

劳动合同

甲方(用人单位)名称：

法定代表人：

所有制性质：

地址：

乙方（劳动者）姓名：

性别：

出生年月：

民族：

文化程度：

居民身份证号码：

住址：

根据《中华人民共和国劳动法》以及有关法律、法规、规章和政策的规定，经双方平等协商，乙方为甲方城镇（农民）合同制职工，并订立本合同。

一、劳动合同期限

（一）本合同为有固定期限的劳动合同。合同期从______年______月______日起至______年______月______日止。其中熟练期（培训期、见习期）从______年______月______日期至______年______月______日止；试用期从______年______月______日起至______年______月______日止。

（二）本合同为无固定期限的劳动合同。合同期从______年______月______日起至法定或约定的解除（终止）合同的条件出现时止。其中熟练期（培训期、见习期）从______年______月______日起至______年______月______日止；试用期从______年______月______日起至______年______月______日止。

（三）本合同为以完成一定工作为期限的劳动合同。合同期从______之日起至______之日止（起讫时间必须明确具体）。其中熟练期（培训期、见习期）从______年______月______日起至______年______月______日止；试用期从______年______月______日起至______年______月______日止。

二、工作内容

乙方同意按甲方生产（工作）需要，在______岗位（工种）工作，完成该岗位（工种）所承担的各项工作内容。

三、劳动保护和劳动条件

甲乙双方都必须严格执行国家有关工作时间、生产安全、劳动保护、卫生健康等的规定。甲方应为乙方提供符合规定的劳动保护措施、劳动保护用品及其他劳动保护条件。乙方应严格遵守各项安全操作规程。

四、劳动报酬

乙方熟练期（培训期、见习期、试用期）间的工资为______元；熟练期（培训期、见习期、试用期）满的定级工资为______元。

乙方月工资为______元。

工资发放日为每月______日，甲方不得无故拖欠。

乙方工资的增减，奖金、津贴、补贴、加班加点工资的发放，以及特殊情况下的工资支付等，均按相关法律、法规、规章、政策以及甲方依法制定的规章制度执行。

五、劳动纪律

甲乙双方应严格遵守法律、法规、规章和政策、甲方应依法制定各项具体的内部管理制度。乙方应服从甲方的管理。

六、劳动合同变更、解除、终止的条件

(一)具有下列情形之一,经甲乙双方协商同意,可以变更本合同的相关内容:

1. 本合同订立时所依据的客观情况发生重大变化,致使本合同无法履行的;

2. 乙方不能从事或者不能胜任原岗位(工种)工作的。

(二)乙方具有下列情形之一的,甲方可以解除劳动合同:

1. 在试用期间被证明不符合录用条件的;

2. 严重违反劳动纪律或甲方规章制度的;

3. 严重失职、营私舞弊,对甲方利益造成重大损害的;

4. 依法被追究刑事责任的。

(三)具有下列情形之一的,甲方可以解除劳动合同,但是应当提前三十日以书面形式通知乙方本人:

1. 乙方患病或非因工负伤,医疗期满后,不能从事原工作也不能从事由甲方另行安排的工作的;

2. 乙方不能胜任工作,经过培训或者调整工作岗位,仍不能胜任工作的;

3. 乙方不能从事或者不能胜任原岗位(工种)工作,经甲乙双方协商又不能就变更本合同达成协议的;

4. 本合同订立时所依据的客观情况发生重大变化,致使本合同无法履行,经甲乙双方协商不能就变更本合同达成协议的。

(四)甲方濒临破产进行法定整顿期间或者生产经营状况发生严重困难,达到政府规定的严重困难企业标准,确需裁减人员的,应当提前三十日向工会或者全体职工说明情况;听取工会或者职工的意见,并以书面形式向劳动行政部门报告后,可以解除劳动合同。

(五)乙方具有下列情形之一的,甲方不得依据本条第(三)、(四)款的规定解除劳动合同:

1. 患职业病或者因工负伤并被劳动鉴定委员会确认丧失或者部分丧失劳动能力的;

2. 患病或者负伤,在规定的医疗期内的;

3. 女职工在孕期、产期、哺乳期内的。

(六)有下列情形之一的,乙方可以随时通知甲方解除本合同:

1. 在试用期内的;

2. 甲方以暴力、威胁或者非法限制人身自由的手段强迫劳动的;

3. 甲方未按照本合同约定支付劳动报酬的;

4. 经国家有关部门确认,甲方劳动安全卫生条件恶劣、严重危害乙方人身安全和身体健康的。

(七)经甲乙双方协商一致,本合同可以解除。

(八)本合同期满或者甲乙双方约定的本合同终止条件出现,应当即行终止。由于生产(工作)需要,经双方协商一致,可以续订劳动合同。

七、社会保险和福利

(一)甲乙双方依法参加社会保险,按期足额缴纳养老保险基金、失业保险基金、工伤保险基金、医疗保险基金和生育保险基金,乙方个人缴纳部分,由甲方在其工资中代为扣缴;

(二)乙方的公休假、午休假、探亲假、婚丧假,女工孕期、产期、哺乳期待遇以及解除和终止劳动合同时乙方生活补助费(经济补偿金)、医疗补助费的发放等,均按有关法律、法规、规章、政策以及甲方依法制定的规定执行;

（三）乙方患职业病或因工负伤的待遇、因工或因病死亡的丧葬费、一次性抚恤费、供养直系亲属生活困难补助费等均按有关法律、法规、规章、政策执行；

（四）乙方患病或负伤的医疗期及其待遇、乙方供养直系亲属的医疗待遇等按法律、法规、规章、政策和甲方依法制定的规定执行。

八、违法劳动合同的责任

（一）由于甲乙任何一方的过错造成本合同不能履行或者不能完全履行的，由有过错的一方承担法律责任；如属双方过错，根据实际情况，由双方分别承担各自的法律责任；

（二）因不可抗力造成本合同不能履行的，可以不承担法律责任；

（三）甲乙任何一方违法本合同，给双方造成经济损失的，应当根据后果和责任大小，向对方支付赔偿金。

九、乙方在职期间（含转岗），由甲方出资进行职业技术培训，当乙方在甲方未满约定服务年限解除本合同时，甲方可以按照实际支付的培训费（包括培训期间的工资）计收赔偿金，其标准为每服务一年递减实际支付的培训费总额的______%。

十、双方需要约定的其他事项

（一）本合同条款与法律、法规、规章、政策和甲方依法制定的规章制度相抵触的，以及本合同未尽事宜，均按法律、法规、规章、政策和甲方依法制定的规章制度执行。

（二）本合同依法订立后，双方必须严格履行。

（三）本合同履行中发生劳动争议，甲乙双方应当协商解决，协商不成或不愿协商的，可以向本单位劳动争议调解委员会申请调解；调解不成的，可以向劳动争议仲裁委员会申请仲裁。甲乙任何一方也可以直接向劳动争议仲裁委员会申请仲裁。对仲裁裁决不服的，可以向人民法院起诉。

（四）本合同一式三份，甲乙双方各执一份，鉴证机关存档一份。

甲方（盖章）：　　　　　　　　　　鉴证机关（盖章）：

　　　　　　　　　　　　　　　　　鉴证编码：

乙方（签名）：

　　　　　　　　　　　　　　　　　鉴证人员（盖章）：

合同订立日期：　　年　　月　　日　　鉴证日期：　　年　　月　　日

二、劳动合同变更协议书

劳动合同变更协议书

甲方（用人单位）：

法定代表人：

委托代理人：

乙方（劳动者）：

证件类型：

证件号码：

甲乙双方在平等自愿、协商一致的前提下，对________年________月________日签订的劳动合同书变更事项达成如下协议：

一、劳动合同变更内容。

二、本协议签订后，原劳动合同仍继续履行，但变更条款按照本协议执行。

三、本协议一式两份，甲乙双方各持一份，均具同等法律效力。

甲方（盖章）　　　　　　　　　　　　　　乙方（签名）
代表（签名）　　　　　　　　　　　　　　日期：　　年　　月　　日

日期：　　年　　月　　日

三、解除劳动合同协议书

解除劳动合同协议书

甲方（用人单位）：
乙方（劳动者）：　　　　　　　　　　　　身份证号码：
　　　　　　　　　　　　　　　　　　　　身份证地址：
　　　　　　　　　　　　　　　　　　　　现住址：
　　　　　　　　　　　　　　　　　　　　联系电话：

在平等自愿的基础上，经双方协商一致，就双方解除劳动关系达成如下协议：

1. 自______年______月______日起，解除双方签订的劳动合同，双方的权利和义务随之终止。双方的劳动关系、工资、社保福利截至______年______月______日。

甲方为乙方缴纳的基本养老保险金、基本医疗保险金、失业保险金、工伤保险金、生育保险金、住房公积金至______年______月______日止。

2. 甲方根据相关劳动法规为乙方办理相关退工手续，并出具相应的离职证明。

3. 乙方按照甲方要求办理离职交接手续，并在______年______月______日办理完结。甲方在乙方办理完结交接手续时按照乙方为甲方的工作年限以及法律相关规定，向乙方支付协商解除劳动合同的经济赔偿金总计人民币￥______元（大写：____________________）。

4. 乙方应为所掌握的甲方之任何商业秘密（包括本协议内容）进行保密，不得泄露给任何第三方，否则应向甲方支付违约金人民币￥______元（大写：____________________）。

5. 甲乙双方之间无任何竞业限制协议，合同解除后，乙方无须履行任何竞业限制义务。

6. 本协议是解决双方劳动争议的所有安排和规定，双方不再存在其他任何劳动争议。本协议书生效前双方基于劳动关系产生的权利和义务互不追究。

7. 上述协议符合法律法规规定，自双方签署之日起成立并生效。本协议书一式三份，双方各执一份、职工档案留存一份，具有同等法律效力。

甲方：　　　　　　　　　　　　　　　　　乙方：
日期：　　　　　　　　　　　　　　　　　日期：

四、社会保险费申报表

社会保险费申报表

参保单位名称(盖章)：

参保单位电脑编码：

参保单位社保编码：　　　　　　　　　　申报时间：　年　月　日

单位：元、人

费款所属日期：　年　月　日至　年　月　日							
缴费性质	正常申报□ 稽核补缴□ 年度结算□ 缓缴补缴□ 预缴□ 利息□						
序号	缴费费种	缴费对象		缴费人数	缴费情况		
					缴费基数	费率(%)	缴费金额
1	基本养老保险费	单 位				18	
2		职工个人				8	
3		个体工商户	本人			20	
4			雇主				
5			雇工				
6		代收代缴				20	
7	失业保险费	单 位				1	
8		职工个人				1	
9		农民工	缴费			1	
10			不缴费			0	
11		个体工商户	雇主			1	
12			雇工			1	
13	医疗保险费：基本医疗保险费	单 位					
14		职工个人					
15	医疗保险费：外来工(农民工)住院险	单 位					
		职工个人					
16	工伤保险费	单位					
		职工个人				—	—
17		个体工商户	雇主				
18			雇工			—	—
19	生育保险费	单位				0.7	
		职工个人				—	—
20	合　计						
金额合计(人民币大写)：　仟　佰　拾　万　仟　佰　拾　元　角　分							

参保单位负责人：　　　　　　　　　　　　　　　　经办人：

说明：

1. 本表填报一式三份。

2. 缴费性质在□内打“√”。一种缴费性质填报一张申报表。

3. 缴费金额＝缴费基数×费率。“单位”的缴费基数是指参保单位所有有劳动关系的应参保职工的工资总额或核定的缴费基数；“职工个人”的缴费基数是指所有参保职工个人缴费基数的总和。

4. 表中“单位”栏各指标数据为单位应参保职工的相关数据。序号4、5和11、12及17、18对应的“缴费人数”指参保雇工的人数，“缴费基数”指有劳动关系的应参保雇工的工资总额。

5. 失业保险费中，“职工个人”不包括“农民工”。

五、劳动争议调解协议书

劳动争议调解协议书

甲方(用人单位)：

乙方(劳动者)：

兹就乙方解除与甲方劳动关系纠纷事宜，经甲乙双方友好协商一致，达成如下协议，以期共同遵守。

一、对于________事宜，甲方已经充分理解到自己的做法确实给乙方造成了不良影响，甲方对此向乙方表示歉意，对乙方因此解除劳动关系之决定不再持有异议。

二、考虑到甲方在乙方工作期间的实际情况，及目前的实际处境，乙方经研究决定向甲方支付一次性补助金，金额为人民币________元整。

三、乙方将以工资形式支付甲方一次性补助费用，将该补助费用直接存入所代甲方开立的银行存折，甲方或者其代理人签收领取该存折后即视为乙方已经履行完毕支付义务。

四、甲方承诺自本协议履行完毕后，甲乙双方之间不再存在任何其他未了纠纷，甲方承诺不得再以任何理由向乙方主张任何其他民事权利。

五、甲乙双方约定，双方均应积极履行完毕本协议第三条约定的事项，乙方应按约定向甲方或者经其特别授权的代理人交付上述约定款项，甲方(或者特别授权代理人)收到后应签署收款凭据。如果乙方不按照约定履行付款义务，应该承担相应的违约责任。

六、本协议自双方代理人签字之日起生效。

七、本协议一式两份，双方各执一份。

甲方：(盖章)　　　　乙方：(签名)

年　月　日　　　　年　月　日

案例分析

劳动合同中的“不平等条约”是无效的

马林是2013年从外地到上海找工作的大学生。几番寻觅之后，应聘到一家广告公司。在签订劳动合同时，他发现劳动合同附带有承诺书：本人被某公司招聘录用为合同制员工后，如果公司因实际情况未能履行劳动合同中部分条款的，本人表示理解并自愿放弃权利，不作异议。承诺人：某某。马林怕自己的权益受侵害，就问公司不签行不行？答案是不行。毕业在即，马林签了承诺书。公司要求马林每周工作6天，共计48小时。虽然合同中约定是每周40小时工作时间，但根据承诺书，特殊情况下公司有权要求增加工作时间。原本公司应该为马林缴纳的“三金”也一直未缴。为此，马林申请劳动争议仲裁，要求公司支付加班费并补缴“三金”。公司辩称，加班和“三金”未缴都是由公司实际情况造成的，马林在签合同时也签了附带的承诺书，表示可以自动放弃权利。据此，公司认为自己的行为合法。但经审理，仲裁委员会还是支持马林的请求，维护了他的合法权益。

分析：

《劳动法》和《上海市劳动合同条例》都有规定：“下列劳动合同无效：(1)违反法律、行政法规的劳动合同；(2)采取欺诈、威胁等手段订立的劳动合同。无效的劳动合同，从订立的时候起，就没有法律约束力。确认劳动合同部分无效的，如果不影响其余部分的效力，其余部分仍然有效。”从马林的情况看，在与单位签订劳动合同的过程中，如果马林不签承诺书，等于自动放弃了这个工作机会，而找工作的艰辛使得马林违心签下了承诺书。马林问单位不签行不行，单位说不行，违反了订立劳动合同应当遵循平等自愿协商一致的原则。

马林签下的承诺书属于劳动合同的附加条款。该承诺书不能随便增加劳动者的权利，或者减少用人单位的义务；否则，权利、义务不对等将使劳动合同的部分条款无效。所以说，在违反劳动法律规定的情形下签订的这份承诺书是无效的，属于无效合同条款，但不影响劳动合同的其他条款的有效性。由无效条款给劳动者带来的损害，应由用人单位承担。《劳动法》第九十七条规定：“由于用人单位的原因订立的无效合同，对劳动者造成损害的，应当承担赔偿责任。”《上海市劳动合同条例》第五十四条规定：“由于劳动合同一方当事人的原因导致劳动合同无效或者部分无效，给对方造成损害的，应当承担赔偿责任。”

【实训项目运用一】

训练项目：劳动关系管理之试用期管理技能

训练目的：

1. 让学生认识到劳动关系管理的具体环节。
2. 让学生通过实际调查发现，当今企业在试用期管理中是否规范遵守劳动合同法规定。
3. 让学生了解相关的劳动合同法内容。

训练组织：

1. 实习(训)方式(方法)：实地调查(人才市场)或电话调查 。
2. 实习(训)内容：每名同学至少调查3家企业，去人才市场或者在网上寻找正在招聘的企业进行调查，在调查报告中写出企业名称、规模、性质、工作岗位、劳动合同期限、试用期期限、试用期劳动报酬。
3. 完成报告：总结企业是否在合法范围内进行劳动关系管理。

【实训项目运用二】

训练项目：劳动合同管理技能

训练目的：

1. 让学生认识到劳动合同签订的具体环节。
2. 让学生通过实际调查发现，当今企业在用工过程中是否规范遵守劳动合同法规定。
3. 让学生了解相关的劳动合同法内容。

训练组织：

1. 实习(训)方式(方法)：实地调查(人才市场)或电话调查 。

2. 实习(训)内容：每名同学至少调查3家企业，去人才市场或者在网上寻找正在招聘的企业进行调查，在调查报告中写出企业名称、规模、性质、工作岗位、双方的权利与义务、劳动合同期限等相关内容。

3. 完成报告:总结企业是否在合法范围内进行劳动合同管理。

参考文献

[1]何筠，陈洪玮.人力资源管理理论、方法与案例分析[M].科学出版社，2014.
[2]邹晓春.人力资源管理 88 个工具精讲[M].人民邮电出版社，2011.
[3]赵中利，曹嘉晖.人力资源管理理论、实务、工具[M].南京大学出版社，2013.
[4]中国人力资源网，http://www.hr.com.cn/p/31894.html.
[5]乔瑞，樊智勇.人力资源管理[M].人民邮电出版社，2010.
[6]王晓春.人力资源管理概论[M].化学工业出版社，2008.
[7]王胜会.人力资源管理关键点精细化设计[M].人民邮电出版社，2013.
[8]李燕萍，李锡元.人力资源管理[M].武汉大学出版社，2012.
[9]阚雅玲，吴强，丁雯.现代人力资源管理[M].中国人民大学出版社，2010.
[10]吴强.人力资源开发与管理[M].化学工业出版社，2009.
[11]肖传亮，童丽，王贵军.劳动关系管理[M].东北财经大学出版社，2008.
[12]于桂兰，于楠.劳动关系管理[M].清华大学出版社，2011.
[13]陈维政，李贵卿，毛晓燕.劳动关系管理[M].科学出版社，2010.
[14]晓光，倪宁.人才招聘[M].经济管理出版社，2004.
[15]孙卫敏.招聘与选拔[M].山东人民出版社，2004.
[16]中国人力资源开发网，http://www.chinahrd.net.
[17]中国人才信息网，http://www.zgrcxx.com.
[18]HR 管理世界，http://www.hroot.com.
[19]中国管理传播网，http://manage.org.cn.
[20]育路人力资源网，http://www.yuloo.com.

后　记

小微企业成长过程中面对的问题及其解决问题的方式与进入稳定发展阶段的企业是不同的，教材的编写应该充分考虑这种差异，并尽可能发现更高层次的知识。

教材不同于指导手册，指导手册对个别问题提供了针对性的解决方法，而教材需要具有支持学习者独立发现问题与开发方案的功能。这套教材虽然重视实务，但更倾向于知识的整理与提炼。

但是限于编写团队的能力及相关条件，这套教材仍有不足之处，在内容与形式上均有诸多需要改善的地方。我们非常感谢广州市职业能力培训指导中心能用可持续发展的思路考虑这个项目，并且支持进行后续开发。我们也真诚欢迎各位读者、各位同行、各位专家提出宝贵意见或建议。

来函请寄：广州市番禺区青山湖广州番禺职业技术学院管理学院，511483

或者发送电子邮件：tanfh@gzpyp.edu.cn

广州番禺职业技术学院创业教育中心

2015 年 3 月 1 日